복합재난시대

위험사회에서 안전사회로의 전환

복합재난시대

위험사회에서 안전사회로의 전환

국정과제협의회 정책기획시리즈 **14**

추장민 주영수
류현숙 강태선
이상은 나채준
최동진 정지범
윤동근

대통령직속
정책기획위원회
The Presidential Commission on Policy Planning

차 례

표 차례

그림 차례

국정과제협의회 정책기획시리즈
발간에 붙여

대통령직속 정책기획위원회
위원장 조대엽

1. 문재인 정부 5년, 정책기획위원회 5년을 돌아보며

문재인 정부가 출범한 지 5년차가 되었습니다. 돌이켜보면 전국의 거리를 밝힌 거대한 촛불의 물결과 전임 대통령의 탄핵, 새 정부출범에 이르는 과정은 '촛불혁명'이라고 할 만했습니다. 2016년 촛불혁명은 법과 제도의 틀에서 전개된 특별한 혁명이었습니다. 1,700만 명의 군중이 모여 촛불의 바다를 이루었지만 법의 선을 넘지 않았습니다. 전임 대통령의 탄핵과 새 대통령의 선출이 법과 정치적 절차의 훼손 없이 제도적으로 진행되었습니다. '제도혁명'이라고도 부를 수 있는 참으로 특별한 정치 과정이 아닐 수 없습니다. 세계적으로 대의 민주주의의 위기와 한계가 뚜렷한 가운데 2017년 문재인 정부의 출범 과정은 현대 민주주의의 범위와 내용을 제도적으로 확장한 정치사적 성과라고도 할 수 있습니다.

현대 민주주의의 괄목할 만한 진화를 이끌고 제도혁명으로 집권한 문재인 정부가 5년차를 맞았습니다. 선거 후 바로 대통령 취임과 함께 국정기획자문위원회가 출발해 100대 국정과제를 선별하면서 문재인 정부의 정치 일정이 시작되었습니다. 집권 5년차를 맞으며 인수위도 없이 출발한 집권 초기의 긴박한 과정을 떠올리면 문재인 정부는 임기 마지막까지 국정의 긴장을 늦출 수 없는 운명을 지녔습니다. 어쩌면 문재인 정부는 '제도혁명정부'라는 특별한 성격을 갖는다는 점에서 거의 모든 정부가 예외 없이 겪었던 임기 후반의 '레임덕'이라는 표현은 정치적 사치일 수 있습니다. 문재인 정부의 남은 시간 동안 지난 5년의 국정 성과에 이어 마지막까지 성과를 만들어냄으로써 국정의 긴장과 동력을 잃지 않는 일이 무엇보다 중요한 시점입니다. 그것이 문재인 정부의 역사적 소명이기도 합니다.

정책기획위원회는 지난 5년간 대통령 직속기구로서 폭넓은 국정자문 활동을 했습니다. 정책기획위원회의 주된 일은 국정과제 전반을 점검하고 대통령에게 필요한 내용들을 보고하는 일입니다. 지난 5년 정책기획위원회의 역할을 구분하면 정책 콘텐츠 관리와 정책 네트워크 관리, 정책소통 관리라는 세 가지로 요약할 수 있습니다.

먼저, 정책 콘텐츠 관리는 국가 중장기 발전전략 및 정책 방향 수립과 함께 100대 국정과제의 추진과 조정, 국정과제 관련 보고회의 지원, 국정분야별 정책 및 현안과제 연구, 대통령이 요구하는 국가 주요 정책 연구 등을 포괄합니다. 둘째로 정책 네트워크 관리는 청와대, 총리실, 정부부처, 정부출연 연구기관, 정당 등과의 협업 및 교류가 중요하며, 학계, 전문가 집단, 시민단체 등과의 네트워크 확장을 포함합니다. 특히 정책기획위원회는 대통령 소속 위원회를 통괄하는 기능을 갖기도 합니다.

대통령 소속의 9개 주요 위원회로 구성된 '국정과제협의회'의 의장

위원회로서 대통령 위원회의 소통과 협업의 구심 역할을 했습니다. 셋째로 정책소통 관리는 정부부처 간의 소통과 협력을 매개하는 역할이나 정책 쟁점이나 정책 성과에 대해 국민들이 공감할 수 있도록 정책 담론을 생산하고 확산하는 일을 포괄합니다. 연구용역이나 주요 정책 TF 운용의 결과를 다양한 형태의 간담회, 학술회의, 토론회, 언론 기고, 자체 온라인 방송 채널을 통해 공유하기도 했습니다.

정책기획위원회의 1기는 정부 출범 시 '국정기획자문위원회'가 만든 100대 국정과제의 관리와 '미래비전 2045'를 만드는 데 중점이 두어졌습니다. 말하자면 정책 콘텐츠 관리에 중점을 둔 셈입니다. 정책기획위원회의 2기는 위기적 정책 환경에 대응하는 정책 콘텐츠 생산과 집권 후반부의 성과관리라는 측면에서 과제가 큰 폭으로 늘었습니다. 주지하듯 문재인 정부의 후반부는 세계사적이고 문명사적인 아주 특별한 시대적 위기를 맞고 있습니다. 코로나19 팬데믹이라는 문명사적 위기는 정책기획위원회 2기의 정책 환경을 완전히 바꾸었습니다. 정책기획위원회는 코로나19 발생 이후 포스트 코로나시대에 새롭게 부가되는 국정과제를 100대 과제와 조정 보완하는 작업, 감염병 대응과 보건의료체제 혁신을 위한 종합 대책의 마련, 코로나19 이후 거대 전환의 사회변동에 대한 전망, 한국판 뉴딜의 보완과 국정자문단의 운영 등을 새로운 과제로 진행했습니다.

정책기획위원회의 2기는 코로나19 팬데믹으로 인한 방역위기와 경제위기를 뚫고 나아가는 국가 혁신전략들을 지원하는 일과 함께, 무엇보다도 문재인 정부의 국정성과를 정리하고 〈국정백서〉를 집필하는 일이 남아 있습니다. 우리 위원회는 성과관리를 단순히 정부의 치적을 정리하는 수준이 아니라 국정성과를 국민의 성과로 간주하고 국민과 공유해야 한다는 차원에서 정책 소통의 한 축으로 간주하고 있습니다.

우리 위원회는 문재인 정부가 촛불혁명의 정부로서 그리고 제도혁명의 정부로서 지향했던 비전의 진화 경로를 종합적 조감도로 그렸고 이 비전 진화의 경로를 따라 축적된 지난 5년의 성과를 포괄적으로 정리하기도 했습니다. 다양한 정책성과 관련 담론들을 세부적으로 만드는 과정이 이어지는 가운데, 우리 위원회는 그간의 위원회 활동 결과로 생산된 다양한 정책담론들을 단행본으로 만들어 대중적으로 공유하면 좋겠다는 데에 뜻을 모았습니다. 이러한 취지는 정책기획위원회뿐 아니라 국정과제협의회 소속의 다른 대통령 위원회도 공유함으로써 단행본 발간에 동참하게 되었습니다. '국정과제협의회 정책기획시리즈'가 탄생했고 각 단행본의 주제와 필진 선정, 그리고 출판은 각 위원회가 주관해서 진행하는 것으로 했습니다.

정책기획위원회가 출간하는 이번 단행본들은 정부의 중점 정책이나 대표 정책을 다루는 것이 아닙니다. 또 단행본의 주제들은 특별한 기준에 따라 선별된 것도 아닙니다. 이번에 출간하는 단행본 시리즈의 내용들은 정부 정책이나 법안에 반영된 것도 있고 그렇지 않은 것도 포함되어 있습니다. 따라서 이 책의 내용들은 정부나 정책기획위원회의 공식 입장이라고 할 수 없습니다. 정책기획위원회에서 지난 5년간 다양한 방식으로 논의된 정책담론들 가운데 비교적 단행본으로 엮어내기에 수월한 것들을 모아 필진들이 수정하는 수고를 더한 것입니다. 문재인 정부의 정책기획위원회에 모인 백여 명의 정책기획위원들이 다양한 분야에서 국가의 미래를 고민했던 흔적을 담아보자는 취지라 할 수 있습니다.

2. 문재인 정부 5년의 국정비전과 국정성과에 대하여

문재인 정부는 촛불시민의 염원을 담아 '나라다운 나라, 새로운 대한민국'을 약속하며 출발했습니다. 지난 5년은 우리 정부가 국민과 약속한 나라를 만들기 위해 진지하고도 일관된 노력을 기울인 시간이었습니다. 지난 5년, 국민의 눈높이에 미흡하고 부족한 부분이 있었습니다. 그러나 예상하지 못한 거대한 위기가 거듭되는 가운데서도 정부는 국민과 함께 다양한 국정성과를 만들었습니다.

어떤 정부든 공과 과가 있기 마련입니다. 한 정부의 공은 공대로 평가되어야 하고 과는 과대로 평가되어야 합니다. 아무리 미흡한 부분이 있더라도 한 정부의 국정성과는 국민이 함께 만든 것이기 때문에 국민적으로 공유되어야 하고, 국민적 자부심으로 축적되어야 합니다. 국정의 성과가 국민적 자부심과 자신감으로 축적되어야 새로운 미래가 있습니다.

정부가 국정 성과에 대해 오만하거나 공치사를 하는 것은 경계해야 할 일이지만 적어도 우리가 한 일에 대한 자신감과 자부심 없이는 대한민국의 미래 또한 밝을 수 없습니다. 정책기획위원회는 이 같은 취지로 2021년 4월, 『문재인 정부 국정비전의 진화와 국정성과』라는 제목의 보고서를 만들었고, 이 보고서를 바탕으로 5월에는 문재인 정부 4주년을 기념하는 컨퍼런스도 개최했습니다.

문재인 정부는 2017년 출범 후 '국민의 나라, 정의로운 대한민국'을 국가비전으로 제시하고 5대 국정목표, 20대 국정전략, 100대 국정과제를 제시했습니다. '국민의 나라, 정의로운 대한민국'이라는 국정의 총괄 비전은 "대한민국의 모든 권력은 국민으로부터 나온다"라고 하는 헌법 제1조의 정신입니다. 여기에 '공정'과 '정의'에 대한 문재인 대통령의 통치 철학을 담았습니다. 정의로운 질서는 사회적 기회의 윤리인 '공정', 사회적 결과의 윤리인 '책임', 사회적 통합의 윤리인 '협력'이라는 실천윤리가 어울려 완성됩니다. 문재인 정부 5년은 공정국가, 책임국가, 협력국가를 향한 일관된 여정이었습니다. 그리고 문재인 정부의 국정성과는 공정국가, 책임국가, 협력국가를 향한 일관된 정책의 효과였습니다.

돌이켜보면 문재인 정부 5년은 중첩된 위기의 시간이었습니다. 집권 초기 북핵위기에 이은 한일통상위기, 그리고 코로나19 팬데믹 위기라는 예측하지 못한 3대 위기에 문재인 정부는 놀라운 위기 대응 능력을 보였습니다. 2017년 북핵위기는 평창올림픽과 다자외교, 국방력 강화를 통한 한반도 평화 프로세스로 위기 극복의 성과를 만들었습니다. 2019년의 한일통상위기는 우리 정부와 기업이 소부장산업 글로벌 공급망을 재편하고 소부장산업 특별법 제정 등 모든 수단을 동원해 제조업의 경쟁력을 강화함으로써 위기를 극복했습니다. 일본과의 무역마찰을 극복하는 이 과정에서 '아무도 흔들 수 없는 나라'를 만들겠다는 대통령의 약속이 있었고 마침내 우리는 일본과 경쟁할 만하다는 국민적 자신감을 갖게 되었습니다.

이제는 핵심 산업에서 한국 경제가 일본을 추월하게 되었지만 우리 국민이 갖게 된 일본에 대한 자신감이야말로 무엇보다 큰 국민적 성과가 아닐 수 없습니다.

2020년 이후의 코로나19 위기는 지구적 생명권의 위기이자 인류 삶의 근본을 뒤흔드는 문명사적 위기라 할 수 있습니다. 우리는 개방, 투명, 민주방역, 과학적이고 창의적 방역으로 전면적 봉쇄 없이 팬데믹을 억제한 유일한 나라가 되었습니다. K-방역의 성공은 K-경제의 성과로도 확인됩니다. K-경제의 주요 지표들은 우리 경제가 코로나19 이전으로 회복되었을 뿐 아니라 성공적 방역으로 우리 경제가 새롭게 도약하고 있다는 사실을 보여주고 있습니다.

문재인 정부 5년 간 겪었던 3대 거대 위기는 인류의 문명사에 대한 재러드 다이아몬드식 설명에 비유하면 '총·균·쇠'의 위기라 할 수 있습니다. 인류문명을 관통하는 총·균·쇠의 역사는 제국주의로 극대화된 정복과 침략의 문명사였습니다. 그러나 문재인 정부가 지난 5년 총·균·쇠에 대응한 방식은 평화와 협력, 상생의 패러다임으로 인류의 신문명을 선도하는 것이었습니다. 세계가 이 같은 총·균·쇠의 새로운 패러다임에 주목하고 있습니다. 문재인 정부가 총·균·쇠의 역사를 다시 쓰고 인류문명을 새롭게 이끌고 있다고 감히 말할 수 있습니다.

문재인 정부는 지난 5년, 3대 위기를 극복함으로써 '위기에 강한 정부'의 성과를 얻었습니다. 또 한국판 뉴딜과 탄소중립 선언, 4차 산업혁명과 혁신성장, 문화강국과 자치분권의 확장을 주도해 '미래를 여는 정부'의 성과를 만들었습니다. 돌봄과 무상교육, 건강공공성, 노동복지 등에서 '복지를 확장한 정부'의 성과도 주목할 만합니다. 국정원과 검찰·경찰 개혁, 공수처 출범 및 시장권력의 개혁과 같은 '권력을 개혁한 정부'의 성과에도 주목해야 합니다. 나아가 문재인 정부는 한반도 평화유지와 국방력 강화를 통해 '평화시대를 연 정부'의 성과도 거두고 있습니다.

위기대응, 미래대응, 복지확장, 권력개혁, 한반도 평화유지의 성과를 통해 강한 국가, 든든한 나라로 거듭나는 정부라는 점에 주목하면 우리는 '문재인 정부 국정성과로 보는 5대 강국론'을 강조할 수 있습니다. 이 같은 '5대 강국론'을 포함해 주요 입법성과를 중심으로 '대한민국을 바꾼 문재인 정부 100대 입법성과'를 담론화하고, 또 문재인 정부 들어 눈에 띄게 달라진 주요 국제지표를 중심으로 '세계가 주목하는 문재인 정부 20대 국제지표'도 담론화하고 있습니다.

2021년 4월 26일 국정성과를 보고하는 비공개 회의에서 문재인 대통령은 "모든 위기 극복의 성과에 국민과 기업의 참여와 협력이 있었다"는 말씀을 몇 차례 반복했습니다. 지난 5년, 국정의 성과는 오로지 국민이 만든 국민의 성과입니다. 그래서 문재인 정부 5년의 성과는 오롯이 우리 국민의 자부심의 역사이자 자신감의 역사입니다. 문재인 정부 5년의 성과는 국민과 함께 한 일관되고 연속적인 국정비전의 진화를 통해 축적되었습니다. '국민의 나라, 정의로운 대한민국'이라는 국가비전이 구체화되고 세분화되어 진화하는 과정에서 '소득주도성장·혁신성장·공정경제'의 비전이 제시되었고, 이러한 경제운용 방향은 '혁신적 포용국가'라는 국정비전으로 포괄되었습니다.

3대 위기과정을 극복하는 과정에서 문재인 정부는 '아무도 흔들 수 없는 나라', '위기에 강한 나라'라는 비전을 진화시켰고, 코로나19 팬데믹 위기에서 '포용적 회복과 도약'의 비전이 모든 국정 방향을 포괄하는 비전으로 강조되었습니다. 코로나19 팬데믹으로 인한 방역위기와 경제위기를 극복하는 과정에서 대한민국은 새로운 세계표준이 되었습니다. 또 최근 탄소중립시대와 디지털 경제로의 대전환을 준비하는 한국판 뉴딜의 국가혁신 전략은 '세계선도 국가'의 비전으로 포괄되었습니다.

이 모든 국정비전의 진화와 성과에는 국민과 기업의 기대와 참여가 있었습니다. 그러나 우리는 문재인 정부의 임기가 그리 많이 남지 않은 시점에서 국민의 기대와 애초의 약속에 미치지 못한 많은 부분들은 남겨놓고 있습니다. 혁신적이고 종합적인 새로운 그림이 필요한 부분도 있고 강력한 실천과 합의가 필요한 부분도 있습니다. 무엇보다도 민주주의에 대한 새로운 기획이 필요합니다. 문재인 정부는 촛불혁명이라는 제도혁명을 통해 민주주의를 진화시킨 정치사적 성과를 얻었으나 정작 민주주의에 대한 새로운 전망을 제시하는 데는 미치지 못했습니다. 문재인 정부는 헌법 제1조의 민주주의를 실현하고자 했으나 문재인 정부 이후의 민주주의는 국민의 행복추구와 관련된 헌법 제10조의 민주주의로 진화해야 할지 모릅니다. 민주정부 4기로 이어지는 새로운 민주주의의 디자인이 필요합니다.

둘째는 공정과 평등을 구성하는 새로운 정책비전의 제시와 합의가 요구됩니다. 오늘날 대부분의 국가는 정의로운 공동체를 추구합니다. 정의로운 질서는 불평등과 불공정, 부패를 넘어 실현됩니다. 이 같은 질서에는 공정과 책임, 협력의 실천윤리가 요구되지만 우리 시대에 들어 이러한 실천윤리에 접근하는 방식은 세대와 집단별로 큰 차이를 보입니다.

신자유주의 시대에 성장한 청년세대는 능력주의와 시장경쟁력을 공정의 근본으로 인식하는 반면 기성세대는 달리 인식합니다. 공정과 평등에 대한 '공화적 합의'가 필요합니다. 소득과 자산의 분배, 성장과 복지의 운용, 일자리와 노동을 둘러싼 공정과 평등의 가치에 합의함으로써 '공화적 협력'에 관한 새로운 그림이 제시되어야 합니다.

셋째는 지역을 살리는 그랜드 비전이 새롭게 제시되어야 합니다. 공공기관 이전을 통한 중앙정부 주도의 혁신도시 정책을 넘어 지역 주도의 메가시티 디자인과 한국판 뉴딜의 지역균형 뉴딜, 혁신도시 시즌

2 정책이 보다 큰 그림으로 결합되어 지역을 살리는 새로운 그랜드 비전으로 제시될 필요가 있습니다.

넷째는 고등교육 혁신정책과 새로운 산업 전환에 요구되는 인력양성 프로그램이 결합된 교육혁신의 그랜드 플랜이 만들어져야 합니다.

다섯째는 커뮤니티 케어에 관한 혁신적이고 복합적인 정책 디자인이 준비되어야 합니다. 지역 기반의 교육시스템과 지역거점 공공병원, 여기에 결합된 지역 돌봄 시스템이 복합적이고 혁신적으로 기획되어야 합니다.

이 같은 과제들은 더 큰 합의와 더 많은 시간이 필요합니다. 그러나 이러한 쟁점들이 다음 정부의 과제나 미래과제로 막연히 미루어져서는 안 됩니다. 문재인 정부의 국정성과들이 국민의 기대와 참여로 가능했듯이 이러한 과제들은 기존의 국정성과에 이어 문재인 정부의 마지막까지 국민과 함께 제안하고 추진함으로써 정책동력을 놓치지 않는 것이 중요합니다.

코로나19 변이종이 기승을 부리면서 여전히 코로나19 팬데믹의 엄중한 위기가 진행되는 가운데 국민의 생명과 삶을 지켜야 하는 절체절명한 시간이 흐르고 있습니다. 문명 전환기의 미래를 빈틈없이 준비해야하는 절대시간이기도 합니다. 여기에 대응하는 문재인 정부의 남은 시간이 그리 길지 않습니다. 그러나 인수위도 없이 서둘러 출발한 정부라는 점과 코로나 상황의 엄중함을 생각하면 문재인 정부에게 남은 책임의 시간은 길고 짧음을 잴 여유가 없습니다.

이 절대시간 동안 코로나19보다 위태롭고 무서운 것은 가짜뉴스나 프레임 정치가 만드는 국론의 분열입니다. 세계가 주목하는 정부의 성과를 애써 외면하고 근거 없는 프레임을 공공연히 덧씌우는 일은 우리 공동체를 국민의 실패, 대한민국의 무능이라는 벼랑으로 몰아가는 것과 다르지 않습니다. 국민이 선택한 정부는 진보정부든 보수정부든 성공해야 합니다. 책임 있는 정부가 작동되는 데는 책임 있는 '정치'가 동반되어야 합니다.

정책기획위원회를 포함한 국정과제위원회들은 문재인 정부의 남은 기간 동안 국정성과를 국민과 공유하는 적극적 정책소통관리에 더 많은 의미를 두어야 합니다. 문재인 정부의 성과를 정확하게, 사실에 근거해서 평가하고 공유하는 데 더 많은 시간을 써야 합니다. 다른 무엇보다도 객관적이고 종합적인 국정성과에 기반을 둔 세 가지 국민소통 전략이 강조됩니다.

첫째는 정책 환경과 정책 대상의 상태를 살피고 문제를 찾아내는 '진단적 소통'입니다. 둘째는 국정성과에 대한 이해를 통해 민심과 정부 정책의 간극이나 긴장을 줄이고 조율하는 '설득적 소통'이 중요합니다. 셋째는 국민들이 삶의 현장에서 정책의 성과를 체감할 수 있게 하는 '체감적 소통'을 강조할 수 있습니다. 위기대응정부론, 미래대응정부론, 복지확장정부론, 권력개혁정부론, 평화유지정부론의 '5대 강국론'을 비롯한 다양한 국정성과 담론들이 이 같은 국민소통전략으로 공유될 수 있기를 바랍니다.

정책기획위원회의 눈으로 지난 5년을 돌이켜보면 문재인 정부의 시간은 '일하는 정부'의 시간, '일하는 대통령'의 시간이었습니다. 촛불혁명으로 집권한 제도혁명정부로서는 누적된 적폐의 청산과 산적한 과제의 해결이 국민의 명령이었기 때문에 옆도 뒤도 보지 않고 오로지 이 명령을 충실히 따라야 했습니다. 그 결과가 '일하는 정부', '일하는 대통령'의 시간으로 남게 된 셈입니다.

정부 광화문청사에 있는 정책기획위원회 위원장실에는 한 쌍의 액자가 걸려 있습니다. 위원장 취임과 함께 우리 서예계의 대가 시중(時中) 변영문(邊英文) 선생님께 부탁해 받은 것으로 "先天下之憂而憂, 後天下之樂而樂"(선천하지우이우, 후천하지락이락)이라는 글씨입니다. 북송의 명문장가였던 범중엄(范仲淹)이 쓴 '악양루기'(岳陽樓記)의 마지막 구절입니다. "천하의 근심은 백성들이 걱정하기 전에 먼저 걱정하고, 천하의 즐거움은 모든 백성들이 다 즐긴 후에 맨 마지막에 즐긴다"는 의미로 풀어볼 수 있습니다. 국민들보다 먼저 걱정하고 국민들보다 나중에 즐긴다는 말로 해석됩니다. 일하는 정부, 일하는 대통령의 시간과 닿아 있는 글귀입니다.

문재인 정부의 남은 시간이 길지 않지만, 일하는 정부의 시간으로 보면 짧지만도 않습니다. 결코 짧지 않은 문재인 정부의 시간을 마지막까지 일하는 시간으로 채우는 것이 제도혁명정부의 운명입니다. 촛불시민의 한 마음, 문재인 정부 출범 시의 절실했던 기억, 국민의 위대한 힘을 떠올리며 우리 모두 초심으로 돌아가야 합니다.

앞선 두 번의 정부가 국민적 상처를 남겼습니다. 진보와 보수를 떠나 국민이 선택한 정부가 세 번째 회한을 남기는 어리석은 역사를 거듭해서는 안 됩니다. 문재인 정부의 성공이 우리 당대, 우리 국민 모두의 시대적 과제입니다.

3. 한없는 고마움을 전하며

아무리 작은 일이라도 일이 마무리되고 결과를 얻는 데는 드러나지 않는 많은 분들의 기여와 관심이 있기 마련입니다. 정책기획위원회는 앞에서 밝힌 바와 같이 정책 콘텐츠 관리와 정책 네트워크 관리, 정책 소통 관리에 포괄되는 광범한 활동을 수행하고 있습니다. 사실 이 책과 같은 단행본 출간사업은 정책기획위원회의 관례적 활동과는 별개로 진행되는 여별의 사업이라 할 수 있습니다. 이러한 부가적 사업이 가능한 것은 6개 분과 약 백여 명의 정책기획위원들이 위원회의 정규 사업들을 충실히 해낸 효과라 할 수 있습니다. 무엇보다도 정책기획위원회라는 큰 배를 위원장과 함께 운항해주신 두 분의 단장과 여섯 분의 분과위원장께 감사의 말씀을 드려야 합니다. 미래정책연구단장을 맡아 위원회에 따뜻한 애정을 쏟아주셨던 박태균 교수와 2021년 하반기부터 박태균 교수의 뒤를 이어 중책을 맡아주신 추장민 박사, 그리고 국정과제지원단장을 맡아 헌신적으로 일해주신 윤태범 교수께 각별한 마음을 전합니다. 김선혁 교수, 양종곤 교수, 문진영 교수, 곽채기 교수, 김경희 교수, 구갑우 교수, 그리고 지금은 자치분권위원회로 자리를 옮긴 소순창 교수께서는 6개 분과를 늘 든든하게 이끌어 주셨습니다. 한없는 고마움을 전합니다.

단행본 사업에 흔쾌히 함께 해주신 정책기획위원뿐 아니라 비록 단행본 집필에는 참여하지 않았지만 지난 5년 정책기획위원회에서 문재인 정부의 다양한 정책담론을 다루어주신 1기와 2기 정책기획위원 모든 분께 이 자리를 빌려 그간 가슴 한 곳에 묻어두었던 고마운 마음을 전합니다.

위원들의 활동을 결실로 만들고 그 결실을 빛나게 만든 것은 정부 부처의 파견 공무원과 공공기관의 파견 위원, 그리고 전문위원으로 구성된 위원회 직원들의 공이었습니다. 국정담론을 주제로 한 단행본들이 결실을 본 것 또한 직원들의 헌신 덕분입니다. 행정적 지원을 진두지휘한 김주이 기획운영국장, 김성현 국정과제국장, 백운광 국정연구국장, 박철웅 전략홍보실장께 각별한 감사를 드리며, 본래의 소속으로 복귀한 직원들을 포함해 정책기획위원회에서 함께 일한 직원들 한 분 한 분께도 감사의 마음을 전합니다.

한국판 뉴딜을 정책소통의 차원에서 국민적으로 공유하기 위해 정책기획위원회는 '한국판 뉴딜 국정자문단'을 만들었고, 지역자문단도 순차적으로 구성한 바 있습니다. 한국판 뉴딜 국정자문단의 자문위원으로 함께 해주신 모든 분들께도 이 자리를 빌려 감사드립니다.

서 론

제1장 배경

최근 기후변화, 도시화, 인구 집중, 고령화, 기술 발전에 의한 초연결 사회와 같은 글로벌 환경 변화로 세계는 인류가 일찍이 경험하지 못한 극한의 재난과 코로나19와 같은 새로운 위험에 직면하고 있다. 최근 발생하는 재난과 미래 위험의 특징은 재난의 규모와 피해가 대형화되면서 재난의 지리적 경계가 사라지는 특징이 있다.

유엔 재해위험경감사무국(United Nations Office for Disaster Risk Reduction: UNISDR)과 세계경제포럼(World Economic Forum) 등에서도 이러한 위험의 신종, 대형 복합화 현상은 향후 더욱 심해질 것이 분명하다고 공표한 바 있다. 또한 재난의 피해 역시 기존의 경제, 사회, 정치, 환경적 요인들과 복잡하게 연계되어 취약계층에게 피해가 차별적으로 집중되면서 기존 불평등을 심화시키고 있다.

그러나 우리 정부의 현행 재난관리 체계와 역량은 재난의 대형 복합화, 코로나19 팬데믹처럼 인류가 경험하지 못한 신종 위험 증가, 그리고 재난의 양극화에 효과적으로 대응하는데 역부족이다. 현재 우리 정부의 재난안전 관리 및 거버넌스는 재난관리와 안전관리가 통합되어 있어 일상적 안전사고 대응과 비상 상황이라고 할 수 있는 재난재해가 비체계적, 비효율적으로 관리되고 있다. 특히 재난관리 체계가 사회재난과 자연재난으로 이원화되어 있어 2011년 일본 쓰나미가 원전 사고로 이어지는 초대형 복합재난에 속수무책이고, 최근 발생한 코로나19와 같은 신종재난에는 대비가 미흡하다는 것이 관련 전문가들의 중론이다.

이러한 이분법적 구조의 법제, 재난 유형에 따른 분과적 거버넌스로는 복합적이고 동시다발적인 재난사고 현장에서 체계적으로 대응할 수 없다. 즉 최근 발생하는 재난의 양상은 지금까지 우리가 경험하지 못한 새로운 형태의 위험이거나 이러한 새로운 위험이 전통적인 자연·사회재난과 복잡하게 얽혀 신종 복합 대형 재난으로 확대되는 상황에서 미래 재난관리 체계에 대한 새로운 구상이 필요한 시점이라 할 수 있다.

아울러 산업재해, 화학사고, 자살 등을 필두로 한 기존 사회재난은 그 발생빈도와 전체 피해 규모는 줄고 있지만 여전히 OECD 최하위인 개도국 수준에 머물고 있어 국민의 안전 체감도와 정부의 재난관리 역량에 대한 신뢰를 떨어뜨리고 있다. 최근 평택항에서 발생한 중대 산업재해(2021. 4. 22.), 광주시 학동(2021. 6. 9.)에서 발생한 중대 시민재해의 사례를 보더라도 이러한 재난을 예방하기 위해서는 복잡한 원인을 제어해야 하고, 국민 눈높이에 맞는 대응을 위해서는 재난관리 주무부처 혹은 예방 관련 부처만이 아니라 범부처의 역량을 총동원해야 할 필요성이 대두되고 있다.

이 글에서는 한국전쟁 이후 우리나라 재난관리 발전과정과 특징, 최근 국내·외 재난 발생 동향, 그리고 그동안 우리 정부의 재난관리 성과와 한계를 살펴본 후 미래 재난관리 분야에서 공통적으로 고려되어야 할 가치 및 발전 방향을 제시하고자 한다.

1. 재난관리 역사와 발전과정

1945년 광복 이후, 우리나라의 경제, 사회, 정치, 문화 근대화의 특징을 관통하는 단어는 '압축 성장'이라 할 수 있다. 영미나 유럽에서 최소 200~300년에 걸쳐 이룬 산업화의 과정을 우리나라는 거의 30~40년 만에 이룬 것이다. "급히 먹는 밥이 체하는 법"이라고 이러한 압축성장의 이면에는 생명 경시 풍조와 부실 공사 등에 의한 각종 재난 안전사고 역시 급증하였다.

우리나라의 재난관리 제도와 체계는 수많은 인명피해를 낳은 잇따른 대형 재난 이후 사후약방문식으로 발전되어 왔다. 1963년 건설부 수자원국에 방재과를 설치하면서 풍수해, 가뭄 등 초기 우리 정부의 재난관리는 자연재해 중심의 재난관리 체계가 구축되었고, 1967년 「풍수해대책법」이 제정되면서 우리나라 최초의 국가 재난관리 계획인 방재기본계획제도가 마련되었다.

1990년 이후, 성수대교 붕괴(1994) 사고는 주요 시설물 안전에 대한 경각심을 일으켜 「시설물의 안전관리에 관한 특별법」(1995) 제정의 직접적 원인이 되었고, 삼풍백화점 붕괴 사고(1995)는 자연재해뿐 아니라 인적 재난의 관리 강화를 위한 「재난관리법」(1995) 제정으로 이어졌다(오윤경·정지범, 2016). 이후 대구 지하철 방화(2003) 사고는 우리나라 재난관리 체계의 총체적 재편의 계기가 되면서 소방방재청을 출범시켰고, 「재난 및 안전관리 기본법」(2004) 제정으로 이어져 재난 및 안전관리 체계화를 이끌었다.

이명박정부는 출범과 함께 행정자치부를 행정안전부로 개칭하면서 '안전'을 부처의 최상위 목표 중 하나로 내세웠고, 박근혜정부는 '안전'을 더욱 강조하여 행정안전부를 안전행정부로 개칭하고, 안전을 최상위 국정 과제로 제시했다. 그리고 세월호 참사 이후에는 거대 부처로서 국민안전처가 출범했다(오윤경·정지범, 2016). 2014년 세월호의 국민적 아픔과 촛불 정신으로 출범한 2017년 문재인정부는 국민안전에 대한 국가 책임제를 표명하고, 국민의 안전권을 헌법적 가치로 제도화하려는 노력과 함께 사회적 약자에 대한 포용적 안전관리를 강조하고 있다(중앙안전관리위원회 2019; 정지범, 2020). 이러한 노력은 최근 재난 및 안전관리 기본법 개정 움직임 및 국민안전기본법 제정을 위한 본격적 실천으로 이어지고 있다.

요약하면, 우리나라의 재난관리 체계는 초창기 자연재해 대응 중심에서 출발해 1996년부터 화재, 폭발, 붕괴 등 인적 재난 중심 계획인 '국가재난관리계획'이 기존 자연재난 대응을 위한 방재계획과 분리되면서 자연재난과 사회재난의 이원화 체계가 수립되었다. 이후 2017년 문재인정부 출범 이후 2017년 제천, 2018년 밀양 화재 등 사회재난 발생이 증가하면서 자연재해 사후 대응 중심에서 점차 사전 예방 중심으로 발전해왔다고 할 수 있다.

2. 최근 재난 환경 변화

1) 익숙한 재난의 대형화, 복잡화

전 세계적으로 이전에 경험하지 못한 규모의 자연재난이 속출하고 있다. 2020~21년에 발생한 자연재난만 살펴보면, 아마존 산불(2020), 북극 베르코얀스크 폭염(2020), 미국 텍사스주 한파와 폭염(2021), 중국 쓰촨성 산불(2020), 독일과 벨기에 등 서유럽의 폭우와 대홍수 참사

(2021), 러시아와 인도의 폭염(2021) 등으로 적게는 수십 명에서 많게는 수백 명의 사망자가 속출했고, 금전적 피해와 복구에 든 비용 역시 막대한 규모였다. 이러한 자연재난의 근본적 원인은 지구온난화 등으로 인한 기후위기 때문이다. 한마디로 2차 세계대전 이후 각국 정부가 최악의 재난을 가정해 만든 재난 대응 체계와 안전기준 등은 최근 발생하는 초대형 복합재난 앞에 속수무책인 20세기의 낡은 시스템으로 전락했다고 볼 수 있다(구성모, 2021).

[그림 1] 2021년 6월~7월 발생한 세계 이상기후 현상

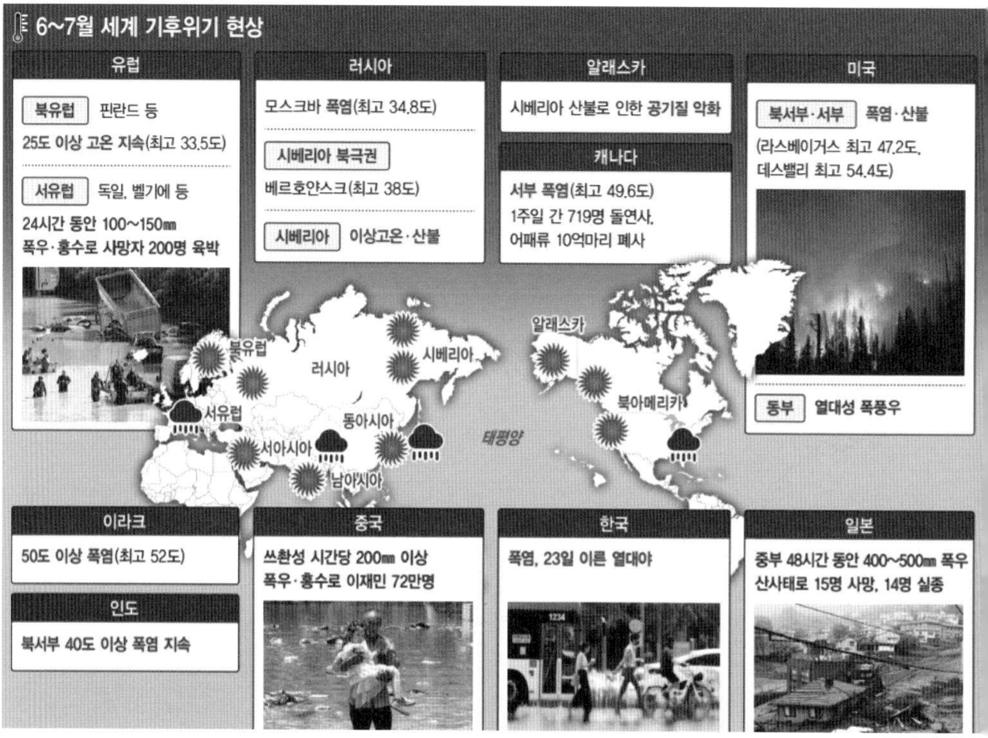
6~7월 세계 기후위기 현상
유럽
북유럽 핀란드 등
25도 이상 고온 지속(최고 33.5도)
서유럽 독일, 벨기에 등
24시간 동안 100~150㎜
폭우·홍수로 사망자 200명 육박
러시아
모스크바 폭염(최고 34.8도)
시베리아 북극권
베르호얀스크(최고 38도)
시베리아 이상고온·산불
알래스카
시베리아 산불로 인한 공기질 악화
캐나다
서부 폭염(최고 49.6도)
1주일 간 719명 돌연사,
어패류 10억마리 폐사
미국
북서부·서부 폭염·산불
(라스베이거스 최고 47.2도,
데스밸리 최고 54.4도)
동부 열대성 폭풍우
북유럽
러시아
시베리아
서유럽
동아시아
서아시아
남아시아
알래스카
북아메리카
태평양
이라크
50도 이상 폭염(최고 52도)
인도
북서부 40도 이상 폭염 지속
중국
쓰촨성 시간당 200㎜ 이상
폭우·홍수로 이재민 72만명
한국
폭염, 23일 이른 열대야
일본
중부 48시간 동안 400~500㎜ 폭우
산사태로 15명 사망, 14명 실종

출처: 한겨레. 2021. 7. 18.

기후위기로 인한 재난 피해의 확산은 우리나라도 예외가 아니다. 현재 우리나라의 「재난안전기본법」에 따르면, 재난은 자연재난과 사회재난으로 분류된다. 자연재난은 인간 활동과 무관하게 자연적으로 발생하는 재난으로 폭우, 태풍, 홍수, 가뭄, 지진, 화산 폭발 등이 속한다. 이러한 자연재난은 발생 자체를 인간의 힘으로 막을 수는 없지만 사전에 철저한 대비를 통해 피해를 줄이는 형태로 대응하고 있다. 사회재난은 자연재난과 달리 사람의 실수 혹은 고의로 인해 발생하는 인적 재난을 지칭한다. 대표적으로 화재와 교통사고, 건물 붕괴 사고 등이 있으며, 사람과 가축의 감염병 유행도 사회재난으로 분류된다.

2020년부터 지금까지 전 세계를 괴롭히고 있는 코로나19 감염병 대유행도 사회재난에 속한다. 사회재난이 자연재난과 구분되는 가장 큰 특징은 사람에 의해 통제가 가능하다는 인식이다. 그러나 그동안 자연의 섭리에 의해 불가피한 재해로 여겨졌던 자연재난 역시 인간의 활동과 산업화 과정에서의 기후환경과 생태계 훼손에 의한 현상이라는 것이 국내·외에서 재난 전문가들의 최근 주장이다.

우선, 국내 재난·안전사고 사망자 수를 살펴보면, 2000년대에 증감을 반복하다가 2010년 이후 지속적으로 줄고 있다. 우리나라의 재난·안전사고 사망자 수는 10만 명 당 60여 명으로 OECD 평균과 비교할 때 비교적 높은 수준으로 지속적 안전관리 강화가 필요한 상황이다. OECD 국가 중 프랑스, 헝가리 등의 경우 우리나라보다 안전사고 사망자가 많았으나 지속적으로 감소하여 최근에는 낮은 수치를 보인다 (중앙안전관리위원회, 2019; 정지범, 2020).

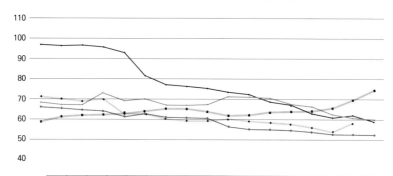

[그림 2] OECD 주요 국가별 인구 10만 명 당 안전사고 사망자 수[1]

	2000	2001	2002	2003	2004	2005	2006	2007	2008	2009	2010	2011	2012	2013	2014	2015	2016
한국	68.8	67.5	67.8	73.1	69.9	70.6	67.1	67.5	67.5	71.5	71.5	70.5	67.7	66.6	62.9	61.3	59.9
미국	59	61.5	62.3	62.5	62.9	64.1	65.4	65.4	64	62	62.3	63.7	64	64.3	65.8	69.7	74.8
프랑스	71.7	70.5	69.4	70.1	62.7	62.6	60.5	59.5	59.7	60.2	59.9	58.7	57.8	56.1	54.2	58.4	
헝가리	97.3	96.6	96.9	96.2	93.1	81.8	77.3	76.3	75.3	73.5	72.3	68.8	67.1	63	60.8	61.9	58.9
OECD평균	66.5	66.1	64.9	64.4	62.1	63.2	61.1	61.0	59.8	56.6	55.4	55.1	54.9	53.8	52.9	52.9	52.5

출처: OECD.Stat Health Status (2019. 11.18. 기준).

우리나라의 자연재난은 여름철에 집중되어 있으며 주로 한파, 폭염, 풍수해 등으로 인한 피해가 가장 크다. 우리나라 자연재난 사망자 수는 국제적으로 비교할 때 심각한 수준은 아니다. 그동안 풍수해 피해 및 사망자가 많았으나 기후위기 영향으로 폭염 피해가 심해지고 있다. 최근 5년 간(2013~2017) 자연재난 사망자 추이는 [그림 3]과 같다(국립재난안전연구원, 2019; 중앙안전관리위원회, 2019 재인용).

최근 10년 간('09~'18) 우리나라에서 호우, 태풍, 대설 등 기후변화로 인해 194명의 인명 피해 및 약 20만 명의 이재민이 발생하였으며 그로 인한 경제적 손실은 3조 4천억 원으로 추산되었다. 특히 태풍과

---

1   각 국가별 재난, 안전사고(외인사, 자살 포함, 결핵, 에이즈)로 인한 인구 10만 명 당 조사망률(Deaths per 100,000 population–crude rates) 적용.

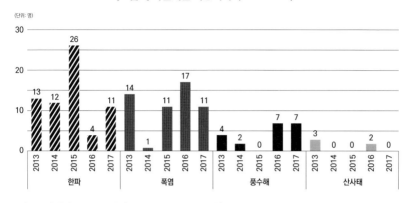

[그림 3] 자연재난 사망자 수 (2013~2017)

(단위: 명)

출처: 국립재난안전연구원, '2019 위험목록 보고서'.

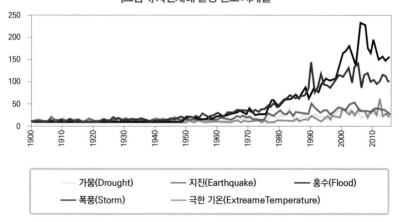

[그림 4] 자연재해 발생 빈도 시계열

출처: 제4차 국가안전관리기본계획.

호우로 인한 피해액이 전체 피해 규모의 87.7%로 기상재해 원인 중 가장 큰 비중을 차지하는 것으로 확인되었으며 이러한 자연재난의 발생 빈도와 피해 규모가 커지리라는 것은 쉽게 전망할 수 있다.

한편 사회재난으로 인한 인명·재산피해 규모 역시 증가하는 추세이다. 우리나라 재난 사망자는 대부분 사회재난과 안전사고에서 발생한다(중앙안전관리위원회, 2019). 사망자가 많은 사회재난은 교통사고이다. 교통사고 사망자 수의 경우는 2000년대 초반까지 1만 명 수준이었으나, 우리 정부의 노력으로 2018년 3,781명으로 지속해서 감소하는 추세이다. 최근에는 코로나19로 인한 피해 발생이 두드러지고 있다(2021년 12월 6일 현재 누적 확진자 477,358, 누적 사망자 3,893명). 안전사고 중에서는 최근에도 지속해서 발생한 산업재해에 의한 인명피해가 크며, 이는 OECD 국가들과 비교할 때도 가장 높은 수준이다(국립재난안전연구원, 2019; 중앙안전관리위원회, 2019 재인용). 주요 사회재난과 안전사고에 따른 현황과 추이는 [그림 5]와 같다.

[그림 5] 주요 사회재난 및 안전사고 피해 현황 및 추이(2013~2017)

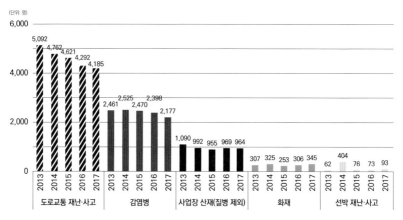

출처: 국립재난안전연구원, '2019 위험목록 보고서'.

주지하다시피 이러한 사회재난의 경우에는 대체로 도시에 집중되어 발생한다. 1970~80년대 압축성장 과정에서 인프라 시설이 단기간 대량으로 공급되어 시설의 고밀화와 노후화가 동시에 도래했고, 도시의 높은 인구밀도, 교통시설의 복잡화와 고도화, 이러한 도시 기반시설의 높은 연계성과 상호의존성 등으로 인해 복합재난 발생 가능성 증가 및 대규모 인적, 물적 피해의 위험이 크다고 할 수 있다(신상영·김상균, 2020).

현재 31년 이상 된 시설물의(1~2종) 개수는 약 1천 개로 전체 건물의 36.5%를 차지하고 있다. 상수관로(총 185,709km)의 경우 31.4%, 정수장(486개소)의 58.8%가 20년 이상 경과(2016. 환경부)해 대형 재난 발생 가능성이 높다고 할 수 있다. 도시 기반시설의 노후화에 따른 대표적 재난 사례는 2018년 고양 온수관 파열 사고가 있다(신상영·김상균, 2020). 2018년에 발생한 KT 아현 지사 통신구 화재는 단순 화재가 초연결사회에서 2차, 3차 연쇄효과를 발생시켜 사회 전체를 마비시킬 수 있는 대표적 복합재난 사례라 할 수 있다.

2) 안전사고 양극화 및 재난 불평등 심화

우리 사회 인구구조 및 경제산업 구조 등의 변화에 따라 노인, 장애인, 비정규직 및 외국인 노동자 등 다양한 취약계층이 증가하고 있다. 급속히 초고령 사회로 진입하면서 재난에 취약한 고령인구 비율이 증가하고, 이들은 신체적·경제적·사회적 취약성으로 재난의 피해자가 될 확률이 더 커지고 있다. 노인빈곤율(49.6%)은 OECD 국가 중 가장 높을 뿐 아니라 이들의 안전사고로 인한 사망자 비율은 일반인의 4.3배 수준이다. 특히 노인의 교통사고 사망자는 아직도 세계 최고 수준

구 분	비장애인 전체	장애인	비장애인 대비 장애인 비율
추락	5.2명	21.2명	4.1배
교통사고	9.8명	30.8명	3.1배
익사	1.1명	3.3명	3.0배
화재	0.6명	1.1명	1.8배

출처: 국립재활원, 2020.

이고,[2] 노인빈곤에 의한 자살률도 OECD 국가 중 가장 심각하다(류현숙, 2019). 또한 장애인의 경우 신체적·정신적 장애로 인하여 재난 상황이 발생했을 때 비장애인보다 더 큰 피해를 입을 가능성이 높지만 장애인을 위한 안전대책은 매우 미흡한 실정이다.

실제로 2019년에 보건복지부 국립재활원에서 발간한 〈장애인 건강보건통계〉 자료에 따르면 10만 명 당 화재로 인한 사망자 수가 장애인이 비장애인에 비해 추락 4.1배, 교통사고 3.1배, 익사 3배, 화재 1.8배 높은 것으로 나타났다.

한편 노동 및 산업현장에서 위험의 외주화로 인한 재난 양극화는 오래된 현실이다. 정규직-비정규직 차별, 내국인-외국인 노동자 차별 등에 따라 재난 위험이 사회적 취약집단인 비정규직과 외국인 노동자에 집중되고 있다. 게다가 이들 대부분은 영세 하청업체에 집중되어 있는데, 고용노동부가 지난 3년 간 재해조사 의견서 983건(1016명)을

---

2 2016년 기준 OECD 국가 중 노인 교통사고 사망률이 가장 낮은 국가는 노르웨이로 노인 인구 10만 명 당 3.6명 수준이다. 반면 한국은 25.6명으로 비교 대상 국가 중 가장 높다. 이는 OECD 평균인 8.8명에 비해 약 3배가량 높은 수치이다(류현숙, 2019).

분석한 결과 사고 사망자 중 절반 이상인 55.8%가 하청 근로자인 것으로 드러났다. 특히 공사 규모가 커질수록 하청 근로자의 사망 비율이 높았다. 120억 원 이상 건설 현장의 하청 근로자 사고 사망자 비율은 89.6%에 달했다. 3억 원 미만 현장이 17.5%, 3억~120억 원 미만 현장이 58.6%인 것에 비춰보면 상당히 높은 수치다.[3]

이러한 양극화는 코로나19 팬데믹 상황에서도 고스란히 나타나고 있다. 바이러스는 사람을 가리지 않는다고 하지만 소득에 따라 코로나19 감염증에 걸리고 사망할 위험이 3배가량 차이 난다는 연구결과가 나왔다(중앙일보, 2021. 2. 2). 다만 소득격차가 의료 이용 차이로 이어져 사망률이나 중증도를 높인다기보다, 저소득층이 원래 떠안고 있는 만성질환 등이 건강 불평등을 일으키는 근본적 원인[4]인 것으로 나타났다(중앙일보, 2021. 2. 2).

3) 미래위험의 불확실성과 신종재난 증가

미래위험과 신종재난은 기후변화에 따른 생태계 교란, 세계화로 인한 인구의 이동과 국제 무역량과 교통량 급증, 화물 수송망 확장, 기술의 발전 등과 같은 다양한 요인들이 결합해 발생한다고 할 수 있다. 코로나19와 같은 팬데믹 역시 이러한 기후위기, 세계화, 산업화에 따른 환경오염 등이 복잡하게 얽혀 발생한 인수 공통 감염병으로 초 국경적으로 확산된 신종재난이라 할 수 있다.

인류의 생존을 위협하는 가장 대표적인 미래위험이 바로 이러한 신

---

3 안전저널, 2021. 8. 27. 건설업 사고사망자 55.8%는 하청 근로자…위험의 외주화 심각.
4 중앙일보, 2021. 2. 2. 코로나 사망률, 저소득층이 3배 "고령자, 만성질환자 많은 탓".

종 감염병이라 할 수 있다. 미국 조지아대학의 연구진은 영국 왕립학회 학술지 〈생물학 회보(Biology Letters)〉에 최근 도시화, 산업화, 농지 개발 등과 같은 인간 활동으로 인해 자연환경에 중금속 등의 유독성 물질이 유입되어 야생동물의 보금자리가 훼손되고, 야생동물이 어쩔 수 없이 가축과 사람이 많이 사는 지역으로 내려오면서 해로운 바이러스를 옮긴다는 연구결과를 발표했다.[5]

2002~03년 사스(SARS) 사태 이후 최근 5~6년 주기로 새로운 질병들이 발생하면서 신종 감염병이 일상화된 위험으로 자리를 잡은 것처럼, 미래위험이 반복되면 더는 새롭지 않은 일상적 위험이 된다. 이러한 불확실성의 과도기에 가장 분명한 사실은, 인류가 경험하지 못한 새로운 위험이 앞으로 빈번하게 발생할 것이라는 점이다. 이러한 위험은 기후변화와 같은 환경적 요인에 의해 촉발될 수도, 인공지능과 같은 최첨단 과학기술에 의해 야기될 수도 있다.

한 가지 분명한 사실은 이러한 미래위험과 신종재난의 특징은 대체로 단일 국가의 역량만으로는 대응할 수 없다는 것이다. 즉 최근 급증하는 극한의 이상기후, 사이버 범죄, 테러, 황사, 미세먼지, 신종 감염병 등 미래위험과 신종재난은 국제협력 및 공동 대응을 통해서만 인류의 생존을 담보할 수 있음을 시사한다.

5　The Science Times. 2020. 12. 11. 인수공통감염병이 증가하는 이유는?

제2장 그간의 성과와 한계

이 절에서는 우리나라 재난안전 관리체계의 변화와 우리 정부의 재난관리 주요 성과를 확인하고자 한다. 동시에 최근 재난 발생의 동향과 미래 초대형·신종재난관리 차원에서 현행 재난안전관리 체계가 가진 한계와 주요 도전과제를 정리한다.

1. 성과

문재인정부가 국민안전의 국가 책임제를 표명하면서 국민안전과 재난관리가 주요 정책 의제로 자리를 잡기 시작하고, 관련 분야에서의 실질적 성과로 이어졌다.

1) 국가 재난관리의 컨트롤타워 정립

문재인정부는 출범 초기부터 국가위기관리기본지침에 청와대가 국가적 재난의 컨트롤타워임을 명시하고, 이렇게 일원화된 지휘체계의 체계적 운영을 위해 2018년 12월 위기관리 표준매뉴얼 39종을 전면 제·개정하여 청와대·중대본·관련 부처의 지휘·조정·통제 관계에 관한 역할과 권한을 재정립하였다. 아울러 행정안전부를 총괄 부처로 관계기관 간 긴밀한 상황 관리와 협업이 가능하도록 범정부 영상회의시스템을 마련하였고, 소방, 경찰, 해경, 군, 자치단체 등 재난 대응기관이 실시간 소통할 수 있도록 세계 최초로 LTE 기반의 재난안전통신망도 전국적으로 구축하였다. 이를 통해 태풍, 대규모 산불, 해양 사고 등국가적 재난 시 청와대와 행정안전부를 중심으로 신속하게 상황을 공유하고 국가 자원을 총동원해 대응하는 재난관리 컨트롤타워와 거버넌스 체계를 정립하였다(국무조정실, 2021).

2) 인명 구조기관의 현장 대응 역량강화

소방청 개청과 소방관의 국가직 전환으로 국가의 재난 대응체계는 한층 강화되었다. 기존의 단계적 대응에서 재난 초기부터 우세한 소방 인력과 장비를 집중적으로 투입해 최고 수위로 대응하고 있고, 시·도가 인접한 지역을 공동 대응구역으로 설정해서 사고 발생 관할과 관계없이 재난현장과 가장 가까운 출동대를 편성해 대응하고 있다. 이러한 변화를 통해 2020년 10월 울산 고층건물(33층) 화재 시에 전국의 소방차와 인력을 긴급 동원해 단 한 명의 사망자나 중상자도 발생하지 않았으며, 코로나19 현장에도 119 구급차 전국 동원령을 발령해 대구(2020. 2), 수도권(2020. 12) 지역 확진자 1만 3천여 명을 신속하게 이송할 수 있었다(국무조정실, 2021).

2022년까지 총 2만여 명의 부족한 소방공무원을 확보하기 위해 2017년부터 2020년까지 4년 간 12,322명을 충원한 데 이어 2021년에는 3,396명을 충원하는 등 현장 대응 역량을 지속적으로 강화하고 있다. 이러한 노력의 가시적 성과로 화재신고 후 7분 이내 도착률(%)은 2016년 63.1%에서 2020년 65.7%로 2.6%p 상승했고, 화재 현장 인명구조 인원도 2016년 1,990명에서 2020년 2,312명으로 16.2% 증가했다. 또한 그간 119 구급차에 운전요원 외 1명의 구급대원이 탑승했으나 인력 충원으로 3인 탑승률(운전요원 1, 구급대원 2)도 2016년 31.7%에서 2020년 86.1%로 높아지면서 응급 환자의 신속한 치료와 의료지원이 가능해졌다(국무조정실, 2021).

해양사고 1차 대응 기관인 해양경찰청 역시 독립청으로 재출범하는 등 해양 안전관리 선진화를 위한 제도 및 역량을 확충하였다. 그 결과 해양사고 대응 시간이 2016년 36.8분에서 2020년 29.5분으로 19.8% 감축했고, 해상사고 1시간 내 대응률은 2016년 85.2%에서 2020년 91.1%로 6.9% 상승했다. 해상 조난사고 인명피해는 2016년 98명에서 2020년 70명으로 28.6% 감축했다(국무조정실, 2021).

3) 기후재해에 적극적으로 대응

기후변화의 강도가 심해짐에 따라 정부는 '폭염'과 '한파'를 자연재난에 포함(2018)하고, '미세먼지'는 2019년부터 사회재난에 포함해 매년 종합적인 대책을 수립하고 있다. 특히 폭염과 한파 등에 대응하기 위해 전국에 그늘막과 냉난방 시설이 있는 버스정류장 통합쉼터 등의 설치를 추진하였다.

2020년 여름은 집중호우가 54일 지속하여 기상관측 이래 최장 기간을 기록하였고 큰 피해를 초래했지만 정부는 신속한 피해조사를 통해 특별재난지역 선포를 위한 조사 기간을 기존 3주일에서 1주일로 단축시키며 적극적으로 수습에 나섰다. 또한 예측이 어려운 기후변화에 대응할 수 있도록 국가하천 설계 목표를 최대 200년 빈도에서 500년 빈도로 상향하고, 지속적으로 댐·하천·저수지 등의 시설을 보강하고 있다(YTN, 2020. 8. 12).[6]

---

6 문 대통령, KTX 타고 하동·구례·천안 수해 현장 방문(https://www.ytn.co.kr/_ln/ 0101_202008121937358427).

4) 국민 안전권 보장 및 안전 취약계층에 대한 지원 확대

세월호 참사의 아픔과 희생을 딛고 출범한 문재인정부는 출범 초기부터 '국가의 안전책임제'를 표방하고, '안전'의 중요성 및 국민의 기본권 의식 확대 및 국민의 안전권을 제도적으로 보장할 수 있는 「안전기본법」 제정 등의 노력을 추진해 2020년 11월 11일에 입법 발의해 제도적 개선의 계기를 마련했다.

2018년 12월에는 장애인, 노인, 어린이 등 안전 취약계층 지원을 확대하기 위해 중앙부처나 지자체에서 안전 취약계층 맞춤형 안전용품 재공 및 시설 개선 등을 실질적으로 지원하기 위해 「재난안전법」을 개정하고, 관련 하위 법령 개정도 추진하였다. 대표적으로 범정부 재난안전 총괄 부처인 행정안전부는 2021년, 2022년 재난안전사업의 7대 핵심 방향 중 하나로 '포용적 안전관리'를 확대하기 위해 교통약자 안전시설을 개선하고 아동센터·노인요양시설 등 취약계층 보호시설의 안전관리 서비스 지원을 위한 투자 확대 계획을 발표하였다(국무조정실, 2021).

이러한 제도적 노력과 함께 안전 취약계층을 위한 안전대책을 범부처 차원에서 마련하고 매년 이행 실적을 관리하고 있으며, 취약계층별 특성에 맞는 맞춤형 안전교육을 확대하였다.

5) 생활 안전관리 강화

그동안 우리나라는 급속한 경제성장에 맞춰 차량의 원활한 소통 위주로 교통정책을 시행한 결과 보행자 안전이 상대적으로 취약하였고, 음주운전 및 어린이보호구역 내 사망사고 발생이 여러 번 사회적 논쟁거리가 되는 등 운전자 안전의식이 낮은 편이었다.

이에 정부는 2018년 1월 '국민생명지키기 3대 프로젝트'의 일환으로 교통사고 예방을 위한 '교통안전 종합대책'을 수립하고, 전 좌석 안전띠 착용 의무화, 대형차량 첨단 안전장치 장착 의무화, 보행 안전종합대책 등 적극적인 제도 개선을 추진하였다. 또한 '윤창호법'과 '민식이법'이 국회를 통과하여 음주운전 근절과 어린이 교통안전 강화를 위한 법적 기반을 마련하였다(국무조정실, 2021).

이러한 정부의 노력과 국민의 적극적인 협조에 힘입어 교통사고 사망자는 2017년 4,185명에서 2020년 3,081명으로 감소하였으며, 2018년 3천 명대 진입 이후 3년 간 연평균 사망자 감소율은 9.7%로, 최근 20년 간 가장 높은 감소율을 기록하고 교통안전 중위권으로 진입(32위→23위)하였다. 특히 2017년과 대비하여 2020년에는 보행자 사고(△34.7%), 어린이 교통사고(△55.6%), 음주 교통사고(△34.6%), 사업용 차량사고(△30%), 고령자 교통사고(△24.1%) 등 주요 분야별 사망자도 크게 감소하였다(국무조정실, 2021).

6) 산업재해 사망 감축을 위한 법제도적 기반 마련

문재인정부는 산재사고 사망자 감소를 위해 관계부처 합동 종합대책을 여러 차례 시행하여 사각지대와 위험요인을 사전에 발굴·방지하고, 이천물류센터 화재와 같은 대형 사고 재발 방지를 위한 맞춤형 건설 현장 화재안전 대책(2020. 6)도 마련, 시행하였다(국무조정실, 2021).

아울러 「산업안전보건법」 전면 개정(2018. 12), 「중대재해 처벌 등에 관한 법률」 제정(2021. 1), 산재사고 처벌 양형기준 상향(2021. 3)으로 근로자 보호 및 사업주의 산재예방 책임을 강화하여 산재 사망사고의 근원적 감소를 위한 제도적 기반을 마련하였다(국무조정실, 2021).

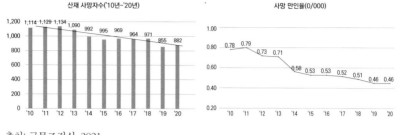

[그림 6] 지난 10년 간 산재사망자 수(2010~2020)와 사망만인율

산재 사망자수('10년~'20년)

사망 만인율(0/000)

출처: 국무조정실, 2021.

현정부의 이러한 산재예방을 위한 제도적 기반 마련과 함께 사망사고의 절반을 차지하는 건설업 사고 예방에 정책 역량을 집중한 결과 1999년 사고 사망자 통계 작성 이후 최초로 800명대('19년 855명, '20년 882명)에 진입하고, 사망만인율도 0.46으로 감소했다(국무조정실, 2021).

7) 코로나19의 모범적 방역

전대미문의 신종 감염병인 코로나19 대유행에 대응해 정부는 국내 첫 확진자 발생 후 감염병 재난관리 체계를 본격적으로 가동하면서 국가적 위기 대응에 총력을 기울이고 있다. 우리의 신종 감염병 방역체계와 신속한 대응, 역학조사, 드라이브스루(Drive-throw), 모바일 진료소 등 최첨단 과학기술 등을 최대한 활용한 혁신적 감염 여부 조사, 투명한 정보 공개 및 실시간 대중 위험소통에 대해 해외 다른 국가들은 물론 WHO 등 여러 국제기구에서 모범적 사례로 자주 인용된 바 있다. 이러한 범정부 차원의 위기관리와 함께 일반 국민들의 사회적 거리두기 및 백신 접종의 적극적 참여도 한몫 했다.

또한 코로나19 대응을 위해 질병관리청 승격 등 공중 보건의료 체계와 관련법 정비 및 감염병 재난역량을 강화하였다. 코로나19라는 국가적 재난에 대응하기 위해 처음으로 국무총리가 본부장이 되는 중앙재난안전대책본부를 가동해 대구·경북 특별지원, 교민·외국인 임시생활시설 운영, 재난지원금 지급 등 범정부적 대응을 신속하게 추진함으로써 소위 K방역의 성과를 달성하였다(송창영, 2019)고 평가할 만하다.

이러한 우리 정부의 감염병 대응 성과는 코로나19와 관련된 세계 통계에서도 확인할 수 있다. 가장 최근 남아프리카에서 발견된(2021. 11. 24.) 변이종 오미크론(Omicron) 등 코로나19의 장기화 속에서 전 세계 확진자와 사망자 숫자가 지속적으로 증가하고 있는 상황에서도 우리나라의 경우 2021년 11월 28일 현재 누적 확진자가 440,896명이고, 누적 사망자는 3,548명으로 치명률은 0.80%이다. 인구 대비 사망률도 전 세계적으로 가장 낮은 국가군에 속한다.

2. 한계

1) 초대형 복합재난 대응에 부적절한 재난관리 체계

우리나라 재난관리 체계의 가장 큰 문제로 지적되어 온 것은 바로 이질적 특성과 전문성을 요구하는 재난관리와 안전관리가 통합되어 있다는 점이다. 대부분의 나라에서는 산업, 교통, 학교, 식품, 원자력 등 분야별 안전은 소관 부처를 중심으로 관리되고, 재난은 범정부 협조체계로 관리되고 있다. 미국, 영국, 일본을 비롯한 대부분의 재난관리 선진국을 보면 종합적인 '재난관리' 계획은 있지만 모든 안전을 포괄하는 종합적 '안전관리계획'은 없다(정지범, 2020). 안전관리의 경우 분야별 전문성이나 특수성이 강해 교통안전, 환경안전, 원자력안전 등 분야별 안전관리계획을 활용하고 있다. 또한 우리 정부의 재난관리 경우에는 계획과 예산 간의 연계성, 계획에 대한 평가와 개선 노력, 그리고 성과를 차년도 계획과 예산에 반영시키는 환류가 부족하다는 한계도 지적되었다(중앙안전관리위원회, 2019).

제도적 차원의 또 다른 문제는 자연재난과 사회재난의 이원화이다. 최근 발생하는 재난은 2011년 후쿠시마 원전사고처럼 자연재난이 사회재난으로 이어지거나, 포항처럼 사회재난이 자연재난으로 이어지는 대형 복합재난이 대부분이다. 앞으로 이러한 대형 복합재난이 일반화, 일상화로 확대될 것은 거의 확실하다. 이러한 상황에서 현행 자연재난과 사회재난 이원화는 불필요하고, 앞으로 급증할 것이 분명한 대형 복합재난 대응조직 및 거버넌스 체계 마련이 시급하다.

이러한 인식에 따라 미국은 대형 재난(major incident) 관리를, 영국은 비상상태 또는 중대한 사고(emergency or major incident) 관리 체계를 마련하였다. 즉 최근에 발생하는 재난은 자연재난, 사회재난 구분이 안 되고 복잡하게 연계되어 초대형 재난으로 확대되기 때문에 전 재해접근(All hazard approach) 방식으로 관리해야 한다는 것이다. 이러한 접근은 UNISDR과 같은 국제기구 등에서 권장하는 재난관리 정책과도 궤를 같이 한다고 할 수 있다.

반면 우리나라의 경우에는 여전히 자연재난과 사회재난을 인위적으로 구분해 분과적으로 관리하고 있어 재난환경 변화를 반영하지 못하고 있다. 따라서 우리 정부의 재난 관리는 초대형 복합재난에 대한 대비나 대응 능력이 부족하고 최악의 상황에 대한 고려와 관련 대비가 미흡한 실정이다(중앙안전관리위원회, 2019).

2) 국민안전권과 국민의 책임과 의무 제도화 미흡

대형 참사와 안전사고의 반복 속에서, 안전사회로의 근본적 변화를 위한 제도적 토대로서 「생명안전기본법」에 대한 논의는 문재인정부 출범 시부터 시민사회를 중심으로 계속됐다. 이렇게 시민사회에서 마련한 기본 법안을 2020년 11월에 더불어민주당 우원식 의원이 국민의 헌법 상 '안전권'을 법률로 명시한 「생명안전기본법」으로 대표 발의하였다. 그러나 현재까지 소관 상임위원회에 1년 가까이 계류 중이다.

한편 문재인정부 출범부터 국가의 국민안전 책임제 국정 기조를 지속해서 유지해왔지만 국민의 책임과 의무, 재난관리 과정에서 시민사회 참여에 대한 인식은 미흡하다. 대부분의 선진국에서는 국가의 재난안전관리 책임과 함께 민간의 참여(shared responsibility)를 강조하고 있으나 유독 우리나라는 여전히 재난과 안전사고의 책임을 전적으로 정부에 의존하고 있는 전근대적 체계를 유지하고 있다(중앙안전관리위원회, 2019; 정지범, 2020).

국민의 안전을 보장받을 권리를 확대하는 동시에 책임을 강조한다는 측면에서 현재의 재난안전법의 법체계는 미흡하다 할 수 있다. 또한 여러 개별 법률에서 안전 관련 규정을 두고 있지만 안전 취약계층은 증가하고 있고 안전 사각지대도 여전하다. 헌법 상 안전권에 대한 논의와 별개로 안전 취약계층의 안전을 보장할 수 있는 개별법 분야에서의 법적 개선이 필요하다.

3) 지자체 역량 부족과 중앙-지방- 민간 협력 미흡

정부는 재난 안전관리 인력의 전문성을 확보하기 위해 방재안전직렬과 전문직 공무원제 및 전문직위제 등을 도입했으나 실제 재난현장에서 초기 대응과 일차적 책임이 있는 지자체의 경우 여전히 재난관리 역량이 부족하고 업무의 중요도가 상대적으로 낮다. 지자체 재난관리 역량이 낮은 이유는 재난 담당자가 방재 업무를 포함하여 별개의 여러 업무를 추가로 맡고 있을 뿐 순환보직으로 인해 업무 경험이나 전문성이 축적되지 못하기 때문이다(최호진·김경우, 2020). 이러한 지자체의 재난관리 역량 부족은 종종 늑장 대응과 그로 인한 인적, 물적 피해 확대로 이어진다.

상황이 이렇다 보니 중대형 재난의 경우에는 중앙정부와 중대본 등에 전적으로 의존하는 상황이다. 그러나 모든 재난을 청와대를 포함한 중앙정부나 범정부 재난관리 협의체를 통해 해결하는 것은 장기적으로 재난관리의 효율성, 효과성 등을 감소시킨다. 따라서 앞으로 지자체 스스로 재난을 예방하고, 대응할 수 있도록 현장 중심으로 지휘 체계를 개편하고, 중앙정부는 조직과 예산을 지원하는 체계가 정립되어야 한다. 즉 재난관리에서 상위 부처조직의 의사결정 구조를 확립하는 것도 중요하지만 더욱 중요한 것은 재난이 발생하는 지역 현장 지휘체제(incident command control)를 어떻게 구축하고, 중앙정부가 효율적으로 지원하느냐이다.

이와 함께 지역의 민간기업, 시민단체는 물론 주민공동체 등과의 네트워크 및 협력 체계를 구축해 물적 자원을 지원받고 인력 협조를 통해 한정된 지자체 자원과 전문역량을 보완해야 할 것이다.

코로나19 초기 대응 과정에서도 지자체 역량 부족, 재난관리 주체 간 역할과 권한 불명확, 중앙부처와 지자체 협조 미흡, 공공과 민간 의료기관 등과의 협력 부족 등이 문제가 되었다. 2020년 겨울 독감백신은 물론 코로나19 대응 과정에서 볼 수 있듯, 백신 접종 과정에서 중앙정부 차원에서 행안부, 보건복지부, 질병청 등 간의 역할 및 권한 조정과 의사결정도 중요하지만 지자체, 공공·민간 의료기관, 시민사회 등의 역량과 협조가 매우 중요하다.

실제 코로나19 대응 과정에서 서울시, 경기도, 대구광역시 등은 백신 접종에 대한 지자체 방역 자율권을 주장하는 등 중앙정부와 지방정부 간 엇박자와 갈등도 발생한 바 있다. 또한 코로나19 대응 과정에서 백신 접종, 중증 환자 치료 및 의료서비스 제공과 관련해 국립중앙의료원, 일선 보건소 등 공공 의료기관은 물론 민간 의료기관의 백신 접종 협조, 중증 환자 병상 확보 등에 비협조하는 등의 사례도 있었다(주영수, 정책기획위원회 기후환경안전 소분과 간담회 발표자료, 2021).

4) 재난 불평등의 심화

풍수해, 폭염 등 재난은 중립적이지만 재난에 노출되거나 대응할 수 있는 역량은 개인의 사회경제적 지위에 따라 불평등하다. 현대 사회를 위험사회로 규정한 울리히 벡(1986)은 개인이나 집단이 처한 사회경제적 지위에 따라 위험이나 재난에 차별적으로 노출되고 피해에 상대적으로 더 취약한 집단이나 그룹이 존재한다고 주장했다. 이러한 위험의 차별성을 '위험의 사회적 지위'라고 하였다.

우리나라는 1990년 후반기부터 이어진 장기적 경기침체와 저성장, 그에 따른 실업률 증가, 경제 양극화로 인해 경제적 약자와 빈곤층이 지속적으로 증가하고 있다. 또한 인구 고령화 추세로 인한 빈곤층, 노약자, 장애인 증가와 함께 산업현장의 외국인 노동자 증가로 인해 안전 취약계층 역시 증가하고 있다. 2016년 인구주택총조사 전수 집계 결과 보도자료에 따르면 65세 이상의 고령인구(678만 명)가 15세 미만

유소년인구(677만 명)를 추월했다. 2017년의 생산연령인구(15~64세)는 전년 대비 사상 처음으로 감소하였으며, 연간 인구증가율은 최저치를 기록하고 있다(매일경제, 2018. 8. 30.). 앞서 언급한 바, 노인의 빈곤율과 교통사고율은 OECD 최고 수준이고, 노인 사망 원인 중 빈곤으로 인한 자살률이 높게 나타났다(통계청, 2018).

또 다른 안전 취약 집단인 장애인구는 이미 257만 명을 훌쩍 넘은 것으로 집계되었다. 실제 장애인의 안전사고 사망률 역시 비장애인보다 4배 이상 높은 것으로 조사되었다. 코로나19 팬데믹 대응 과정에서도 재가 장애인, 독거노인 등과 같은 취약계층은 정부의 방역 조치인 비대면 사회적 거리 두기로 일상적 생활에 필요한 활동보조사 지원을 비롯한 필수 지원마저 받지 못해 심각한 어려움과 건강권을 위협받고 있는 경우가 많다.

불평등의 또 다른 축은 산업재해이다. 우리나라 산재사고 사망자 수는 연간 천여 명에 이르렀고, 노동자 10만 명 당 사고 사망자 수는 5.3명으로 독일(1.0명)을 비롯한 선진국의 2~5배 수준(경제적 손실액 21.4조 원)에 달해 산업 노동자 안전을 심각하게 위협하고 있다. 그런데 노동현장에서의 재해가 사회경제적 지위에 따라 차별적으로 발생한다는 점이 더 큰 문제라 할 수 있다. 대기업과 중소기업 간 안전 불평등 심화, 즉 원청과 하청 노동자 간의 산업재해 위험 노출 수준 격차 심화. 수직적 불평등이 바로 그것이다. 위험노동의 외주화와 외국인 노동자의 유입 증대로 인해 '위험의 하청화' 현상이 두드러지고 있다. 계속되는 유해 화학물질 누출사고와 산업현장에서의 안전사고는 안전보다는 비용 절감을 선택할 수밖에 없는 하청업체의 사회, 경제적 위험지위 때문이라 할 수 있다.

또한 산업현장에 저렴한 인건비의 외국인 노동자가 증가하는 추세이지만 외국인 노동자의 신분 상 현황 파악이 어려워 각종 지원과 안전교육이 이루어지지 못하는 상황이다. 이렇듯 산업현장에서 하청업체 소속 비정규직과 외국인 노동자들이 위험한 작업을 떠맡고 있는 상황에서 당연히 재해 피해자 역시 이들일 수밖에 없다.

한편 최근 산업구조 변화 및 코로나19 지속화로 급증한 플랫폼(platform) 노동자의 안전 역시 심각하게 위협받고 있다. 정부는 플랫폼 노동시장의 확대를 예견하지 못했기 때문에 플랫폼 노동자를 위한 안전정책은 지체되어 이들을 기존 산재보호 체계에 포함하지 못했다. 2016년부터 2019년 6월 사이 집계된 18~24세 산재사고 사망자의 45.8%가 배달사고로 인해 발생했다. 72건의 산재 사망사고 중 33건이 사업장 외 교통사고로 조사된 것이다. 이는 '건설업'이 전체 근로자 사망사고의 원인 중 가장 높은 비율을 차지하고 있는 것에 비해, 청년층에서는 기존의 산재통계 분석에서는 논의되지 않는 유형인 '오토바이 배달사고'가 가장 많이 발생하고 있다는 점에서 주목할 만한 통계이다(안전저널, 2019. 10. 7.).

5) 코로나19 대응 과정에서의 인권침해 논란

코로나19를 마치 국가적 위기 상황인 듯 총력 대응을 하고, 비대면 사회적 거리 두기에 따른 방역이 장기화되었다. 이 과정에서 의학적인 근거 없이 장애인시설, 노인요양시설 등에 속한 장애인과 노인, 그리고 종사자들의 집단 코호트 격리 역시 장기화되면서 이들의 이동권과 자유를 제약해 사회적 약자와 소수에 대한 희생이 강요된 측면이 있었다는 점은 부인하기 어렵다.

또한 K-방역의 성공 이면에는 사생활보호권의 침해나 차별과 혐오에 따른 부정적 측면이 있다는 지적이 있다. 코로나19 발생 초기 방역 조치로 K-방역의 성과로 내세우는 '추적과 감시(Tracing)'는 스마트폰 통신기록, 개인 민감 정보와 CCTV 정보의 광범위한 사용과 공개에 기반했다. 따라서 개인정보보호의 가치가 훼손되고 정보 공개로 인한 차별과 낙인효과는 인권침해라는 논란을 불러왔다.

방역과 의료 현장에서 간호사 등 현장 필수 인력에 대한 충분한 지원 없이 과도한 노동 착취가 벌어진 점, 그리고 소상공인 등에 대한 영업 제한 등이 충분한 보상없이 진행된 점 역시 향후 우리정부가 관심을 가져야 할 대목이라 할 수 있다.

제3장 미래 복합재난관리 정책 방향

이 절에서는 최근의 재난 환경 변화를 반영하는 동시에 미래 재난에 대비하는 측면에서 새롭게 요구되는 네 가지 핵심적 정책 방향을 제시하고자 한다.

1. 전(全) 재해 차원, 회복력 중심의 재난관리 패러다임 전환

익숙한 재난의 대형 복합화, 신종 감염병 급증과 같은 재난 환경 변화에 효과적으로 대응하기 위해서는 재난 및 안전사고의 특수성과 보편성을 고려해 현재 행정안전부를 총괄로 하는 재난 안전관리 업무에서 안전관리 기능을 과감히 분리해 각 부처로 분산시키고, 범정부 차원의 협업이 필요한 신종 위험 및 대형 재난관리에 집중하고 재난 업무를 단순화시킬 수 있도록 거버넌스를 개편할 필요가 있다.

또한 재난관리 차원에서는 현재 자연재난과 사회재난으로 관리체계가 이원화되어 있는 것을 국제기구나 해외 재난관리 선진국들이 수용한 전재해접근(All Hazards Approach)을 받아들일 필요가 있다. 최근 발생하는 재난은 사회재난과 자연재난이 복합화되고, 대형 재난으로 확대되는 경향이 강하기 때문에 이와 관련한 범정부 재난관리 체계를 통합할 필요가 있다. 이러한 통합적 재난관리에서 핵심 사안은 해당 부처 및 조직 간 조정과 협력이라 할 수 있다. 통합적 재난관리를 하기 위해서는 재난이 발생하기 전 평시 유관기관 및 담당자들 간의 상시 소통, 협업을 통한 신뢰 구축이 중요하다. 즉 재난이 발생한 후에는 서로 책임을 회피하는 경향이 있으므로 재난이 발생하기 전에 유관기관이나 협력기관 담당자들 간의 신뢰가 형성되어 있어야만 재난 발생 시 원활하게 소통하고 협력할 수 있다.

아울러 재난관리의 목적을 재난 피해 제로(disaster impact zero)가 아닌 재난에 대응한 우리 사회 복원력(resilience)을 강화할 수 있는 패러다임의 대전환과 이를 실천할 수 있는 구체적·사회적 장치가 필요하다. 여기서 회복력(resilience)이란 재난으로부터 "사회시스템이 용인 가능한 수준의 기능, 구조, 정체성을 유지할 수 있게 하는 역량"이라는 뜻으로, 재난의 발생은 불가피하다는 것을 인정하고 재난 발생 이후 새로운 환경에 빠르게 적응해 이전 상태나 더 나은 상태로 사회를 회복시키는 것에 초점을 맞추고 있음을 의미한다(중앙안전관리위원회, 2019).

2. 초불확실성 시대 미래위험 및 신종재난 대비 위험관리

기후변화로 인한 위기, 신종 감염병 등은 새로운 위험이자 경험하지 못한 영역이기 때문에 다양한 시나리오 개발 및 이에 기반한 정책마련이 차기 정부의 주요 어젠다여야 하고 행정의 영역에 '신종 감염병 등 위험관리'를 포함해야 한다. 그러나 우리나라의 재난관리 체계에는 위험관리가 거의 없다 해도 과언이 아니다.

후쿠시마 원자력발전소 사고와 같은 초대형 복합재난에 대한 대비나 대응 능력이 부족하고 최악의 상황에 대한 고려와 관련된 대비가 미흡하다. 2019년 정책기획위원회가 발표한 '미래비전 2045'에서도 언급했듯이, 앞으로 발생하는 모든 재난은 후쿠시마 원전사고처럼 자연재난이 사회재난으로 이어지거나, 포항 지진처럼 사회재난이 자연재난으로 이어지는 대형 복합재난의 일상화가 확대될 것이 분명하다. 현재 정부의 자연재난과 사회재난 관리가 이원화된 체계로는 대형 복합재난에 대비한 정책이나 대응에 공백이 발생할 우려가 매우 크다. 따라서 앞으로 급증할 것이 분명한 대형 복합재난 대응조직 및 거버넌스 체계 마련이 시급하다.

아울러 미래 신종 위험과 재난에 대비하는 전담 조직과 인력 확보가 시급하다. 그러나 미래위험이나 신종재난을 예측하는 것은 매우 어렵다. 따라서 우선적으로 자연재난이 기술 및 사회재난과 연계되어 초대형 복합재난(X-event)으로 확대될 가능성이 높은 사례를 한국적 재난 환경 맥락에 맞게 다양한 초대형 복합재난 시나리오를 개발하는 것이 시급하다.

또한 현재 초대형 복합재난과 미래위험 등 새로운 재난 환경에 대비하고, 대응하기 위한 과학기술 개발과 재난현장에서 활용할 수 있는 기술의 산업화 수준이 미흡한 편이다. 아울러 재난안전 기술을 개발하고 활용할 수 있는 전문인력도 부족하다. 따라서 재난안전 산업 관련 과학기술 R&D를 확대하고 전문인력 양성을 위한 지속적이고 체계적인 투자가 필요하다.

3. 포용적 재난관리 확대

최근 국내·외 입법 동향 역시 생명안전, 피해자 보호 및 지원, 포괄적 안전을 지향하는 추세이다(중앙안전관리위원회, 2019). 앞으로 국민들의 생명과 안전에 대한 기본권 보장 목소리 역시 더욱 커질 것이 분명하고, 정부의 국민안전 보장 역할 역시 지속적으로 강조될 것이다. 이러한 차원에서 2020년 말 제정 발의된 「생명안전기본법」(가제)의 조속한 제정이 필요하다.

코로나19의 핵심적 교훈은 인류와 자연, 국가와 국가, 개인과 개인이 매우 밀접하게 연결되어 있다는 것이다. 팬데믹 감염병에 대응하는 유일한 방안은 너와 나, 내 가족과 이웃, 지역공동체는 물론 전 세계 모든 국가와 국민이 방역을 위해 협력하고 연대하는 것이다. 즉 나의 안전은 타인의 안전을 전제로만 가능하다는 것이다.

이러한 맥락에서 유엔이 '2030 지속가능발전목표(SDGs)'와 함께 공표한 '단 한 사람도 소외 또는 배제되지 않는 것(Leave no one behind)'의 철학과도 일맥상통한다고 할 수 있다.

우리 정부는 '포용정책'이라고 표현하지만, 이 용어는 이 문구에 담긴 철학을 담기에는 부족할 뿐 아니라 자칫 사회적 약자에 대한 '시혜적 접근'이라는 오해를 살 수도 있다. 그러나 문재인정부가 재난 안전 분야에서 말하는 '포용정책'은 "모두가 안전해야 내가 안전하다" 또는 "나의 안전은 너의 안전을 전제로 한다"는 포괄적 의미와 관계 철학을 담고 있다.

따라서 포용적 재난관리는 기존 안전 취약계층인 장애인, 노인, 어린이 등은 물론 저소득층, 소상공인 등을 포괄해 이들에게 실질적 지원을 확대하는 방향으로 전환해야 한다. 특히 코로나19 장기화로 소득양극화와 경제적 불평등이 심화되는 지금, 저소득·취약계층과 서민, 중소상인·자영업자, 특수고용노동자, 하청·협력업체 노동자 등 사회경제적 약자를 대상으로 지원을 확대해 우리 사회의 중장기적 사회안전망을 구축하는 포괄적 재난관리로 확대해야 할 필요성이 강조되고 있다.

포괄적 재난관리의 실천 방안으로, 안전 취약계층 지원을 위한 법제도를 개선하기 위해서는 취약계층의 생활환경을 진단·분석하고 취약계층의 주거 안전권, 안전 이동권과 보행권 등을 보장하기 위한 인프라를 확대하는 등 포괄적이고도 종합적인 지원과 함께 취약계층별 취약성을 적절히 보완해주는 방향으로 검토되어야 한다(나채준, 2018).

이를 실행에 옮기기 위해서는 안전 취약계층 관리를 위한 전담부서 및 컨트롤타워 지정, 필요한 예산의 효율적 확보, 안전 취약계층 정책보험 개발 등 보다 적극적인 정책 개선에도 나설 필요가 있다(나채준, 2018). 동시에 안전 취약계층의 자기보호 역량을 강화하는 방안도 모색되어야 한다. 이를 위해 안전 취약계층에 대한 맞춤형 안전교육을 대폭 강화해야 한다. 최소한의 자기보호 기능을 습득할 기회를 얻는 것은 매우 중요한 일이다. 위기가 닥쳤을 때 무조건반사 행동으로 옮

길 수 있도록 이론 교육보다는 몸으로 체득하는 체험 교육이 무엇보다 우선되어야 한다.

4. 재난대응과 인권보호의 균형과 조화

국제사회는 2010년대 중반부터 인권에 관한 기본적 원칙을 재난 관리에 적용할 것을 강조해왔다. 피해자 구조 활동 등 재난관리 대책 은 그 성격과 내용에서 인권보호와 긴밀히 연계되어 있기 때문이다. 2014년에 유엔은 인권이사회의 보고서를 통해 인권에 기반한(human rights-based) 재난관리 원칙으로서 인권과 직접적이고 의도적인 연계, 투명성, 피해당사자 및 수혜자의 참여와 소통, 차별금지, 수혜자 집합 내에서 취약하고 소외된 하위 그룹의 수요에 대한 특별한 관심, 책임 성 등을 제시하였다(UN, 2014). 재난관리에 있어서도 인권보호 원칙이 적용되어야 한다는 국제사회의 변화된 인식 및 여건을 보여준다.

이와 함께 코로나19 팬데믹과 같은 신종재난의 빈발 등 재난 환경 의 변화로 인하여 재난관리 과정에서 인권보호의 이슈와 영역이 더욱 확대되었고 복잡한 양상을 보이고 있다. 코로나19 팬데믹에 대응하는 과정에서 차별금지, 취약계층 및 소외계층 보호, 참여, 투명성 등 전통 적으로 관심을 가져온 인권보호 문제에 더하여 봉쇄, 체포, 구금 등 개 인의 이동에 대한 강제 제한, 감시와 추적에 따른 개인의 정보와 사생 활 침해, 개인의 정보 공개로 인한 낙인과 혐오 및 배제, 표현의 자유 에 대한 제한 등 인권침해 문제가 광범위하게 제기되었다. 감염병 등 신종재난에 대응하는 과정에서 기본적인 인권인 생명보호의 가치와 개인의 자유 및 사생활 보호의 가치가 충돌하는 상황이 발생하고 있는 것이다.

　대규모 감염병 등에 대한 미래 재난관리 정책은 이러한 인권보호 문제의 변화 양상을 고려하여 차별금지, 취약계층 보호 등 기존의 인권보호 원칙을 적용하면서 동시에 재난대응을 통한 생명보호 가치와 개인의 자유와 사생활에 관한 인권보호 가치의 균형과 조화를 이루는 방향으로 추진되어야 한다.[7] 이를 위한 정책 방향으로 첫째, 재난대응과 인권보호의 균형과 조화에 관한 공론화 과정을 통한 사회적 합의를 도출해야 한다. 우리 사회는 코로나19 대응에서 발생한 개인의 행동 제한 및 정보공개 등 향후 재난관리 과정에서 반복적으로 발생하게 될 가능성이 높은 인권침해 논란 문제를 해결하기 위한 사회적 합의가 부재한 실정이다. 따라서 각계각층의 국민이 참여하는 논의의 장을 만들어 이 문제를 공론화하고 효율적인 재난대응을 통해 국민의 생명과 재산, 인권을 보호할 수 있는 기준에 대해 사회적 합의를 도출해야 할 것이다.

　둘째, 사회적 합의에 근거하여 관련 법규 개정 및 관련 제도 도입을 추진해야 한다. 재난 및 안전관리 기본법, 감염병 예방법 등 재난관리 관련 법률과 국가인권위원회법, 개인정보보호법 등 인권보호 관련 법률을 종합적으로 검토하여 인권보호의 측면에서 미비한 부분에 대한 규정 도입 등 법률 개정을 추진할 필요가 있다. 이러한 법률 개정을 토대로 '재난관리 인권보호 지침'와 같은 세부적인 제도를 도입하고, '국가

7　UN에서는 이미 코로나19 팬데믹 대응을 위한 인권제한 조치에 대해 합법성, 비례성, 필요성, 비차별성, 시간과 공간의 특정성, 최소성 등 시행 기준을 제시하면서 엄격히 한정되어야 하며, 언론의 자유를 포함한 표현의 자유의 보장, 감시와 추적에 있어서 사생활과 데이터 보호 등 안전장치의 마련되어야 한다고 권고하였다(UN, 2020).

안전관리기본계획' 등 국가의 주요 재난관리 계획에 인권보호 사항을 포함시킬 필요가 있다.

셋째, 재난관리 인권보호를 관리·감독하는 기구를 설치하여 운영할 필요가 있다. 관련 법률 개정을 통해 독립된 재난관리 인권보호 관리·감독 기구를 설치 또는 중앙재난안전대책본부 등 기존의 재난관리 기구에 인권보호위원회와 같은 하부조직을 설치하여 운영함으로써 재난 대응과 인권보호가 균형과 조화를 이루도록 해야 할 것이다.

제4장 책의 구성

이 책은 현재 우리 사회가 일상적으로 경험하고 있는 자연재난과 산업재해와 같은 익숙한 재난은 물론, 앞으로 우리 인류가 겪을 불확실한 미래 초대형 재난 또는 신종 위험요인을 분석하고자 한다. 더 나아가 회복력 강화 차원에서 미래사회가 직면할 재난에 효과적으로 대응하고 복구하기 위한 재난관리 정책 방향과 반드시 다루어야 할 중점 과제를 분야별로 제시하고자 한다. 이를 위해 정책기획위원회 지속가능사회분과 '기후환경·안전 소분과'에서는 여러 번의 간담회와 토론회를 운영해 재난 안전 분야의 각계 전문가들의 현장 경험과 식견을 모았다.

앞서 국내·외 재난 발생 동향과 최근 글로벌 재난관리 정책이 지향하는 공통적 열쇳말은 크게 '전환', '포용', '회복력', '인권'이다. 우선 국가의 재난관리 패러다임이 기후위기와 이로 인한 초대형 복합재난의 발생이 빈번해짐에 따라 기존 재난관리의 패러다임 전환이 요구된다는 것이다. 또한 이러한 재난관리 환경 변화와 패러다임 전환 시기에는 정부 단독으로는 미래 초대형 복합재난에 대응할 수 없으며 시민사회, 민간기업 등이 함께 참여하고 책임을 나누어 우리 사회의 근본적인 회복력을 강화해야 한다는 것이다. 이 과정에서 인권 침해를 최소화해야 한다는 것이다.

끝으로 재난은 늙고, 병들고, 약하고 가난한 사람과 집단에 더 강한 영향과 피해를 준다는 사실을 상기할 때 이들 안전 취약계층에 대한 포용적 정책과 지원을 확대해야 한다는 것이다. 정책위 지속가능사회 분과 '기후환경안전' 소분과에서는 미래 사회에 대비한 우리나라의 재난관리가 어떻게 변화를 모색하고 혁신을 꾀해야 하는지를 기후재해, 도시안전, 신종재난과 감염병, 재난관리 법제도, 미래 재난관리 체계와 핵심 정책 등으로 구분해 분야별 전문가를 선정해 각 장(章)의 집필을 의뢰하였다.

현재 정책기획위원회 미래정책연구단장이자 한국환경연구원(구 환경정책평가연구원)에서 환경과 관련해 지구와 인류에게 닥칠 미래 위기와 재난을 연구해 온 추장민 박사와 정책기획위원이자 한국행정연구원에서 정보통신기술과 사회의 상호작용, 특히 재난의 문제를 기술로 해결하는 방안에 대해 고민하고 연구한 류현숙 박사가 서론을 공동집필했다. 서론에서는 그간 우리 정부의 재난관리 성과와 한계를 분석하고 미래 우리 사회 재난관리를 위한 정책 차원에서 주요 이슈와 화두를 던진다. 또한 글로벌 재난 발생의 핵심 동향을 소개하고 미래 사회 대비 재난관리 패러다임 전환을 위해 추구해야 할 가치와 방향을 제안한다.

제1부는 최근 급증하고 있는 초대형 자연재해와 신종 감염병 등의

근원적 원인이라 할 수 있는 기후위기로 인한 재난을 다루고 있다. 현재 국토연구원 안전국토연구센터장인 이상은 박사와 전(前) 국토환경연구원 원장이자 현재 정책기획위원회 위원인 최동진 위원이 한반도 기후재해의 피해 규모와 심각한 동향을 분석하고, 불확실성과 불규칙성이 확대되고 있는 상황에서 정부의 기후재해 위기관리의 한계를 진단한다.

제2부는 연세대학교 도시공학과에서 환경공간정보 및 방재연구를 가르치는 윤동근 교수가 도시안전을 위협하는 현재 재난과 미래위험을 분석하고 향후 효과적 도시안전관리 정책 방안을 제시한다.

제3부는 앞으로 인류 생존을 위협하는 신종재난관리에 대한 내용으로, 2020년 초부터 전 지구적 팬데믹으로 확대된 코로나19 대응 의료현장에서 일하고 있는 국립중앙의료원 원장이자 정책기획위원인 주영수 위원이 집필하였다. 코로나19 대응 과정에서의 한계를 비판적으로 고찰하고 향후 발생주기가 단축된 미래 신종 감염병을 효과적으로 관리하기 위한 정부의 정책 방향과 핵심 정책을 세안한다.

제4부는 산업재해 전문가이자 정책기획위원회 위원인 세명대학교 강태선 교수가 문재인정부의 다각적인 노력과 투자에도 지속적으로 발생하는 산업재해와 위험의 외주화의 문제를 해결할 수 있는 미래 산업재해관리 방향과 구체적 정책 방안을 제시한다.

제5부는 한국법제연구원에서 오랫동안 재난안전 관리 및 안전 취약계층 지원 관련 법제도를 연구해온 나채준 박사가 우리나라 재난안전 관리 법체계의 발전 경로와 특징을 살펴보고 현행 재난관리 법체계의 한계와 문제점을 도출해 코로나19 이후 재난안전기본법으로서의 한계를 극복하고 유관법과의 정합성을 제고해 '회복력' 중심으로 범정

부 거버넌스 체계를 구축하는 법제도 개선 방안을 제시한다. 또한 안전 취약계층의 실질적이고 포용적 안전복지 확대 방안을 제안한다.

제6부에서는 국내 재난안전관리의 최고 전문가 중 한 사람으로 알려진 울산과학기술원의 정지범 교수가 새로운 위험시대 도래에 따른 국가적 차원의 재난관리 추진체계 개편 방향과 함께 미래사회 '포용성'과 '회복력' 강화를 위해 정부가 시급히 도입해야 할 7개 실천적 핵심 과제를 제시한다.

끝으로, 이 책의 결론에서는 서론과 각 부에서 도출한 분야별 정책 과제를 요약하여 제시한다.

| 참고문헌 |

구성모. 2021. 세계 곳곳 물불 안 가린 '이상기후'…재난 대비 시스템까지 쓸어갔다.『한겨레신문』. 2021. 7. 18.

국립재난안전연구원. 2019.『2019 위험목록 보고서』.

국립재활원. 2020.『2019 장애인 건강보험통계』.

국무조정실. 2021.『문재인정부 4년 100대 국정과제 추진 실적』.

김기훈. 2020. '작년 사회재난 재산피해 420% 증가…자연재해 피해액은 53% 증가'.『연합뉴스』. (2021. 11. 11. 검색)

나채준. 2018.『재난 및 안전관리 기본법 체계 정비를 위한 연구』. 한국법제연구원.

류현숙. 2019.『안전취약계층의 안전사고 동향: 2019 한국의 사회동향』. 통계청.

송창영. 2019. '재난관리 선진국으로 성장할 대한민국을 기대하며: 문재인정부 2년 연속 기고 6 내 삶을 책임지는 국가'.『대한민국 정책브리핑』. 2019. 5. 14. https://www.korea.kr/news/contributePolicyView. do?newsId=148860736 (2021. 12. 4. 검색)

신상영·김상균. 2020. 신종 대형 도시재난 전망과 정책방향.『서울연구원 정책리포트』. 제301호. 2020. 6. 15.

정지범·안철현·임인선·문지원. 2012.『범정부적 국가 위기: 재난관리시스템 연구』. 한국행정연구원.

정지범. 2012.『범정부적 국가 위기: 재난관리시스템 연구』. 한국행정연구원.

안전저널. 2019. 10. 7. '청년층 산재사고 사망자의 46%가 '배달사고'로 발생'. https://www.anjunj.com/news/articleView.html? idxno= 30045.

http://www.safetyin.co.kr/news/articleView.html?idxno=9007.
(2021. 11. 13. 검색)

안전저널. 2021. 8. 27. '건설업 사고사망자 55.8%는 하청 근로자…위험의
외주화 심각'. (2021. 11. 11. 검색)

오윤경·정지범. 2016. 『국가 재난안전관리의 전략에 관한 연구』. 한국행정
연구원.

오윤경·류현숙·허준영·김황열·김대훈. 2020. "코로나19 감염증 사례로 본
감염병 재난 대응 이슈와 정책적 시사점". 『ISSUE PAPER』 통권 88
호. 한국행정연구원.

이성규. 2020. "인수공통감염병이 증가하는 이유는?" 『The Science
Times』. 2020. 12. 11 (2021. 12. 4. 검색)

정지범. 2020. 제4차 국가안전관리 기본계획의 의미와 시사점. 『국토』 2020
년 8월호(통권 제466호).

정책기획위원회 지속가능사회분과. 2021. '기후환경·안전 소분과' 간담회
회의록.

중앙안전관리위원회. 2019. 『제4차 국가안전관리기본계획』.

최은수. 2018. "'인구절벽'의 충격…대한민국의 2045년 모습은?" 『매일경
제』. 2018. 8. 30. (2021. 12. 4. 검색)

최호진·김경우. 2020. 『재난안전관리 인력의 전문성 강화방안 연구: 중앙부
처 및 공공기관을 중심으로』. 한국행정연구원.

행정안전부. 2021. 『2020 행정안전통계연보』.

통계청. 2018. 『2017년 사망원인통계』.

황수연. 2021. '코로나 사망률, 저소득층이 3배 "고령자, 만성질환자 많은
탓". 『중앙일보』. 2021. 2. 2. (2021. 11. 11. 검색)

OECD. 2019. Social Indicators. Society at a Glance 2019.

OECD. 2021. OECD Statistics. http://stats.oecd.org. (2021. 11. 24. 검색)

UNDRR. 2015. Sendai Framework for Disaster Risk Reduction 2015~2030.

(2021. 10. 4. 검색)

UN, 2014, Progress report on the research-based report of the Human Rights Council Advisory Committee on best practices abd main challenges in the promotion and protection of human rights in post-disaster and post-conflict situations, https://digitallibrary.un.org/record/778335 (2022. 2. 10. 검색)

UN, 2020, COVID-19 and Human Rights: We are all in this together, p.22, C:/Users/USER/AppData/Local/Microsoft/Windows/lNetCache/IE/53JV1E4S/un_polcy_brief_on_human_rights_and_covid_23_april_2020_pdf (2022. 2. 10. 검색)

WHO. "WHO Mortality Database". http://who.int/healthinfo/mortality_data/en/. (2021. 11. 11. 검색)

YTN. 2020. "문 대통령, KTX 타고 하동·구례·천안 수해현장 방문". 2020. 8. 12. (2021. 11. 11. 검색)

https://www.yna.co.kr/view/AKR20200812078200530. (2021. 10. 20. 검색)

기후재해 위기관리
능력 강화를 위한 제언

제1장 배경

1. 기후재해에 대한 장래 위협

기후위기의 시계가 점점 빨라지고 있다. 기후변화에 관한 정부 간 협의체(IPCC)는 그동안 지구 평균기온을 산업화 이전과 비교해 1.5℃ 이상 상승하지 않도록 해야 기후위기를 극복할 수 있다고 경고해왔다. 하지만 최근 발표된 IPCC의 보고서(AR6)는 우리가 현 추세대로 온실가스를 배출한다면 2040년 이전에 1.5℃ 이상 상승하게 될 것으로 전망했다. 2018년 특별보고서에서의 전망보다 10년이나 앞당겨진 것이다. 이 전망이 중요하게 시사하는 바는 인류가 기후위기를 피할 수 있는 기회를 이미 놓쳤을 수 있다는 것이다. 이제 기후위기에 대한 인류 대응이 급박해지고 있다. 세계경제포럼도 가장 큰 위험을 기후협상의 실패라고 했다. 유럽은 탄소국경조정제도를 공식화했고, 많은 선진국들은 2050년 이전 탄소중립을 달성하겠다고 약속했다.

기후변화는 각종 재해 현장에서도 주인공이 되었다. 기상·수문 현상의 변동성은 계속 관측기록을 넘나들고 있는데, 최근 몇 년 사이에도 2013~2015년의 극심한 가뭄, 2018년 중부지방의 기록적 폭염, 2020년 역대급 긴 장마와 전국적인 홍수 등이 이어졌다. 해외에서도 2021년 7월 중순 독일, 벨기에를 포함한 서유럽에 극심한 홍수로 200명 이상의 사망·실종자를 기록했다.

21세기에, 그것도 선진국에서 왜 이처럼 큰 피해를 겪게 되는지 많은 이들이 의아해하고 있다. 홍수가 발생하자 독일의 슐츠 환경 장관은 자신의 SNS에 "독일에 기후변화가 도래했다"라는 짧은 문장을 남겼다. 2021년 연방의원 총선에서 야당인 사회민주당이 여당인 기독민주당·기독사회당 연합을 이겼는데 이때에도 기후변화는 정치 지형 변화의 의제를 이끌었다.

국가 위기관리 차원에서 우리나라 기후재해 전망을 살펴보자. 홍수의 경우 2020년 환경부는 「기후변화 대비 수자원 적응기술 개발 연구단」의 연구결과를 인용하며 "2050년대에 이르면 일부 유역을 제외하고 홍수 방어 실패 가능성이 전반적으로 증가할 수 있다"는 보도자료를 발표했다.[1] 이 환경부의 보도에는 영산강 유역의 홍수 방어 가능성이 100년에 1회의 수준에서 3.6년에 1회의 수준으로 급격히 증가할 수 있다는 내용도 포함한다([그림 1-1] 참조).

치명적인 인명 손실이나 건축·시설 붕괴를 동반할 수 있는 산사태도 더 큰 위협이 될 것으로 예상된다. 국토교통부의 「도심지 토사재해연구단」에서 전국 산사태 위험지역이 위치한 지점에 집중하여 강우특성을 분석한 적이 있다.[2] 연구진들은 경기도, 남해안 지역 등의 지점에는 토사재해를 유발할 수 있는 확률강우량이 최대 39%까지 증가할수 있다고 전망했다.

---

1 환경부, "2050년 일부 유역의 홍수 규모 최대 50% 증가 예상", 환경부 보도자료 2020년 9월 21일.

2 윤선권·장상민·이진영·조재필, 2017, 도심지 토사재해 위험지역 기후변화에 따른 미래 극치강우 분석, 한국방재학회논문집 17(5): 355-367.

[그림 1-1] 100년 주기의 극심한 홍수의 장래 재현 특성에 관한 환경부 전망

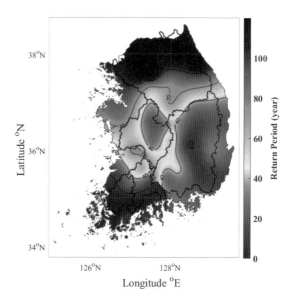

주) rcp 8.5 조건 가정, 2050년대 시점

미국이나 호주처럼 국가 사회·경제 기능을 장기간 마비시킬 정도의 극심한 가뭄이 우리나라에서 발생할 수 있을지도 학계에서 쟁점이된 적이 있다. 세종대학교 응용수문연구실은 21세기 말의 기후변화시나리오를 반영해 가뭄의 심도와 지속 기간을 분석한 결과 근현대 관측기록을 크게 넘어서는 소위 메가가뭄의 발생 가능성을 [그림 1-2]와 같이 제시하였다.[3] 사실 이러한 극심한 가뭄은 현대인의 기억에 남아 있지 않다. 그러나 연구진들이 측우기 관측기록을 [그림 1-3]과 같이 분석한 결과 역사적으로 보더라도 한반도에 재현될 수 있다는 사실을 확인했다.[4]

3   세종대학교 응용수문연구실 자료 협조.

[그림 1-2] 서울관측소 기준 장래 메가가뭄 발생 가능성 분석 결과

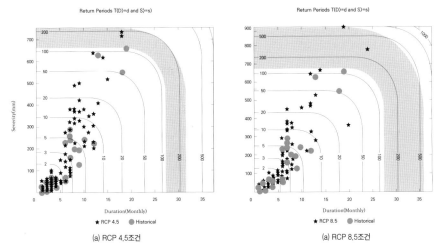

(a) RCP 4,5조건 (a) RCP 8,5조건

주) 별 표시는 장래 전망치, 원은 관측 기록을 각각 의미.

[그림 1-3] 측우기 기록을 이용한 초장기 가뭄 특성 분석 결과

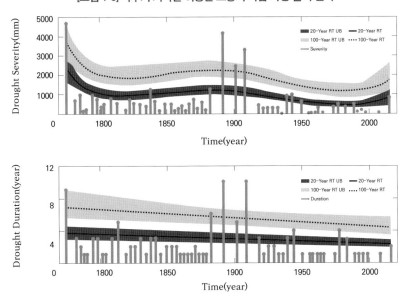

한편 2018년 여름에 우리는 동남아시아 수준의 뜨거운 열기도 경험했다. 8월 1일 홍천에서 41℃라는 우리나라 관측 사상 최고치를 갱신하였고, 서울, 춘천, 대전 등 많은 곳에서도 지역 최고 기온이 바뀌었다. 폭염으로 인한 인명 피해가 매년 급증하자 2018년에는 자연재난대책법도 개정됐다. 이제 폭염도 범부처 차원에서 대응해야 할 재난임을 공식화한 것이다. 기후과학자들은 폭염에 대한 장래 전망도 부정적이다. 예를 들어, 울산과학기술대 연구진들은 RCP 8.5 조건에서 21세기 후반이 되면 남부 내륙지역을 중심으로 폭염 일수가 연 75일만큼이나 증가할 수 있다는 전망을 발표했다.

최근 기후재해는 몇 가지 특징이 있다. 먼저 재해의 규모와 심각성의 면에서 전통적인 '방재시설'로 감당하기 어려운 기후재해가 더 자주 발생할 것이라는 점이다. 예를 들어, 그동안 방재시설에 대한 꾸준한 투자로 홍수를 댐이나 제방 등의 시설로 인해 100년이나 200년에 한번 겪을 수 있는 재해까지 극복할 수 있게 되었다. 그러나 최근의 기후재해는 1,000년에 한번 발생할 수 있는 폭우라든가 관측 이래 처음 겪어보는 폭염이라는 표현에서 알 수 있듯이 기존 시설로 감당할 수 없는 규모인 경우가 늘어나고 있다.

기후재해의 불확실성과 불규칙성도 커지고 있다. 과거에는 수해상습지역이나 가뭄취약지역과 같이 특정한 지역에 일정한 패턴으로 발생하는 재해가 기후재해의 대부분이었다. 그러나 앞으로의 기후재난은 발생 지역이나 시기 등이 더 불규칙해질 가능성이 크다. 기후재해

---

4 이현재·김가영·박창용·차동현, 2017, 다중지역기후모델을 이용한 남한 지역의 미래 기후대 분포와 극한기온사상의 변화에 대한 연구, 기후연구 12(2): 149-164.

로부터 안전한 지역과 안전한 시기가 점점 사라지고 있는 것이다. 기존의 대책을 활용하더라도 경제성이 떨어지고 환경에 대한 부정적 영향이 커진다는 점도 중요한 특징이다.

2. 현재의 기후재해 위기관리 능력

기상·수문 관측을 시작한 이래 우리가 경험한 적이 없다면, 이러한 기후재해를 극복하는 방법은 국가 위기관리 시스템에 반영되어 있지 않다. 게다가 평상시에 기후재해의 미래상에 맞춰 각 부처 정책·사업을 차분하게 조정하고 있다고 보기도 힘들다. 2010년에 「녹색성장기본법」을 제정한 이후 국가적으로 기후변화 적응 대책을 세 차례나 수립했지만 각 부처, 각 지역, 각 기관이 해오던 업무를 적응이라는 표제로 재배치하는 것에 불과하다는 의견도 있다. 정부가 재해에 제대로 대응하지 못하게 되자 자신의 책임을 기후변화에 전가한다는 비판도 있다.[5]

국가 위기관리 능력을 강화하는 문제는 정책, 계획, 사업, 그리고 이를 추진하기 위한 법제도의 재검토를 필요로 한다. 댐, 제방, 저수지, 사방댐, 하수(우수)관로 등 방재시설을 더 확충하고 보강해야 할지, 아니면 기존 방식을 탈피하여 새로운 접근법을 도입해야 할지의 근본적 논의가 필요하다. 1,000년에 한번 올 수 있는 홍수에 대비하려고 모든 하천을 높은 제방으로 둘러쌀 수 없고 모든 하천에 홍수를 조절하는

---

5 Lord L, "The easiest way to respond to an natural disaster? Blame God or global warming", The Guardian 2015년 9월 1일.

큰 댐을 건설할 수도 없다.

국가 위기관리 능력에 위협이 고조되는 가운데 이 장은 기존의 방식보다는 정책 변화를 위한 방향과 전략과제를 소개하려는 취지로 작성하고자 한다. 정책의 변화가 반드시 과거의 방식과 단절해야 함을 의미하지는 않는다. 사실 완전히 새로운 접근법을 취하는 것은 정책·실무적으로 수용성도 낮고 그 효과도 불확실한 시도에 그칠 수 있다. 따라서 장래 전망을 고려할 때 앞으로 주류로 부상해야 할 전략 과제를 검토하고자 한다.

제2장 현안 및 정책 수요

1. 기존 방식의 의존도 감소 요구

우리나라는 1960년대 국토개발 시대부터 계속된 국가 기반시설 구축으로 국민들의 기본적인 공공서비스를 충족시켰기 때문에 사업의 비용 대비 효과가 낮다. 기존 방식에 대한 더 큰 우려는 [그림 1-4]와 같이 사업의 부작용에 있다.[6] 기후재해를 방어하고자 건설하는 기반시설은 상당 부분 자연환경의 훼손이나 지역 정주공간의 희생을 요구한다. 생태·환경적으로, 그리고 지역 생활권의 지속성 측면에서 부작용이 커져 지역의 갈등도 크게 초래하게 된다.

---

6 이상은 외, 2021, 정량적 위험도 평가를 통한 하천 홍수방어목표 적정화 방안 연구, 국토연구원.

[그림 1-4] 기후재해의 기존 방식의 한계: 하천의 홍수방어 목표 증가에 의한 부작용

구 분	원 인	결 과
수리 · 수문학적 문제	하류 홍수량 부담 가중	하류지역의 홍수 위험도 증가
생태 · 환경적 문제	홍수터의 인공적인 분할과 단절	생태적 가치 저하와 습지 손실
안전관리와 재정부담 문제	시설물 안전관리의 실패와 고충	붕괴 · 월류피해와 관리비 증가
위험도 인식의 문제	차수안전의 잘못된 인식 확산	자발적인 대비 역량의 저하
잘못된 도시개발 유발 문제	홍수터 개발의 가속화	장기적인 노출도와 위험도 증가

사업효과 ⬇	부작용 ⬆	재정부담 ⬆

방재시설의 노후화와 결함을 줄이는데 필요한 유지관리도 쉽지 않다. 매우 긴 연장의 제방과 우수관로, 수많은 댐·저수지가 제 기능을 유지하려면 점검·진단 등의 안전관리나 보수·보강 등의 조치에 엄청난 재정과 행정력이 반드시 수반되어야 한다. 이에 반해 정부는 평상시에 기후재해 방재시설의 중요성을 체감하기 힘들게 된다. 따라서 시설을 건설하기만 하면 뒷세대들이 잘 관리해서 오랫동안 활용하리라는 생각은 정부 재정 측면에서 위험하다.

2. 사회 적응을 중심으로 한 위기관리 능력 배양의 중요성

최근 사회수문학(socio-hydrology)이라는 학문의 발전으로 인간의 정주공간으로 대표되는 인문사회시스템과 기후재해 발생·확산을 설명하는 수문시스템 간의 장기적인 상호작용에 대한 이해가 크게 증가

하고 있다. 사회수문학 연구에서는 통상 [그림 1-5]와 같은 두 가지 종류의 사회를 대상으로 수치모의를 실시한다.

첫째는 인문사회시스템이 기후재해의 방어에 의존하는 '기술사회'로서, 기후재해가 발생하면 방어시설을 반복적으로 확충·보강하는 위기관리 방식을 지닌다. 이 기술사회는 [그림 1-5]의 (a)와 같이 오랜 기간 기후재해가 발생하지 않으면 재해에 노출된 지역 주변까지 도시개발이 확대되는 특징을 갖는다. 둘째는 [그림 1-5]의 (b)와 같이 사소한 기후재해의 잦은 노출을 허용하되 기후재해로부터 토지이용, 생활패턴 등의 적응을 중시하는 '녹색사회'이다. 기후재해에 대한 녹색사회의 위기관리의 핵심은 바로 사회의 적응이다. 기술사회와 녹색사회의 홍수에 대한 장기적인 반응을 살펴본 결과 두 가지 사회는 다음과 같이 대조적인 특징을 보여주었다.[7]

- 기술사회일 경우 홍수가 발생하지 않는 시기 동안 홍수에 대한 경각심이 저하되어 지역사회의 취약성이 증가됨
  - 기술사회는 장기간 홍수를 전혀 경험하지 않을 수도 있지만 위기관리 능력을 넘어선 위협에 대해서는 참혹한 결과를 겪을 수 있음
  - 기술사회의 홍수관리는 홍수가 자주 발생하는 시기에 집중되므로 사회의 위험인지를 유지하는데 많은 노력을 기울이는 것이 중요

7 Di Baldassarre 외, 2015, DebatesPerspectives on sociohydrology: capturing feedbacks between physical and social processes. Water Resour, Res, 51(6), pp.4770~4781.

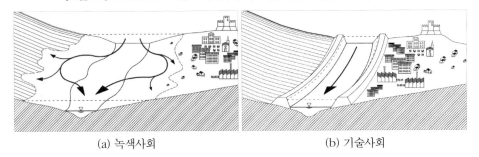

[그림 1-5] Di Baldassarre 외(2015)에서 수치모의를 위해 정의한 두 가지 사회

(a) 녹색사회   (b) 기술사회

- 사회가 경험하게 되는 잦은 홍수는 주민의 자발적 적응 행동을 위해 중요한 요소임
  - 녹색사회는 지반고 높은 곳으로의 가옥 이전, 환경 변화에 맞춘 경제활동의 순응 등 적응 행동의 존재로 인해 극심한 홍수가 발생하더라도 기술사회보다 영향이 크게 감소
- 당장 경제성장을 위한 홍수방어의 필요와 장기적인 위험 감소 효과 간의 손익관계를 살펴보고 홍수관리대책을 신중히 결정해야 함

당장에는 기술사회의 한계인 사회의 경각심 저하를 막을 수 있는 각종 규제 장치가 중요하다고 볼 수 있다. 도시의 장기적인 지속가능성을 위해서는 기후재해에 사회가 더 잘 적응하도록 위기관리 능력을 배양해야 한다. 이러한 적응을 중시한 위기관리 능력은 도시개발과 밀접한 관련성이 있다. 기후재해에 위험한 토지이용 등의 공간계획이 장래 위기관리 능력을 강화하는데 핵심적인 정책 수단이다.

3. 미래의 불확실성과 행동의 시급성

미래의 불확실성은 당장 행동으로 옮기는 데 큰 걸림돌이다. 먼 미래, 아니 10년 뒤의 미래를 예측하는 데에도 '정상성'이라는 가정이 필요하다. 시간에 따른 추세가 분명하고 이 추세를 기준으로 매년 안정적인 변동성이 관측되어야 한다. 기후변화의 중요한 속성은 바로 기후재해를 촉발하는 기상변수의 정상성 가정을 깨뜨리는 것이다.

과학자들의 노력으로 불확실성을 줄여나가고 있지만 장래 기후재해의 전망치는 태생적으로 시나리오 자료이다. 확률적 근거를 따지기 어렵다. 정책 결정자, 엔지니어, 경제학자 등이 정책과 사업의 타당성을 검토할 때 확신을 가지고 판단하기 힘든 상황이 되었다. 정책의 영역에서 이 불확실성을 극복하기 위한 기본 원칙도 필요하게 되었다.

모호한 전망에 근거하여 대규모 건설공사와 주민 재산권 규제를 수반하는 의사결정을 할 수는 없다. 미래에 확신이 줄어들면서 의사결정의 실패 가능성과 실패비용이 크게 늘어났기 때문이다. 일례로, 2020년 환경부에서 기후위기에 대한 특단의 대책으로 기후변화 전망을 고려해 홍수방어 목표(즉, 하천의 설계빈도)를 상향 조정하겠다고 발표했다. 만일 특정 시나리오에 맞춰 통수단면을 확보하도록 하천의 제방을 또다시 높이고 하상을 걷어내며 주민의 토지를 매수하는 일이 벌어진다고 생각해보자. 2050년대 기후변화의 실제 양상에 따라 무모한 결정이 될 수 있다.

보통의 경우 미래 전망이 현실이 될지 모니터링할 뿐 실제 위기관리 능력을 강화하는 노력을 미루게 될 것이다. 이러한 방식을 채택한다면 정책의 실패비용을 줄일 수는 있다. 그러나 최근 기후재해의 추

[그림 1-6] 미래 불확실성을 마주하여 정책의 영역에서 취할 수 있는 세 가지 태도

전망이 정말 현실이 될 때까지 행동을 미룸	전망이 정말 현실이 될 때까지 행동을 미룸	현재와 미래 모두 도움 되고 수습 가능한 행동부터 추진
1) 무모한 사람	2) 보통의 사람	3) 현명한 사람

이를 떠나, 현세대의 게으름으로 증가된 비용을 뒷세대에게 전가하는 것은 정의롭지도 않는 일이다.

결국 전망치가 확실하지는 않더라도 현재와 미래 모두에게 도움이 되고 미래 양상에 맞춰 쉽게 수습 가능한 대책부터 추진해야 한다. 많은 토의를 바탕으로 기후재해 위기관리를 위한 원칙을 마련해야 한다고 볼 수 있다.

독일 경제학자 Hellegate 교수는 기후재해 위기관리 능력을 강화하기 위한 자신의 견해를 소개한 적이 있다.[8] 장래 불확실성을 고려해 기후재해 위기관리에서 강조되어야 할 7가지 기본 원칙으로서 후회하지 않을 대책, 복구 가능성과 유연성, 값싼 안전마진 활용, 가능하면 소프트한 전략, 근 미래에 필요한 수명이 짧은 시설 중시, 긍정적인 파급효과 중시 등을 포함한다. 향후 우리나라에서도 정책적으로 그리고 학술적으로 집중적 논의가 필요할 것이다. 선험적인 수준에서, Hellegate 교수의 제안과 함께 국내 현실과 최근 정책적 논의를 고려한다면 다음의 세 가지 기본 원칙을 제안할 수 있을 것이다.

---

8 Hellegate S, 2014, Natural Disaster and Climate Change, Springer.

- 점차 기술사회에서 녹색사회로 전환하도록 사회 적응을 중시하자: 안전하고 안심되는 도시 조성이라는 목표 하에 방재시설의 의존도를 증가시키기보다 토지이용 계획을 조정하며 사회의 위험인식을 개선
- 도시·환경과 조화되어 공편익을 가져다주는 대책을 선호하자: 대책을 발굴·선정하는 단계에서 기후재해의 극복뿐 아니라 도시 환경의 회복, 삶의 질 개선, 주민의 주체성 증진 등 다양한 가치를 함께 고려
- 당연히 해야 할 일을 이제는 제대로 하자: 이미 조성된 방재시설이 제 기능을 발휘하도록 적정한 관리를 의무화하며 사회 요구에 맞춰 보완

〈표 1-1〉은 기후재해와 관련된 대표적인 정책 수요이다. 위의 원칙을 바탕으로 정책 수요를 해소할 수 있는 정책 과제를 3절에서 제안하고자 한다.

〈표 1-1〉 장래 기후재해와 관련된 대표적인 정책 수요

재해 종류	현 여건
공통(홍수, 산사태, 해일, 폭염, 가뭄 등)	재해로 인해 피해는 도시에 집중됨에 반해 도시 외부에 방어시설만 축조할 뿐 안전도시 조성을 위한 실효성 있는 대책이 크게 미흡
	기후재해에 대응하기 위해 조성한 시설의 유지관리 부족으로 충분한 기능을 담당하지 못하며 장래에는 중요한 피해 원인이 될 수 있음
가뭄	사전 대비와 협력적 대응의 중요성에도 불구하고 관계 부처 간의 공조 체계가 부족하며 메가가뭄을 상정한 응급조치 수단이 부재
홍수	홍수를 하도에 가두는 방식의 정책과 사업이 집중됨에 따라 하천의 방재기능에 대한 부담이 가중되어 물환경 및 자연경관이 훼손됨
폭염	아직 재난관리체계 구축의 걸음마 단계이며, 특히 취약지역·취약인구 맞춤형 조치 수단이 마련되어 있지 않아 실효성과 체감성이 부족함

제3장 정책 과제

1. 기후재해 안전도시 조성사업의 본격화

기후재해의 큰 피해는 도시지역에서 발생하는데, 자세히 살펴보면 도시화 그 자체가 큰 위험요인이다. 예를 들어, 2015년 일본 토목연구소에서는 아시아 15개 국가를 대상으로 대규모 인명 손실을 수반한 2007~2012년 홍수 피해와 사회지표 간의 통계분석을 통해 다음의 결론을 제시하였다.[9]

> "기후변화가 과거보다 큰 위협이 된다는 전망에는 논쟁의 여지가 남아 있지만, 많은 국가들은 홍수터의 인구밀도 심화, 인구 고령화, 그리고 통제되지 않는 도시화에 뚜렷한 경향성을 보여준다. 도시 취약성 증가와 관련된 이러한 경향성은 현재와 동일한 홍수 조건이라도 장래 피해가 더 커질 수 있음을 의미한다."

실제로 외국의 대규모 수해 사례를 조사해보면 제방의 월류·붕괴로 즉각적인 영향이 발생할 수 있음에도 개발밀도가 높다던지, 2차 피해를 유발하는 위험한 주거환경을 갖추고 있던지, 고질적인 도로 정체로 적시에 구조·구호가 힘든 경우들을 쉽게 발견할 수 있다. 기후재해

---

9 Lee S, Okazumi T, Kwak Y, Takeuchi K, 2015, Vulnerability proxy selection and risk calculation formula for global flood risk assessment: a preliminary study, Water Policy 17(1): 8-25.

에 대응하기 위해 이러한 도시 취약성은 충분히 해소되어야 한다.

우리나라는 2010년 전후의 강남역 침수, 우면산 산사태 등을 배경으로 2011년에 제4자 국토종합계획 수정계획에서 '방재도시계획체계의 확립'이라는 추진 과제를 선정하였다. 이에 따라 2015년에는 「국토의 계획 및 이용에 관한 법률」을 개정하여 재해 예방형 도시계획 제도를 운영하게 되었다. 즉 도시·군기본계획이나 도시·군관리계획의 기초조사로 도시지역에 대해 기후변화를 고려한 재해 취약성을 분석한뒤, 재해 취약지역에 대해서는 토지이용, 공원·녹지, 기반시설, 건축물 등의 방재 대책을 강구하기로 하였다.

[그림 1-7] 제4차 국토종합계획 수정계획에서 '방재도시계획체계 확립'

▷ 도시계획 수립 시 재해 위험도 분석 절차를 마련하여 재해 위험이 있는 지역의 부적합한 개발을 피하고, 위험이 낮은 지역으로 개발 유도

▷ 광역도시계획, 도시기본계획, 도시관리계획의 특성과 풍수해저감종합계획 등 관련 계획을 고려하여 도시계획 내 방재계획의 내용 강화 및 체계화

[그림 1-8] 재해 예방형 도시계획제도의 개념도

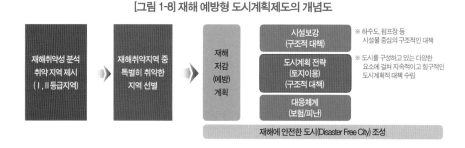

현재는 모든 지자체가 도시계획을 수립하기 전에 폭우, 폭염, 폭설, 가뭄 등 재해의 취약성을 분석해오고 있다. 그러나 아직 도시계획에서 눈에 띈 변화를 발견하기 힘들다. 첫 번째 원인은 국토계획법에 근거를 두고 있는 재해 취약성 분석의 방법론 상의 한계이다. 도시공간에 대한 취약성 평가방법이 간접지표의 중첩과 같은 개념적인 수준에 머물러 있어 올바르게 재해 취약지역을 선별하지 못하는 것이다.[10]

두 번째 원인은 지자체에게 재해 취약성 분석만을 의무화할 뿐 방재대책 수립은 권고사항에 불과하기 때문이다. 도시개발이 최우선인 도시계획에서 도시개발을 제약하는 방재대책 수립을 의무화하지 않은 것이다. 국토교통부는 이 제도의 지침을 마련할 때 국토연구원에게 지자체 기술지원을 담당하도록 하였다. 그러나 국토연구원의 역할도 지자체의 재해 취약성 분석과정의 검증에 불과하며 방재대책 발굴의 기술지원은 전혀 담당하지 못하고 있다. 당초 취지와 달라져 이제 제도의 실효성을 의심할 수밖에 없다.[11]

기후재해에 안전한 도시를 조성하려면 재해 취약지역 토지이용의 적정성 평가방법을 먼저 개선해야 한다. 취약성 분석 방식을 추상적인 대리지표 중첩방식에서 재해예상지도 기반으로 변경함으로써 분석 결과의 신뢰성을 높여야 한다. 분석 단위를 자의적인 집계구 단위에서 토지구획 단위로 변경함으로써 도시계획에서의 활용성을 높여야 한다. 토지의 등급 지정도 상대적인 취약지수를 산정하는 방식에서 절대

10 이상은·김종원·한우석·이병재·이종소·김슬예, 2018, 도시 침수지역 및 영향권 분석을 통한 재난안전 정책지원 시스템 구현(III), 국토연구원.
11 김슬예·김미은·김창현·이상은, 2017, 실효성 있는 재해예방형 도시계획을 위한 개선방향 고찰, 한국안전학회지 32(2), pp.124~131.

적이고 정량적인 위험허용 기준 충족 여부를 판단하도록 변경함으로써 확실한 규제 수단으로 제도를 자리 잡게 해야 한다.

방재대책에 있어서는, 장기적인 도시의 적응이 중요하므로 산지 하부, 하천 연안, 해안가 등에 대한 피해 최소화와 회복력을 높이는 데 초점을 둘 필요가 있다. 방재시설이 대응하지 못하는 극심한 재해의 피해를 완충할 수 있도록 도시지역 이격거리 확보와 공원·녹지 등 완충 공간의 설계기준 보완이 필요하다. 장기적인 재해위험 관리를 위해 방재지구를 지정하도록 정하고 있으나 지자체의 관심 부족으로 도시계획에 활용되지 않는 점도 개선해야 한다.

재해 취약성 분석과 방재대책 수립에 대한 정부의 지원체계 또한 전면 재검토되어야 한다. 현재는 중앙정부에서 재해 취약성 분석 지침을 한차례 배포한 뒤 지자체에서 자체적으로 운영하도록 맡겨만 두고 있다. 중앙정부가 계속해서 맡아야 할 역할이 많다. 여기에는 방법론의 지속적인 보완, 토지이용에 대한 안전기준(예를 들어, 절대적인 위험허용 기준) 설정, 방재대책 수립 단계에서 지자체의 역량을 보완할 거버넌스 운영, 제도의 성과 모니터링, 우수 사례 발굴 및 공유 등도 포함된다. 2019년에 제5차 국토종합계획(2020~2040)의 이행을 위해, 특히 국민들이 요구하는 안전국토·안심국토를 실현하기 위해 필요한 정부의 역할이다.

[그림 1-9] 제5차 국토종합계획의 계획지침 III-3-4(안전하고 회복력 높은 국토 대응체계)

▷ 중앙정부와 지방자치단체는 주요 기반시설 계획 수립 시 기후변화와 재난에 관한 사항을 검토하고, 복합재난 취약성을 고려한 입지 선정과 배치 우선순위를 고려한다.

▷ 지방자치단체는 도시·군기본계획 및 관리계획의 수립·변경 시 재난 취약성을 분석하고 복합재난 발생 가능성을 파악하여 예방대책을 마련한다.

▷ 중앙정부와 지방자치단체는 재난취약 1등급 지역의 도시개발 추진 시 재난예방형 대책을 수립하고, 사업 완료 이후 지속적인 모니터링을 수행하는 등 전주기 관점에서 안전체계를 구축한다.

▷ 중앙정부와 지방자치단체는 반복적·연쇄적 재난 발생이 우려되는 지역에 대한 모니터링을 강화하고 재난 영향 저감대책을 마련한다.

2. 위기경보체계 정비와 '잘 계획된' 응급조치 수단 확보

재해의 사전 대비와 상황 대응을 위해 위기경보체계의 운영은 매우 중요하지만 여전히 기술적·제도적으로 개선할 여지가 많다. 홍수의 경우 위기경보에 맞춰 댐 상·하류 홍수량 조정이 불완전하고, 산사태 의 경우에도 실시간 지반 붕괴 가능성에 맞춰 위기경보를 발령하는데 한계가 있다. 가뭄의 경우에는 과거 재해로의 인식이 낮아 위기경보체 계를 구축하는데 상당한 과제가 남겨져 있다. 장기간 메가가뭄이 발생 할 가능성을 고려할 때 위기경보체계를 조속히 정비해야 할 것이다.

사실 2015년의 가뭄 상황을 돌이켜보면, 가뭄의 재난관리체계는 거의 작동하지 않았다. 당시 상황은 이상은과 차동훈이 발표한 한국수 자원학회의 〈물과 미래〉의 기고문에 잘 나타난다.[12] 필자들은 정부의 가뭄대응 방식을 보면서 위기관리에 필요한 법제도 규정 미흡, 부처

간 역할의 불명확성, 전문적 정보기반 부재, 형식적 위기경보체계 운영 등 많은 문제가 재난관리에 큰 걸림돌이 되고 있다고 지적했다. 이후 행정안전부 주도로 「자연재해대책법」 정비, 위기관리 메뉴얼 개정, 관계부처 예·경보 실시, 국가통계 발간, 정보기반 확충 등이 이뤄졌다. 이제는 각 부처가 국가위기경보체계에 맞춰 지자체 단위로 기상가뭄, 농업가뭄, 생활·공업가뭄을 '관심', '주의', '경계', '심각'의 단계로 발령하며 이를 토대로 합동 TF도 항상 가동되고 있다.

위기경보체계의 관점에서 현재의 가뭄 예·경보를 살펴보면 여전히 개선해야 할 문제가 다수 발견된다. 첫째, 경보 단계와 실제 심각성이 일치해야 한다. 현재의 가뭄 예·경보는 기상청, 농림부, 그리고 환경부가 각자 관심이 있는 대기 상태, 농업용 저수지 상태, 댐 비축물량 상태를 구분하고 있을 뿐이다. 재난대응의 1차 주체인 지자체나 주민이 해당 지역 가뭄의 심각성을 파악하기는 힘들다. 2018년 초 청도의 운문댐이 고갈되어 타 수계에 비상급수시설을 긴급히 설치·가동하는 상황에 이르렀으나 가뭄 단계는 공식적으로 '심각'하지 않았다. 응급조치를 담당하던 국토교통부와 한국수자원공사만 심각했다.

둘째, 경보 단계에 맞춰 응급조치도 명확히 정의되어야 한다. 관계부처 위기관리 매뉴얼을 보면 상황 정보의 보고·전파체계는 나쁘지 않다. 반면 각 단계의 응급조치는 불명확한데, 이는 큰비가 올 때까지 가뭄은 어떻게든 버티면 된다는 인식과 무관하지 않다. 만일 현재 미국 캘리포니아주처럼 수년에 걸쳐 물 부족을 겪게 되는 가뭄이 광역

---

12 이상은·차동훈, 2015, 가뭄분야 재난관리체계 도입의 시급성과 걸림돌에 대하여, 물과미래 48(9): 24-27.

적으로 발생하게 되면 어떻게 대응할까? 각 단계에 맞춰 부처·기관의 응급조치 수단이 미리 설계되어야 한다. 피해지역 지자체도 이제는 재난관리의 핵심적 주체가 되어야 한다.

[그림 1-10] 「재난안전기본법」 상의 위기경보와 응급조치의 연계

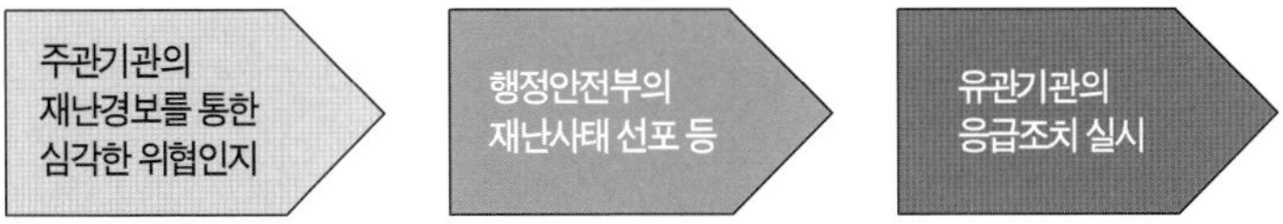

주관기관의 재난경보를 통한 심각한 위협인지 → 행정안전부의 재난사태 선포 등 → 유관기관의 응급조치 실시

관계 부처가 합동으로 경보체계를 운영하는 가뭄의 특성을 고려할 때 기상가뭄, 농업가뭄, 생활·공업가뭄 경보를 종합하여 해당 지역의 가뭄의 심각성을 판별하는 방법도 필요하다. 과거에는 단순히 기상·수문 기반의 모니터링 지표에 의존하였으나, 점차 경보의 신뢰성(지역 여건 고려)과 체감성(현장 상황 고려)을 위해 전문가·실무자의 판단이 중시되고 있다. 따라서 가뭄의 예·경보에도 다양한 상황 판단을 종합하는 추론 기술을 적극 활용해야 한다.

위기경보체계에 맞춰, 특히 경계·심각 단계가 장기 지속되는 상황에서 수요·공급 측면의 가용자원을 합리적으로 통제할 수 있는 응급조치 수단을 발굴하고 이를 제도화(매뉴얼화)하는 것도 중요하다.

경험적으로 15% 이상 주민의 용수 사용량이 줄어들 경우 공급 측면의 응급조치를 실시하게 된다. 공중의 보건과 안전을 위한 물배급(water rationing)이 일반적이며 관정 개발, 타 수계 수자원 활용 등의 보조 수단을 지역 여건에 맞춰 급히 타진하는 수준이다. 우선 지역 여건에 맞춰 비상급수의 확보·분배를 최적화하는 방법을 정하고 다양한 기술적 수단을 사전에 발굴할 필요가 있다.

[그림 1-11] 장래 추론 기반의 통합 가뭄 예·경보 구축 방향(안)

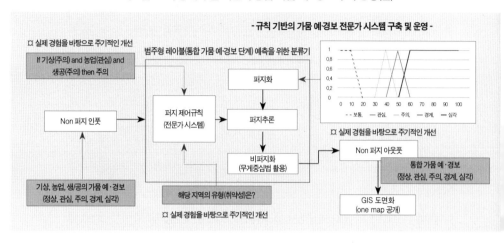

물 부족 기간을 억제하고 가용 수자원의 활용을 극대화하기 위해서
는 수요 측면에서의 응급조치도 중요하다. 과거 극심한 가뭄 시 수요
측면의 응급조치는 낭비성 물 이용을 단속·절감하는 물제한(mandatory
water restriction)에 국한되었다. 그러나 최근 캘리포니아주, 대만 등에
서 메가가뭄이 발생함에 따라 주민 대상의 용수 사용 절감 목표 할당,
사업장(호텔, 식당, 골프장, 경작지 등) 운영방식 단속 등 보다 적극적인 수
단을 채택하고 있다.

가뭄의 응급조치 방법은 주로 미국의 1970~80년대 경험에 의존해
정립되었다. 최근 해외 동향을 참고할 때 수요 측면에서도 지역 여건
에 따른 용수 사용을 강제 조정하는 방법과 이를 위한 정책적 수단도
발굴하는 것이 중요하다.

3. 홍수관리에 자연기반해법의 적극적 활용

2021년에 국회에서 「탄소중립기본법」을 제정하면서 '기후위기 적응'을 단순히 기후변화에 따른 재해 영향을 줄이는 개념에 한정하지 않았다는 사실은 크게 주목할 만하다. 적응에는 영향을 최소화하는 극복의 개념뿐 아니라 사회의 유익한 기회를 촉진하는 수익적 개념도 포함하게 되었다. 기후재해의 대응에는 소위 공편익(co-benefit)을 중요시해야 한다는 함의를 지닌다. 해외에서 치수 부문의 기후변화 적응대책으로 자연기반해법(nature-based solution)을 중시하는 것도 바로 이러한 이유에서다.

대표적으로 스코틀랜드는 2009년 6월 제정된 「홍수위험관리법」에 따라 환경청에서 홍수위험도관리계획을 수립할 때 자연형 홍수관리(natural flood management)를 중시하도록 했다. 일본에서도 2013년에 「국토강인화기본법」을 제정하면서 지역 각각의 생태계가 가진 방재·감재 기능을 복원·활용한 토지이용, 즉 Eco-DRR(disater risk reduction)을 강조했는데, 이후 국토강인화기본계획이나 사회자본정비중점계획을 보더라도 일본 치수정책의 큰 방향이 되었다.[13]

자연기반해법은 하도 중심의 전통적인 홍수관리 대책을 보완하기 위해 유역 전체로 공간적 범위를 확대하면서 지역의 생태·경관 요소를 적극 활용해 수문 특성을 개선시키는데 초점을 둔다. 홍수 방어를 위해 댐이나 제방을 보강하기보다는 상류 산림지 조성, 하천 배후지역

---

13 이상은·박태선·안승만·조혜원, 2021, 정량적 위험도 평가를 통한 하천 홍수방어목표 적정화 방안 연구, 국토연구원.

[그림 1-12] 스코틀랜드의 자연형 홍수관리의 개념도

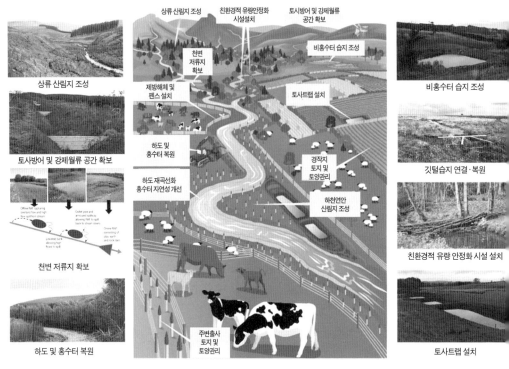

출처: SEPA(2016)를 재구성.

습지와 수림대 복원, 저류지 확보, 농지·공원·녹지 등 완충 공간 배치, 토사트랩 설치, 구하도 복원, 제방의 단절성 해소 등의 대책 수단을 선호하게 된다. 홍수를 조절하는 동시에 평상시에 생물 다양성 증진, 경관 향상, 수질·대기질 개선, 생태교육·문화활동 기회 제고 등의 공편익도 중시하는 것이다.

우리나라에서는 국가물관리계획 등 상위 계획에서 최근 자연기반 해법을 강조하였고 연구개발사업의 기획을 겨우 마친 단계이다. 앞으

로 자연기반해법을 활용해 홍수관리를 전환하는데 많은 도전이 예상된다. 적극적으로 사업을 추진한 선도 국가의 경우에도 시범 사업을 통해 많은 한계를 겪었다. 특히 제임스 허튼 연구소에서 2018년에 스코틀랜드에서 추진된 사업을 진단한 결과는 이러한 사실을 잘 설명한다.[14] 아직은 계획·설계 경험 부족, 홍수저감 효과 실증 어려움, 부지 확보 곤란, 대중의 신뢰 부족, 행정권한의 한계 등의 문제가 존재하기 때문에 이러한 방법이 주류가 되기 위해서는 장기적인 안목을 가지고 접근해야 한다고 말한다.

자연기반해법을 위한 큰 공사를 급히 발주하기보다 해외 선도 국가들이 겪은 고충 사항을 다방면에 걸쳐 검토하고 국내 실정에 맞춰 제도적·기술적 역량을 보완하는 노력이 중요하다.

자연기반해법을 추진하는 과정에서 과거 우리가 경험한 사례도 교훈으로 삼아야 한다. 4대강사업 추진 과정에서 자연 친화적인 홍수관리를 위해 여주, 나주, 영월 등에 강변 저류지를 조성했다. 10년이 더 지났지만 대부분 사람이 오지 않는 유원지나 빈터로 남겨져 있다[그림 1-14]. 친환경적인 홍수관리라는 명목으로 지역·주민의 소중한 토지만 소비하게 된 것이다. 이후 하천 배후 공간을 활용하는 치수정책은 한 발도 더 발전하지 못했다. 평상시에 이 넓은 저류공간을 올바르게 운영·활용할 성숙한 제도가 없기 때문이다.

---

14 Waylen KA, Holstead KL, Colley K, Hopkins J, 2018, ournal of Flood Risk Management 11: S1078-S1089.

[그림 1-13] 자연기반해법 활용을 위한 환경부·KEITI의 연구개발사업 개념도

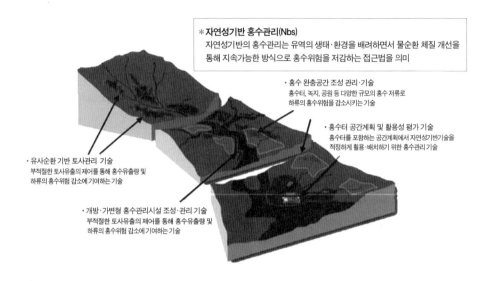

* **자연성기반 홍수관리(Nbs)**
  자연성기반의 홍수관리는 유역의 생태·환경을 배려하면서 물순환 체질 개선을 통해 지속가능한 방식으로 홍수위험을 저감하는 접근법을 의미

· 홍수 완충공간 조성 관리·기술
  홍수터, 녹지, 공원 등 다양한 규모의 홍수 저류로 하류의 홍수위험을 감소시키는 기술

· 홍수터 공간계획 및 활용성 평가 기술
  홍수터를 포함하는 공간계획에서 자연성기반기술을 적정하게 활용·배치하기 위한 홍수관리 기술

· 유사순환 기반 토사관리 기술
  부적절한 토사유출의 제어를 통해 홍수유출량 및 하류의 홍수위험 감소에 기여하는 기술

· 개방·가변형 홍수관리시설 조성·관리 기술
  부적절한 토사유출의 제어를 통해 홍수유출량 및 하류의 홍수위험 감소에 기여하는 기술

[그림 1-14] 한국과 일본의 치수 목적의 저류공간 활용 방식 비교

(a) 공원화한 한국의 강변 저류지

(b) 수전(水田)제도를 활용한 일본의 강변 저류지

4. 기후재해 방어시설의 유지관리 강화

중앙정부의 방재시설 유지관리 투자 추이를 보면 기후위기 시대라는 말이 무색해진다. 기후재해 극복에 필요한 댐, 하천, 저수지 등의 시설에 대해서는 [그림 1-15]와 같이 정부 재정 여건 악화, 국민의 체감효과 부족 등의 이유로 시설투자가 오히려 미흡하기 때문이다.[15] 재정기반이 더 열악한 지자체 등 위임·위탁기관에 부족한 재원 조달을 미루는 방식도 취하고 있다.

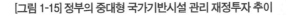

[그림 1-15] 정부의 중대형 국가기반시설 관리 재정투자 추이

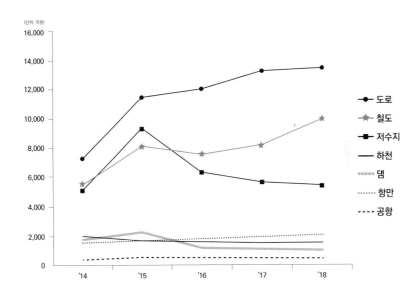

---

15 관계부처 합동, 2019, 지속가능한 기반시설 안전강화 종합대책.

결국 재원 부족은 안전관리의 핵심인 점검·진단의 간소화로 이어져 시설물 내부 상태를 정확히 파악하지 못하게 되는 것이다. 내부 상태를 제대로 알지 못하므로 적시에 보수·보강을 발주할 수 없고 장기간 노후화가 심화되는 악순환을 겪게 된다. 수해를 겪고 피해가 발생한 이후에나 수많은 방어시설의 구조적 안전이 크게 저하되어 제 기능을 하지 못한다는 사실을 깨닫게 되는데, 시설의 대수선 비용을 정부 재정으로 감당할 수 없게 될 수 있다.

기후재해 방어시설 관리의 고질적 문제를 해결하기 위해 개별 시설의 관리감독기관인 각 부처가 법령·기술 기준의 정비와 재원조달 책임을 높여야 함은 물론이고, 국가 기반시설 관리를 총괄하는 국가기반시설관리위원회를 중심으로 기후변화 적응에 정책 우선순위를 높여야 한다. 이를 위한 중요한 정책 과제는 다음과 같다.

첫째, 「기반시설관리법」 제정과 함께 정립된 선제적·계획적 유지관리체계([그림 1-16])를 적극 도입하도록 개별 법령의 정비가 필요하다.[16] 신규 건설물량이 줄어든 상황에서 건설에서 관리로의 정책 전환을 위해서도 법령 정비는 최우선 되어야 한다. 특히 하천법, 댐법, 농어촌정비법 등을 대상으로 체계의 큰 변화를 수용할 수 있도록 유지관리의 개념, 원칙, 업무범위 등을 실천적으로 정하도록 하천 법령, 행정규칙, 기타 기술 기준 등을 종합적으로 정비해야 한다. 이제는 유지관리 업무에 필요한 실태조사, 계획, 안전관리, 업무 기준·기술 기준, 보수·보강, 자료관리, 인력의 배치·운영, 재원조달 책임, 긴급조치 등 구체적인 사항도 법령에서 직접 규율할 때가 되었다.

---

16 관계부처 합동, 2019, 지속가능한 기반시설 안전강화 종합대책.

[그림 1-16] 정부의 선제적·계획적 유지관리체계

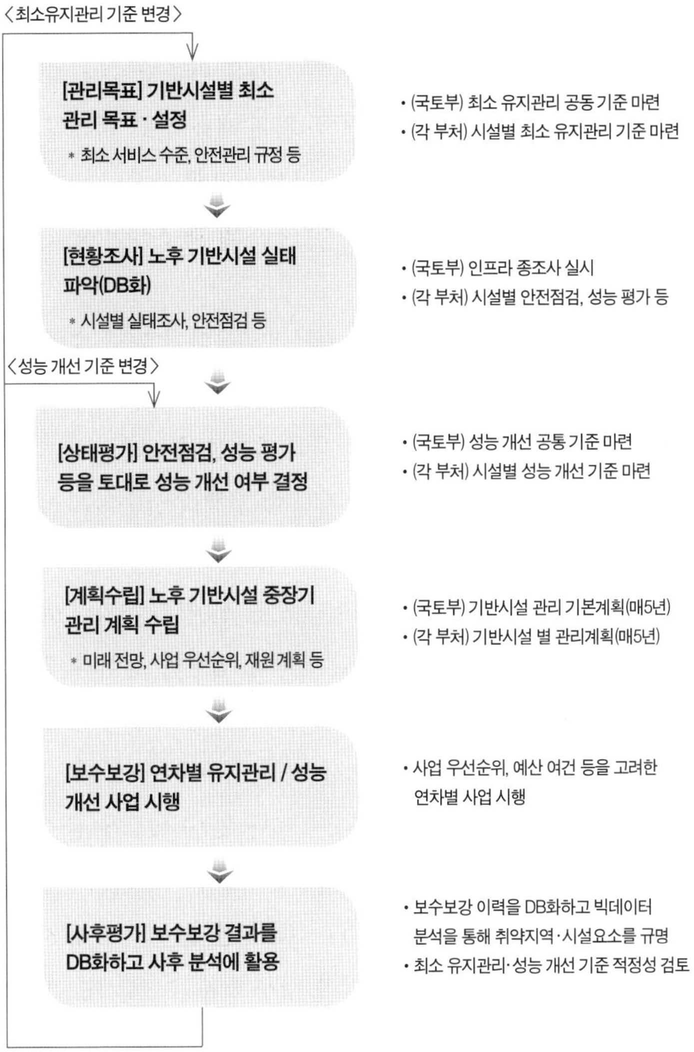

〈 최소유지관리 기준 변경 〉

[관리목표] 기반시설별 최소 관리 목표·설정

＊ 최소 서비스 수준, 안전관리 규정 등

- (국토부) 최소 유지관리 공동 기준 마련
- (각 부처) 시설별 최소 유지관리 기준 마련

[현황조사] 노후 기반시설 실태 파악(DB화)

＊ 시설별 실태조사, 안전점검 등

- (국토부) 인프라 총조사 실시
- (각 부처) 시설별 안전점검, 성능 평가 등

〈 성능 개선 기준 변경 〉

[상태평가] 안전점검, 성능 평가 등을 토대로 성능 개선 여부 결정

- (국토부) 성능 개선 공동 기준 마련
- (각 부처) 시설별 성능 개선 기준 마련

[계획수립] 노후 기반시설 중장기 관리 계획 수립

＊ 미래 전망, 사업 우선순위, 재원 계획 등

- (국토부) 기반시설 관리 기본계획(매5년)
- (각 부처) 기반시설 별 관리계획(매5년)

[보수보강] 연차별 유지관리 / 성능 개선 사업 시행

- 사업 우선순위, 예산 여건 등을 고려한 연차별 사업 시행

[사후평가] 보수보강 결과를 DB화하고 사후 분석에 활용

- 보수보강 이력을 DB화하고 빅데이터 분석을 통해 취약지역·시설요소를 규명
- 최소 유지관리·성능 개선 기준 적정성 검토

둘째, 법률에 근거를 둔 기술지침이라는 '그릇'을 중심으로 신기술의 개발·검증을 촉진함으로써 정책 변화의 현장 확산을 모색해야 한다. 현장은 오랫동안 축적된 실무 노하우를 바탕으로 작동되므로 국가 정책 변화는 현장으로 바로 확산되지 못한다. 결국 정책 변화를 구현하기 위해서는 현장에 맞는 신기술이 필요하다. 기후재해 방어시설이 방대한 국토 면적에 분포하고 있으며 수량이 많고 근접 점검이 곤란하므로 위성관측, 드론, 센싱, AI 등 신기술의 잠재력은 매우 우수하다.[17] 하지만 이러한 기술의 개발·검증 단계를 거쳐 현장 보급이 이뤄지기 위해 확실한 개발 당위성과 안정적인 활용처가 보장되어야 한다. 따라서 법령에 근거를 둔 기술지침을 [그림 1-17]과 같이 마련한다면 정책의 현장화에서 각종 현실적인 장벽을 해결하는데 좋은 돌파구가 될 것이다.[18] 침체기를 겪고 있는 건설산업이 디지털 혁명시대에 걸맞는 기술역량을 흡수하도록 동기를 부여하는 데에도 도움이 될 것이다.

셋째, 현장의 유지관리도 선계획·후집행의 방식을 도입하는 것도 중요하다. 하천, 댐, 저수지, 방조제, 사면·옹벽, 사방댐 등의 시설은 지자체 위임 또는 재위임의 방식으로 관리하는 경우가 많다. 따라서 관리청의 책임 미흡, 관리 주체의 업무 이해도 부족과 사기 저하, 불투명한 재정운영 등의 문제가 쉽게 나타난다. 이 문제를 해소하려면 관리청이 관리 주체와 함께 중기 단위의 유지관리 계획을 직접 수립함으로써 컨트롤타워의 역할을 맡아야 한다. 각 관리 주체가 다음 몇 년 동안

---

17 이상은·박진원·이동섭·이두한·김동현·이승오, 2021, 새로운 하천 유지관리를 위한 기술적·제도적 역량 강화 방안, 한국수자원학회논문집, 54(11).

18 한국수자원학회, 2021, 비욘드 워터, 교문사.

[그림 1-17] 하천 부문 기술적·제도적 역량 강화 방안

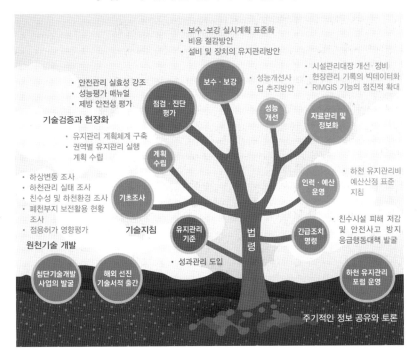

무엇을 언제 해야 하는지, 예산은 또 얼마나 지급되는지 등을 사전에 알려주어야 한다. 기후재해 방어시설에 대한 유지관리 업무는 「시설물 안전법」 의무만 준수할 뿐 현안 대응이나 민원 해소 수준을 벗어나지 못하고 있다. 이제 유지관리는 시설을 경영하는 업무가 되어야 한다.

넷째로, 최근 기후 변동성 증가에 대응하기 위해 일부 시설은 성능 개선사업도 필요하다. 최근 피해 사례를 살펴보면, 현행 점검기준 상 안전등급보다는 시설물 설치 위치에 따라 결정되는 외력 크기의 변화 가 중요해지고 있다. 따라서 과거 설치했던 당시보다 홍수, 산사태 등 외력조건이 상향된 성능기준을 확보하도록 재투자 요구가 증대된다.

비용 효율적인 대응을 위해 시설물 종류, 규모, 설치 위치 등의 특성을 고려하여 기후위기 중점 관리시설을 선별하는 작업이 이뤄져야 할 것이다. 그리고 기반시설 특성별로 외력과 구조적 붕괴 간의 관련성을, 그리고 붕괴 가능성과 피해 크기 간의 관련성을 실증적으로 조사해야 한다. 이를 토대로 중점 관리시설의 재투자 타당성을 판단하는 성능개선 기준을 정립하는 것이 필요하다.

「기반시설관리법」·「시설물안전법」·「개별시설 관리법 개정」, 중점 관리시설에 대한 성능 개선기준 재고 시, 공공기관 기술지원 방안 마련 등의 세부 과제들을 전개하려면 국가기반시설관리위원회 차원에서 총체적으로 접근하는 것이 바람직하다.

[그림 1-18] 기후위기 적응 차원에서 제기된 시설물 성능 개선사업 논의

▷ 제5차 국토종합계획(2020~2040): '기후변화 대응 안전국토 구축'
 • 기후 영향에 따른 국토 회복력 제고
  - 기후변화로 인한 자연재해 규모 확대에 대비하여 건축물, 기반시설 등의 설계기준을 재검토하고 필요 시 상향하여 보강·관리
 • 대형 복합재난에 대한 국가적 통합 대응 체계 강화
  - 대형 태풍과 지진, 장기간의 가뭄 등 초대형 재난으로 인한 기반시설 피해 최소화를 위한 위험관리 방안을 검토하고 보강기준 마련 등
▷ 제3차 국가 기후변화 적응 대책 세부 시행계획: '사회 기반시설 기후변화 대응력 확보'
 • 사회기반시설의 급격한 노후화뿐 아니라 기후변화에 따른 사회 기반시설 붕괴 우려 등 위험성 증가로 인해 성능 개선 평가 시 기후변화를 고려한 성능 개선 기준 마련이 필요

5. 기후재난 취약계층과 취약지역에 대한 안전망 구축

　기후재난으로부터 더 이상 안전한 지역과 안전한 사람들은 없다. 그렇다고 모든 국가의 모든 사람들이 비슷한 형태의 기후위기와 기후재난을 겪지는 않는다. 오히려 기후재난은 불평등하다. 양극화를 심화시키고, 취약계층을 더욱 어렵게 한다. 전 지구적으로 기후재난으로 가장 큰 피해를 입고 있는 지역은 가장 가난한 국가들이며, 국가 내에서도 기후재해는 취약계층이 사는 지역에 더 큰 피해를 주고 있다.

　온난화 추세와 더불어 점점 더 심각해지는 재해 중의 하나가 폭염 재해이다. 폭염은 온열질환자·사망자 발생, 가축 폐사, 수질 악화, 산업 생산성 저하, 에너지 소비 증가 등 사회 전 부문에 영향을 미친다. 2018년 폭염의 예로서, 인적 피해, 업무효율 저하 등을 고려해 경제적 손실이 약 3,500억 원으로 추계되었으며, 간접 영향 포함 시 그 피해는 훨씬 더 크다고 할 수 있다. 박종철 등[19]은 2018년 여름 폭염과 온열질환으로 인해 929명의 초과 사망자와 44,060명의 온열질환자가 발생한 것으로 추정했다. 그런데 농촌의 온열질환 발생률과 초과 사망률이 도시에 비해 훨씬 높은 것으로 확인하고 있다.

　같은 도시 내에서도 폭염의 피해는 평등하지 않다. 에어컨과 난방시설이 잘 갖추어진 건물에 사는 사람들은 폭염은 느끼지 못하지만, 건물에서 내뿜는 열기 등으로 도시 열섬효과까지 더해 폭염을 견뎌야 하는 쪽방촌의 사람들에게 폭염은 재난 이상이다. 또 같은 조건에 거주하는 사람들이라도 고연령층은 폭염과 온열질환에 훨씬 취약하다. 더욱

19　박종철·채여라, 2018, 2018년 폭염으로 인한 온열질환자와 초과사망자 분석.

이 코로나19와 미세먼지와 같은 다른 기후환경의 문제와 겹쳐 폭염이 닥치게 되면 취약계층이 겪어야 하는 폭염 피해는 급격히 증가한다.

과거 우리나라의 폭염에 대한 평가는 단순히 온도를 기준으로 결정하고, 폭염 대책에서도 사회적·경제적·환경적 요인이 제대로 반영되지 못하고 있다는 평가를 받았다. 최근 기상청은 폭염특보의 기준을 기온에서 체감온도로 변경한 바 있지만 여전히 지역과 대상의 특성을 고려한 폭염 대책은 미흡하다.

도심, 농촌, 해안, 산간, 내륙 등 지역 특성에 따라 구분하고, 각 지역의 온열질환자 발생 특징을 감안하여 폭염 취약도를 평가하여야 한다. 각 지역의 특성에 따라 주요 피해 원인에 대한 역학조사를 하고 이를 통해 해결방안을 마련해야 한다.

제4장 결론

최근 각국 정부가 평상시에 기후위기에 소극적으로 대처하다가 재해를 제대로 극복하지 못하게 되어서야 자신의 책임을 기후변화에 전가한다는 비판이 있다. 대표적으로, 2015년 9월 초 영국의 〈가디언〉에서는 "자연재해에 대응하는 가장 쉬운 길은? 신이나 지구온난화를 탓해라(The easiest way to respond to an natural disaster? Blame God or global warming)"라는 기사를 발표했다. 기후변화는 많은 과학자들로부터 지지를 받는 반면 투표권이 없다. 따라서 정부가 책임 논란에서 벗어나기 위한 정치적 희생양으로 삼기에 안성맞춤이라는 것이다.

어쩌면 기후변화가 아니라 정치적으로 이용하기 쉬운 기후변화의 특징이 국가 위기관리 능력을 더 위협할 수도 있겠다. 재해를 정치적으로 대처하게 되고, 재해가 발생한 뒤 피해 주민과 책임 소재를 둘러싼 오랜 갈등이 벌어지게 되었으며 기후변화 핑계를 대었으니 성공할 수 없는 무리한 대책을 남발할 수도 있다. 국민적 관심이 사라진 뒤에 또 다른 재해를 겪을 때까지 극소수의 전문가만 앉아서 이러한 대책의 타당성에 대해 소모적인 논쟁만 지속될 수도 있겠다.

우리도 이미 10여 년의 시간을 낭비한 경험이 있다. 2010년에 「녹색성장기본법」을 제정한 이후 국가 기후변화 적응 대책을 세 차례나 수립했다. 하지만 각 부처, 각 지역, 각 기관이 해오던 업무를 적응이라는 표제로 재배치한 것에 불과하다는 비판을 쉽게 들을 수 있다. 소란스럽게 적응 대책을 수립했다 해서 우리의 현실이 바뀐 것은 아니다. 이제 「탄소중립기본법」이 제정되어 기후위기 적응에 있어서 전 부처의 실천적인 노력을 다시 한번 강조하고 있다.

기후재해의 미래상에 맞춰 평상시에 각 부처 정책·사업을 조정해야 할 텐데 과거 경험을 볼 때 중요한 것은 올바른 방향의 설정이다. 이 글을 통해 우리나라의 구체적인 기후재해 현안을 대상으로 '올바른 방향'에 대한 필자들의 견해를 기술했다. 재해로부터 방어를 중시하는 기술사회에서 재해에 적응하는 녹색사회로의 점진적 전환을, 도시·환경과 조화되어 공편익을 가져다주는 대책의 선호를, 그리고 과거 예산·인력 부족으로 간과하였던 정부의 법적 의무를 이제는 첨단기술을 적극 활용해 제대로 완수하자는 것을 강조하였다.

끝으로, 기후재해의 취약성은 지역적·계층적으로 균등하게 분포되어 있지 않다. 모든 대책을 추진함에 있어 취약층에 대한 사회 안전망 확보는 특별히 강조되어야 할 것이다.

| 참고문헌 |

관계부처 합동, 2019, 『지속가능한 기반시설 안전강화 종합대책』.

김슬예·김미은·김창현·이상은, 2017, 실효성 있는 재해예방형 도시계획을 위한 개선방향 고찰, 『한국안전학회지』 32(2): 124-131.

대한민국정부, 2011, 『제4차 국토종합계획 수정계획』.

대한민국정부, 2019, 『제5차 국토종합계획』.

박종철·채여라, 2020, 2018년 폭염으로 인한 온열질환자와 초과사망자 분석, 『대한지리학회지』 55(4): 391-408.

윤선권·장상민·이진영·조재필, 2017, 도심지 토사재해 위험지역 기후변화에 따른 미래 극치강우 분석, 『한국방재학회논문집』 17(5): 355-367.

이상은·박진원·이동섭·이두한·김동현·이승오, 2021, 새로운 하천 유지관리를 위한 기술적·제도적 역량 강화 방안, 『한국수자원학회논문집』 54(11): 849-862.

이상은·차동훈, 2015, 가뭄분야 재난관리체계 도입의 시급성과 걸림돌에 대하여, 『물과미래』 48(9): 24-27.

이상은 외, 2018, 『도시 침수지역 및 영향권 분석을 통한 재난안전 정책지원 시스템 구현(Ⅲ)』, 국토연구원.

이상은 외, 2021, 『정량적 위험도 평가를 통한 하천 홍수방어목표 적정화 방안 연구』, 국토연구원.

이현재·김가영·박창용·차동현, 2017, 다중지역기후모델을 이용한 남한 지역의 미래 기후대 분포와 극한기온사상의 변화에 대한 연구, 『기후연구』 12(2): 149-164.

한국수자원학회, 2021, 『비욘드 워터』, 교문사.

환경부, 2050년 일부 유역의 홍수규모 최대 50% 증가 예상, 『환경부 보도 자료』, 2020년 9월 21일자.

Baldassarre, D. et al., 2015, Debates – Perspectives on sociohydrology: capturing feedbacks between physical and social processes, 『Water Resources Research』 51(6): 4770 – 4781.

Hellegate, S., 2014, 『Natural Disaster and Climate Change』, Springer.

Kwon, H. H., Lall, U., & Kim, S. J., 2016, The unusual 2013-2015 drought in South Korea in the context of a multicentury precipitation record: Inferences from a nonstationary, multivariate, Bayesian copula model. 『Geophysical Research Letters』 43(16): 8534-8544.

Lee S., Okazumi, T., Kwak, Y. & Takeuchi, K., 2015, Vulnerability proxy selection and risk calculation formula for global flood risk assessment: a preliminary study, 『Water Policy』 17(1): 8-25.

Lord, L., The easiest way to respond to an natural disaster? Blame God or global warming, 『The Guardian』, 2015년 9월 1일자.

Milly, P. C. D., Betancourt, J., Falkenmark, M. & Hirsch, R. M., 2008, Climate change – Stationarity is dead: Whither water management?, 『Science』 319(5863): 573-574.

SEPA (Scottish Environment Protection Agency), 2016, 『Natural Flood Management Handbook』.

Waylen, K. A., Holstead, K.L., Colley, K. & Hopkins, J., 2018, Challenges to enabling and implementing Natural Flood Management in Scotland, 『Journal of Flood Risk Management』 11: S1078-S1089.

미래사회 도시 안전환경
개선을 위한 제언

제1장 배경

1. 기후변화와 재난

전 세계적으로 기후변화로 인한 이상기후 현상이 지속적으로 발생하고 있다. 우리나라의 경우 홍수, 태풍, 대설 등 자연재난으로 인한 재산 및 인명피해가 매년 반복적으로 발생하고 있으며, 화재, 폭발사고 등 사회재난으로 인한 피해 역시 지속적으로 발생하고 있다.

또한 도시화, 산업화 등과 같은 사회적 및 환경적 변화로 인한 위험요인들이 상호 연계되어 발생하는 복합재난 및 신종재난의 피해도 증가하고 있다. 지난 10년 동안(2010~2019) 우리나라에서 발생한 자연재난으로 인한 피해액은 약 3.5조 원으로, 이 중에서 태풍으로 인한 피해가 약 1.9조 원으로 가장 높은 것으로 조사된다[그림 2-1].

사회재난으로 인한 피해는 약 3.3조 원으로 조사되며, 최근 들어 증가하는 추세를 보이고 있으며[그림 2-2], 고양 저유소 폭발사고(2018), 인천 붉은 수돗물(적수) 사태(2019) 등 도시가 복잡해지고 취약성이 증가함에 따라 새로운 재난의 발생빈도 역시 증가하고 있다.

기후변화에 따른 이상기후 현상과 더불어 도시공간의 물리적, 사회적 변화는 더욱 복합화되고, 대형화된 재난 발생을 유발하기도 한다. 실례로, 2018년 11월 24일 발생한 KT 아현지사 통신구 화재사고의 경우, 북서부 수도권 지역에서 전화통신, ATM 금융서비스 등 유·무선

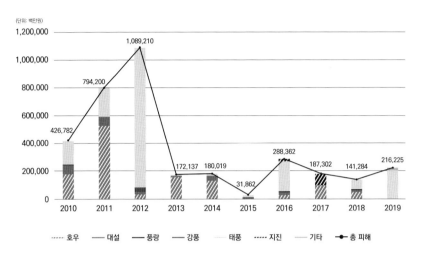

[그림 2-1] 자연재난 유형별 피해액 추세(2010~2019)

(단위: 백만원)

출처: 재해연보 2019.

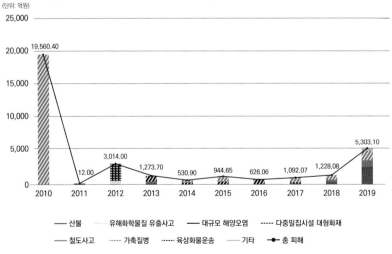

[그림 2-2] 사회재난 유형별 피해액 추세(2010~2019)

(단위: 억원)

출처: 재해연보 2019.

통신 기반의 서비스가 모두 마비되어 약 80억 원의 재산피해가 발생한 바 있다. 뿐만 아니라 의료기관에서는 통신 장애가 발생하여 일정 기간 환자 진료기록, 전산차트 등이 마비되어 응급실이 폐쇄되기도 하였다.

2019년 5월 30일에 발생한 인천광역시 적수 사태의 경우, 인천 서구지역을 중심으로 적수가 공급되어 주민의 식수, 생활용수 등의 수질오염이 발생하였고, 이후 전국으로 오염된 용수가 전파되었다. 이로 인하여 인천시 내에서만 약 26만 1천 세대가 수돗물 피해를 입은 것으로 집계되었으며, 피해보상 신청 금액이 약 93억 원에 달하는 것으로 집계되었다.

재난의 다양화 및 대형화와 그로 인한 복합적이고 연쇄적인 재난 발생은 지역의 사회·경제적 취약성, 안전시스템의 취약성과 맞물려 다양한 분야에서 막대한 재산 및 인명피해를 초래할 위험성을 가중시킨다. 그러나 재난관리 측면에서 현대의 기술, 장비, 예산 등을 활용하여 피해를 원천적으로 방지하기는 어려우며, 이는 기존의 예방적 재난관리체계의 한계가 존재함을 방증한다. 이러한 관점에서 광범위하고 연쇄적으로 피해를 발생시키는 현대 재난에 효과적으로 대응하기 위해서는 재난관리 패러다임의 변화가 필요하다.

즉 피해가 발생하더라도 신속하고 효과적으로 회복할 수 있는 능력을 갖추기 위한 재난관리로의 변화가 필요하다. 또한 재난관리는 위험요소 자체의 차단이나 제거로 극복될 수 있는 문제가 아니라는 점에서 피해의 완화, 취약성 개선, 피해에 대한 회복 능력 강화 등을 종합적으로 고려한 재난관리 전략이 필요할 것이다(Walker et al, 2004). 국가 및 지역사회가 재난 회복력 향상 및 취약성 관리를 통하여 높은 수준의 방재역량을 확보할 경우, 재난피해를 최소화하고 피해 복구를 효과적으로 수행함으로써 재난으로부터 안전한 환경을 조성할 수 있다.

오늘날 안전은 시민들의 기본권이 되었고, 안전을 위한 철저한 준비가 그 어느 때보다 필요한 시점이다. 재난으로부터 국가 및 지역사회, 개인이 안전한 삶을 지속적으로 영위할 수 있도록 피해 저감 및 복구 역량 강화를 통한 방재 역량 강화에 집중해야 할 것이다.

이 글은 미래에 발생할 수 있는 재난으로부터 안전한 도시공간을 조성하기 위하여 도시안전 정보의 구축과 공유, 재난안전 관련 통합 도시기본계획의 구축, 미래의 재난에 대비하기 위한 도시의 회복력을 향상시키고, 재난에 안전한 스마트도시를 구축하기 위한 과제들을 제안하고자 한다.

제2장 현안 및 정책 수요

1. 재난에 대한 도시 취약성 증가

급속한 도시화와 노후화, 기후변화 및 인구구성의 변화 등 도시 취약성의 증가는 재난관리의 불확실성을 가중시키는 결과를 초래한다. 우리나라의 도시화율은 2020년 현재 81.4%로, 2002년 80%대에 진입한 이후 이 수준을 유지하고 있지만 1970년의 도시화율이 40.7%였던 것을 감안하면, 30년 남짓한 기간 동안 도시화율이 두 배가 된 것이다. 도시화가 급속하게 진행되면서 수많은 국가 기반시설과 각종 건축물들이 도시에 집중적으로 건설되었다. 그 결과 2018년 12월 기준 도로, 철도, 항만 등 중대형 SOC 중 경과연수가 30년 이상인 시설의 비중은 36.8%이며, 2020년 현재 주택 5채 중 1채는 30년 이상의 노후주택이다(19.4%).

통계청 사회조사에 따르면 "건축물·시설물이 불안하다"고 응답한 비율이 2012년 21.5%에서 2018년 32.8%로 증가하여 기반시설 안전에 대한 국민 불안감이 해소되지 못하고 있음이 드러났다.

기후변화에 관한 정부 간 패널(IPCC)에서는 이미 오래전부터 장기간에 걸친 평균적인 기후변화뿐 아니라 급격한 변화를 야기하는 극한 기후·기상현상 증가에 대한 우려를 밝혔다(IPCC, 2001). 세계기상기구(WMO)에서도 최근 발표를 통해 2020년 전 지구의 평균기온이 14.9℃였음을 발표하면서 해당 온도가 산업화 이전 대비 약 1.2℃ 높은 수치이며, 역대 세 번째로 높은 수치임을 밝혔다. 우리나라의 경우, 2020년 6월에 이른 폭염이 찾아와 6월의 전국 최고기온(28.0℃) 및 평균기온(22.8℃), 폭염일수(2일) 모두 기존의 기록을 넘어서는 등 기후변화 현상이 가속화되고 있는 추세이다. 폭염 외에도, 2020년 역대 최장 기간(54일) 동안 장마가 지속되었고 이 기간 동안 전국적인 폭우가 내려 지역이 침수되고 도로시설물이 붕괴되는 등 극한기후·기상현상으로 인한 피해 규모가 커지고 있다.

인구구조의 변화 역시 재난에 대한 취약성을 높이는 추세로 변화하고 있다. 2021년 현재 전체 인구 대비 고령인구 비율은 약 16.5%로, 현재 추세대로라면 2025년 UN이 분류한 '초고령사회(전체 인구 대비 65세 이상 인구 20% 이상)'에 도달할 전망이다. 그 이후에도 2036년에는 고령인구 비율이 약 30.5%, 2060년에는 약 43.9%에 달할 것으로 전망되고 있다.

최근 10년(2011~2020) 동안 안전 취약계층에 해당하는 4개 계층(어린이, 노약자, 장애인, 국민기초생활수급자)별 인구 변화를 살펴보면, 어린이 (0~14세) 인구는 약 18.9% 감소한 반면, 노약자 인구는 약 47.3% 증가하였다. 같은 기간 장애인 인구는 약 4.51% 증가하였고, 국민기초생활수급자는 약 45.3% 증가하였다. 이를 모두 고려한 안전 취약계층의 변화를 분석하면, 안전 취약계층은 2011년 14,755,893명에서 2020 년 16,556,456명으로 약 12.2% 증가한 것으로 분석되었다. 특히 전체 인구 중 안전 취약계층 인구의 비율은 2014년부터 현재까지 지속적으로 증가하는 추세인 것으로 나타났다. 이처럼 도시의 취약성이 여러 측면에서 복합적으로 높아지는 추세를 보임에 따라 재난에 대한 취약 요소들을 선제적으로 저감하는 등의 도시 재난관리 방안 마련이 그 어느 때보다 필요한 시점이라 할 수 있다.

2. 대형 재난 및 복합재난의 위험성 증가

재난에 대한 도시의 취약성이 커짐에 따라 대형 재난 및 복합재난의 발생 가능성도 커지고 있다. 그중에서도 통상적인 재난피해의 예측 범위에서 벗어난 대규모 재난이나 새로운 유형의 재난이 빈번하게 발생하고 있다. 이러한 대형 재난은 상대적으로 발생빈도는 낮지만 발생할 경우 큰 피해를 일으킬 가능성이 높고, 불확실성이 높은데 예측 가능성은 낮아 사전예방과 사후대응이 어려운 '블랙스완(Black Swan)' 재난의 특징을 지닌다. 경주 지진(2016)과 포항 지진(2017)이 위의 특징을 지니는 대표적 사례이다. 경주 지진의 경우, 지진에 대한 위험인식이 낮은 상황에서 경주지역 일대를 중심으로 단시간에 발생하였으며,

이로 인해 약 110억 원의 재산피해와 23명의 부상자가 발생하였고, 이듬해 포항에서도 지진이 일어나 약 3,323억 원의 재산피해와 135명의 부상자가 발생하였다.

이와 같은 대형 재난은 물리·환경적으로 고밀화된 대도시에서 발생할 경우 복합재난으로 전개될 가능성이 높다. 또한 재난으로 인하여 영향을 받을 수 있는 대상이 밀집하여 위치하고 있는 고밀 대도시의 경우, 재난으로 인한 피해가 여러 분야로 연쇄적으로 파급될 가능성이 높아 복합재난에 대한 위험성이 매우 높다고 할 수 있다. 실례로 2011년 7월 집중호우로 인하여 발생한 우면산 산사태의 경우, 호우로 인한 도심 침수 및 산사태 등의 직접적인 피해가 발생함과 동시에 해당 피해가 인근 시설물의 붕괴, 정전, 통신 마비 등으로 파급되는 등 연쇄적인 피해를 일으켰다.

또한 2018년 11월에 발생한 KT 아현지사 통신구 화재사고의 경우, 통신구 안에서 일어난 화재로 인해 수도권 북서부지역 일대에서 수시간 동안 유·무선 통신장애가 발생하였고, 이는 의료기관 내 통신 장애로 인한 업무 지연, 은행업무 정지, 카드결제 단말기 장애로 인한 영업피해 등의 연쇄적인 피해를 일으켰다. 관련 사례를 종합해보면, 더욱 고밀화되고 있는 현대의 도시는 신종 대형 재난뿐 아니라 재난 발생으로 인한 피해가 다른 분야에 연쇄적으로 파급되어 추가적인 피해를 지속적으로 양산하는 등의 복합재난의 위험수준이 매우 높다고 할 수 있다.

제3장 정책 과제

1. 재난안전 관련 통합적 도시기본계획 수립

우리나라의 국토계획은 「국토기본법」에 따라 국토를 계획함에 있어 국토 전역을 다루는 국토종합계획을 수립하고, 이에 근거하여 도 또는 특별자치도의 도종합계획, 특별시·광역시·시 또는 군의 관할 구역의 시·군종합계획을 수립하도록 하고 있다. 또한 도시계획은 「국토의 계획 및 이용에 관한 법률」에 따라 광역계획권에 대한 광역도시계획과 특별시·광역시·특별자치도·시·군의 관할 구역에 대한 도시·군기본계획 및 도시·군관리계획을 수립하도록 하고 있다.

재난 및 안전관리 계획은 「재난 및 안전관리기본법」에 따라 국가 차원의 안전관리계획을 수립하는 국가안전관리기본계획과 이에 근거한 시·도안전관리계획, 시·군·구안전관리계획을 수립하도록 하고 있으며, 그 외에도 「자연재해대책법」에 따라 시·도 및 시·군·구의 자연재해저감종합계획을 수립하도록 하고 있다.

국토 및 도시계획의 가장 상위 계획 성격을 지니는 제5차 국토종합계획(2020~2040)에서는 주요 정책 과제 중의 하나로 안전하고 회복력 높은 안심국토 조성을 제시하고 있다. 세부 목표로 '국토관리 전(全)주기 방재체계의 구축·이행', '기후변화에 대응한 안전국토 구축', '지역 특성을 고려한 통합적 방재체계 구축', '사람 중심의 안전체계 구축', '지능형 국토방재 기반 구축과 유지·관리의 고도화'를 포함하고 있다. 이를 광역시·도, 시·군·구의 도시계획에 반영하기 위한 실천 계획의 성격인 제5차 국토종합계획실천계획(2021~2025)에서도 상기 목

[그림 2-3] 국토 및 도시계획과 재난 및 안전관리계획의 위계

근거 법률	계획의 종류	
국토 및 도시계획	국토기본법	국토계획	국토종합계획
			도종합계획
			시·군종합계획
	국토의 계획 및 이용에 관한 법률	도시계획	광역도시계획
			도시·군기본계획
			도시·군관리계획
재난 및 안전관리 계획	재난 및 안전관리 기본법	안전관리계획	국가안전관리기본계획
			시·도안전관리계획
			시·군·구안전관리계획
	자연재해대책법	자연재해저감종합계획	시·도자연재해종합저감계획
			시·군자연재해종합저감계획

표의 실현을 위한 세부 실천 과제로 다음과 같은 10개 사항들을 계획하고 있다.

① 건축물 설계기준 강화(소관 부처: 국토교통부, 이하 동일), ② 소규모 교량 점검·진단 및 보수·보강, ③ 노후철도 시설물 적기 개량, ④ 생활안전 사각지대 해소, ⑤ 생활안전 위험요인 해소 및 기반시설 안전투자 강화, ⑥ 기후변화에 대응한 철도사고 예방 및 열차안전 운행 확보, ⑦ 지진 대피 장소 관리. ⑧ 지하공간 안전체계 구축, ⑨ 시설물정보관리시스템 고도화, ⑩ 첨단기술을 활용한 인프라 유지관리 고도화이다.

위에서 살펴본 것처럼 재난 및 안전관리분야 계획 외에도 국토 및 도시를 대상으로 심화되고 있는 재난의 위험성 및 취약성을 저감하기 위한 도시계획 차원의 세부적인 정책들이 수립되고 있다. 이는 「자연재해대책법」 제16조의 5항에서 규정하고 있는 "광역도시계획, 도시·군기본계획 및 도시·군관리계획 수립 시, 시·군 및 시·도 자연재해저감종합계획을 반영하여야 한다"는 사항에 근거한다. 반면 안전관리계획 및 자연재해저감계획 수립 시에 국토 및 도시계획을 반영하여야 한다는 사항은 관련 법령에서 규정하고 있지 않아 재난 및 안전관리계획(자연재해저감종합계획)의 내용이 국토 및 도시계획에 반영되는 식으로 계획 간 연계가 이뤄지고 있다.

그럼에도 국토 및 도시계획 내에서의 재난 및 안전관리 계획 및 정책들은 여러 정책들 중의 하나로서, 그 위상이 상대적으로 낮고 수립된 사항들이 원론적 수준에 그치고 있으며, 각각의 도시가 지니는 여건과 특성을 고려한 구체적 계획에 관한 사항은 미흡하게 마련되어 있다. 또한 도시계획 내에서 제시되고 있는 재난 및 안전 관련 대부분의 계획들이 재난에 대한 피해 저감을 위한 보수·보강 등의 구조적 정책으로 구성되어 있어 '안전하고 회복력 높은 안심국토 조성'이라는 목표를 달성하기 위한 복합적인 도시계획적 요소들을 모두 담지 못하고 있는 실정이다.

또한 국토 및 도시계획과 재난 및 안전관리계획 간의 연계가 잘 이뤄지지 않아 안전관리계획에서 다루고 있는 방재와 관련된 구체적인 계획과 정책들이 도시계획에 충분히 반영되지 못하고 있는 한계가 존재한다. 해당 계획 간의 연계가 매우 중요함을 인지하여 시·군종합계획(도시·군기본계획, 도시·군 관리계획)의 수립 지침에서는 계획 수립 시에 방재·안전 부문의 내용을 포함하고 방재와 관련하여 일반적인 방재대책(하천, 하수도, 펌프장 등)뿐 아니라 토지이용과 관련된 도시계획적 방재대책을 제시하도록 명시하고 있지만 역시 구체적인 실현 방안보다는 선언적인 수준에 그치고 있는 한계가 있다. 실제 지방자치단체에서 수립한 기본 계획을 살펴보면 대책 수립, 검토, 마련, 방안 강구 등 선언적 표현이 다수를 차지하며, 담당 부처와의 역할 분담, 예산계획 등 구체적인 사항은 포함되지 않은 것을 확인할 수 있다.

위에서 살펴본 여러 한계점을 고려했을 때 국토 및 도시의 정비·개발 측면에서 수립되는 도시계획과 재난의 예방 및 피해 저감, 복구 등의 사항을 계획하는 재난 및 안전관리계획이 서로 연계될 필요가 있다. 이미 관련 법률 및 지침에서 연계를 통하여 계획을 수립하도록 규정하고 있지만 현재의 연계는 도시계획 수립 시에 재난 및 안전관리계획의 일부 사항이 반영되는 수준으로만 규정하는 등 여전히 한계는 존재한다.

이러한 한계를 개선하기 위하여 단순히 계획 내용의 연계에 그치는 것이 아니라 도시계획의 요소와 안전관리계획의 요소를 서로 쌍방향으로 연계함으로써 국토·도시의 통합적인 재난 및 안전관리계획을 수립할 필요가 있다. 또한 재난 예방 및 피해 저감 등 재난 예방·대비·대응을 위한 계획 내용뿐 아니라 재난피해 복구에 관한 구체적인 계획들이 추가적으로 보완될 필요가 있다. 이 경우에도 도시의 신속한 일상회복과 도시 전체의 재난 회복력 향상을 위하여 도시계획 간의 연계가 필수적이다.

추가적으로, 대규모 재난 상황을 가정한 대규모 대피 계획이 반영될 필요가 있다. 인구가 밀집한 대도시 지역을 대상으로 대형 재난 발생의 위험이 증대됨에 따라 재난으로부터 수많은 인원들을 효과적으로 대피시키기 위한 계획 수립이 필요하다. 재난 대응계획 내에 대규모 대피 상황 시 인근 지자체 간의 협력 및 대피소·구호물자 등의 물자 확보·공급, 대규모 인원들의 대피 지원을 위한 운송수단 확보·운송계획 등 대규모 재난 상황 시의 대피계획을 구체화하여 보완할 필요가 있다.

2. 도시안전정보 공개 및 시민참여 기반 도시안전정보 수집·공유

도시에서 발생하는 재난 또는 그 밖의 사고·위험으로부터 국민의 안전을 확보하고 더 큰 피해가 발생하지 않도록 하기 위해서는 발생 가능한 재난 및 각종 사고를 사전에 파악하여 대비하거나 발생한 위험에 대해 신속하게 대응하는 것이 중요하다. 「재난 및 안전관리기본법」제66조의 9조항은 "재난 및 각종 사고로부터 국민의 생명과 신체 및 재산을 보호하기 위하여 재난이나 각종 사고에 관한 통계, 지리정보 및 안전정책 등에 관한 안전정보를 수집하여 체계적으로 관리하여야 함"을 명시하고 있다.

재난 및 안전사고에 대한 국민의 안전권이 중요시됨에 따라 국민들의 생활과 밀접한 관련이 있는 재난 및 사고 등의 안전정보 공개에 대한 요구가 증가하고 있으며, 이러한 관심은 시민들 또한 직접 안전정보나 도시 곳곳의 위험요인에 대한 정보를 공유하여 시민의 안전을 향상하고 피해를 낮추는 데에 일조하고 있다.

현재 우리나라에서 수집·공유되는 안전정보는 크게 여러 부처에서 수집·운영하는 다양한 재난 및 사고 유형에 관한 안전정보와 시민들의 참여 및 공유로 수집되는 실생활과 밀접하게 관련된 안전정보 등으로 구분할 수 있다. 수집된 안전정보들은 부처·관계 기관에서 운영하는 시스템, 홈페이지 등을 통해 제공되거나 SNS, 애플리케이션 등 다양한 플랫폼을 통해 제공되고 있다.

그러나 현재 다양한 안전정보들은 여러 부처에서 운영하는 각 시스템이나 홈페이지 등에 산재해 있어 접근이 쉽지 않은 경우가 있으며, 경우에 따라 여러 이유로 국민이 실제 필요로 하는 정보 등이 공개되지 않는 경우가 있다. 물론 모든 안전정보 등이 반드시 공개되어야 하는 것은 아니다. 「공공기관의 정보공개에 관한 법률」에 따르면 일반적으로 공공기관이 보유·관리하는 정보는 공개하는 것이 원칙이나 국방·외교 등 국가의 중대한 이익을 해치거나 국민의 생명 보호 등에 지장을 초래할 우려가 있는 정보, 민감한 개인정보, 진행 중인 재판에 대한 정보 등의 경우에는 일반적으로 비공개로 규정하고 있다.

그러나 정보의 비공개에 대한 선정 기준은 다소 모호한 측면이 있고, 위에서 언급한 사항 외에도 '공개될 경우 부동산 투기, 매점매석 등으로 특정인에게 이익 또는 불이익을 줄 우려가 있다고 인정되는 정보' 등의 이유로 국민의 안전권이나 알 권리에 우선하여 정보가 비공개되는 경우들이 있다.

이로 인해 국민의 안전을 위협하거나 피해를 발생시킬 수 있는 재난·사고 유형에 대한 정보임에도 국민들에게 공개가 되지 않거나, 국민들이 원하는 정도의 수준까지는 공개되지 않는 경우들이 있다. 일례로 환경부에서 작성하는 홍수위험지도의 경우, 그간 정보의 공개 요청에 대하여 지자체에서 민원 등의 여러 사유를 들어 해당 정보를 비공개하는 경우가 빈번했다. 비록 언론 문제 제기 등을 통해 2021년 3월부터 온라인으로 홍수위험지도가 공개되고 있으나 미국의 홍수보험지도에 비하면 현재 공개되고 있는 홍수위험지도의 정보는 실제로 국민들이 필요로 하는 정보에 미치지 못하는 수준이다([그림 2-4]).

미국 FEMA가 작성하는 FIRM(Flood Insurance Rate Map)은 지자체의 홍수관리 계획 수립 시 기초자료로 활용할 수 있을 뿐 아니라 일반인들에게도 공개하고 있어 개인이 사는 지역의 홍수 위험도를 판단할 수 있을 정도로 상세히 공개되고 있다. 또한 건물 단위까지 위험도를 공개하고 있는데, 이는 정보의 공개 범위가 한정적인 우리나라의 홍수위험지도와 대비되는 부분이다.

지역의 구체적인 자연재해 피해 현황에 관해 기술하고, 피해 저감을 위해 수립되는 자연재해저감종합계획 역시 아직까지 시민이 직접 제공받기는 어려운 실정이며, 국민의 안전권 및 알 권리에 해당하는 정보임에도 정보공개 청구를 해야만 전달받는 등 접근이 어려운 경우가 있다. 이러한 사례는 재난 및 위험으로부터 국민의 안전을 확보하고 잠재적인 피해를 줄이는데 한계점이 존재함을 보여준다.

비록 재난 및 사고 유형의 안전정보 공개에 있어 아직 미흡한 점이 있지만, 최근에는 시민으로부터 실생활 주변의 사고나 위험을 유발할 우려가 있는 위험요인, 안전정보 등을 공유받음으로써 안전정보 공개에 따른 한계를 어느 정도 보완하고 신속한 대응을 수행하고 있다. 또한 재난이 발생했을 때 SNS나 지자체의 플랫폼 등을 통해 시민들이 직접 지역의 재난 상황과 안전정보를 공유하여 피해를 줄이거나 시민들이 직접 참여하는 커뮤니티 매핑(Community Mapping)을 통해 지역의 위험요인들에 대해 공유하는 선례들이 증가하고 있다.

[그림 2-4] 우리나라 홍수위험지도 정보시스템(좌), 미국의 Flood Insurance Rate Map(우)

예를 들어, 2012년 미국에서 허리케인 Sandy가 발생했을 때 시민들이 트위터나 페이스북 등 SNS를 이용해 동네·지역의 피해 상황, 대피 순서, 구조·구급·대피소 정보 등을 실시간으로 업로드하여 정보를 상호 간에 공유하였다. 시민들이 공유한 정보를 시·주 정부, 행정기관, 기업이나 NGO 단체 등에서 운영하는 SNS에서 재공유하고, 도움이 필요한 곳에 즉각적인 지원을 하여 피해를 줄이고 신속한 대응을 가능케 했던 선례들이 있다([그림 2-5]).

또한 커뮤니티 매핑 등을 통해 지역 구성원들이 참여하여 동네의 안전 취약요소, 위험요소 등에 대한 지도를 제작하고 이를 공유함으로써 지역의 안전 역량을 강화하는 사례도 있다. 대구시에서는 시민, 자원봉사자, 교육자 등이 모여 코로나19 마스크 커뮤니티 매핑을 통해 전국 마스크 판매처의 재고현황 데이터를 수집하고 실시간으로 지도에 보여줌으로써 시민들이 마스크를 구매하는데 도움을 주었다. 또한 경기도 김포시와 포천시 자원봉사센터에서는 미세먼지 문제를 해결하

[그림 2-5] 시민참여 기반 안전정보 수집·공유의 예

기 위해 실시간 미세먼지 측정 커뮤니티 매핑 활동을 통해 경기도 지역의 미세먼지 실태를 시각화하여 공유하는 등 시민의 참여를 통해 지역의 안전정보를 공유하고 있다.

이러한 시민참여를 통한 안전정보의 수집, 안전신고 및 위험요인 감지 등은 기존의 한정된 안전정보의 공개가 갖는 한계점을 어느 정도 보완해줄 수 있을 것으로 보인다. 또한 실생활 주변에서 접할 수 있는 안전에 대한 사항을 빠르게 공유받고 이에 대응함으로써 안전정보에 있어 지자체 및 행정 당국과 국민들 간 쌍방향 소통이 가능하다는 점에서 매우 고무적이라 할 수 있다. 하지만 아직까지 시민들이 활발하게 생활 영역에서의 안전정보들에 대해 활발하게 공유할 수 있는 플랫폼 등은 많지 않은 상황이다.

따라서 복합재난의 발생이나 미래의 대규모 재난 발생으로부터 국민의 생명을 보호하고 효과적으로 대응하기 위해 안전정보의 공개 유형 및 범위를 확대할 필요가 있으며, 동시에 행정기관에서 미처 파악하지 못한 안전정보 등에 대해서는 시민들의 참여와 공유를 통하여 다양한 안전정보에 대한 공개가 이루어질 수 있도록 해야 한다. 또한 시

민들이 생활 주변에서 발생할 수 있는 잠재적인 재난 및 사고에 대한 다양한 안전정보를 제공받고, 서로 공유할 수 있도록 지자체에서 이와 관련된 프로그램, 정보공유 플랫폼 등을 구축할 필요가 있다. 안전정보에 대한 정부의 투명한 공개와 생활 주변의 위험요인을 알리려는 시민들의 노력 등 쌍방향적 소통은 재난 및 사고 발생 피해를 최소화하는 선순환으로 작용할 것이다.

3. 안전 취약계층의 특성을 고려한 재난 대응

기후변화, 기반시설의 노후화, 고령화 인구 비율의 증가 등 도시의 사회경제적 변화 및 인구구조의 변화는 재난에 대한 취약성을 더욱 증가시키는 역할을 한다. 그중에서도 개인이나 집단의 특성, 처한 상황 등에 따라 재해 영향의 예측, 대응, 저항 등의 역량이 비교적 낮아 재난에 취약한 개인이나 집단이 증가하고 있다. 이러한 특성을 갖는 개인이나 집단을 '안전 취약계층'이라 명명하고 있으며, 주로 고령자, 영유아, 장애인, 임산부, 기초생활수급자, 외국인 등과 같이 재난 발생 전 과정에서 사회경제적, 신체적, 정신적, 언어적으로 재난에 대응하는 데 제약이 있는 개인 또는 집단을 의미한다.

일반적으로 동일한 재난 및 사고를 경험하더라도 안전 취약계층은 다른 개인이나 집단에 비해 더 많은 피해를 입는 경향이 있으며, 특히 예측 불가능한 재난이나 화재·지진과 같은 신속한 대피가 중요한 재난이 발생했을 때 빠르게 대피하는 것이 불가능한 경우가 많다. 또한 대다수의 안전 취약계층이 자력으로 대피가 힘든 경우가 많으며, 관련 정보들에 대해 즉시 제공받지 못하는 경우 등이 많아 즉각적인 대피나 대응이 어려운 실정이다.

실례로, 2019년 4월 발생한 강원도 산불 사고에서 재난방송 및 안전대피 문자가 지속적으로 발령되었으나 재난방송에서 수어통역이나 화면 해설 등의 방송이 전혀 제공되지 않아 시·청각 장애를 가진 사람들은 산불 발생을 인지하거나 진행 상황을 가늠하기 어려웠다. 또한 신체적 어려움을 지닌 안전 취약계층의 경우에 자력 대피가 불가능하거나 시설의 물리적 특성에 따라 대피 시 제약을 겪기도 한다. 예를 들어, 대피소의 위치가 멀어 접근성이 좋지 않거나, 대피소로 지정된 시설이 휠체어 진입이 불가능한 곳일 우려가 있으며, 건물 내에서 엘리베이터를 사용하기 어려울 때, 고령자나 장애인의 신속한 대피가 어려울 수도 있다. 이러한 일련의 상황들은 다수 시민의 대피가 필요한 대형 재난이 발생했거나 발생할 징후가 보일 때 더욱 큰 문제를 일으킬 수 있다.

모든 사람이 한꺼번에 대피하다 보면 거동이 불편하거나 즉각적인 정보를 전달받지 못하는 안전 취약계층은 골든타임 내에 대피하기 어렵거나 대피 과정 중 피해를 입을 우려가 있다. 그러나 현재의 재난 대응 매뉴얼이나 재난 대피 행동요령 등은 안전 취약계층의 다면적 특성을 다 고려한다고 보기에는 한계가 있으며, 여전히 사각지대에 놓여 있는 취약계층이 있고, 대피소나 대피경로의 특성에 따라 해당 시설을 사용하지 못하는 안전 취약계층이 있을 수 있다. 따라서 위기 상황 시 안전 취약계층이 먼저 대피할 수 있도록 배려하는 것이 필요하며, 대피 행동요령이나 대응 매뉴얼 등을 수립할 때 안전 취약계층의 다면적 특성들이 면밀히 고려될 필요가 있다.

이렇듯 안전 취약계층은 재난으로부터 더 큰 피해를 입거나 회복하는 데 더 오랜 기간이 소요될 수 있으며, 재난 대응 과정에서 외부의 지원을 필요로 하는 경우가 많다. 따라서 안전 취약계층에 대한 적절한 지원을 위한 계획 등이 수립되어야 하며, 이를 위해서는 해당 지역의 안전 취약계층 인구를 파악하고, 안전 취약계층에 속하는 각 개인들이 재난 상황에서 어떠한 지원을 제공받길 원하는지 등에 관해 파악할 필요가 있다. 이와 관련하여 미국 샌프란시스코의 Human Services Agency(SF_HSA) 부서는 Office of Economic and Workforce Development(OEWD)와의 협력을 통해 도시 내의 취약계층(저소득가구, 장애인, 노숙인, 외국인 등)을 조사하고 데이터베이스를 구축하고 있다. 또한 확인된 안전 취약계층을 대상으로 필요한 지원이나 서비스에 대한 사항을 사전에 조사하여 재난이나 위기 상황 발생 시 즉시 해당 사항을 지원하여 피해를 줄이는 데 도움을 주고 있다.

안전 취약계층 인구를 확인하는 것뿐 아니라 재난 대피 측면에서도 안전 취약계층의 특성을 반영한 대피 계획을 수립하는 것이 필요하다. 이와 관련하여 일본의 「재해대책기본법」 개정안에서 고령자와 장애인을 위한 '개별 대피계획'을 마련하는 것을 지방자치단체의 의무로 지정하고 있다. 개별 대피계획은 재해 발생 시 스스로 대피하는 것에 어려움을 겪는 노인과 장애인들을 대상으로 이들을 취약계층으로 등록하여 관리할 것을 규정하고 있다. 또한 각 개인의 대피장소와 대피 방법, 대피경로를 설정하고 그 과정에서 해당 지역의 대상자가 어떤 종류의 지원을 받을지를 정의하는 등의 내용이 포함되어 있다.

일본의 사례에서처럼 우리나라도 혼자서는 대피하기 어려운 중증 장애인이나 고령자 등을 대상으로 일반적인 대피경로와 분리한 별도의 대피경로를 설정하여 신속히 대피할 수 있도록 지원하는 것이 필요하다. 또한 재난 발생이 장기적으로 지속되거나 복구까지 긴 시간이 소요될 것으로 예상되는 경우, 기존 대피소로 지정된 시설에서 생활하는 것이 곤란한 고령자, 장애인 등 안전 취약계층을 위한 대피소를 별도로 지정·개설하는 것도 하나의 좋은 대안이 될 수 있다.

그러나 이러한 정책 등을 개선·수립하기 위해서는 미국의 사례와 같이 우선대피 등 개별적 지원이 필요한 안전 취약계층의 현황을 파악하고, 잠재적인 안전 취약계층 인구를 파악·예측하여 관리하는 것이 선행되어야 한다. 또한 지역의 요양보호시설 및 의료기관, 비영리단체 등과 협력하는 체계를 구축하여 안전 취약계층이 필요로 하는 지원이나 서비스 등에 대해 면밀히 살피고 제공할 필요가 있다.

4. 미래 재난 대비 도시 회복력 향상

도시재난은 그 발생 시기나 지점을 예측하기 어려우며 발생 시 피해가 쉽게 확대된다는 특성이 있다. 이에 유연하고 효율적으로 대처하기 위해서는 도시의 역량을 강화해야 한다는 지적이 계속되어 왔다. 이를 바탕으로 '도시 회복력 증진'의 내용을 담은 '센다이 프레임워크' (Sendai Framework for Disaster Risk Reduction)가 2015년 제3차 세계재난위험경감회의(Global Platform for Disaster Risk Reduction)에서 채택되었다.

회복력(Resilience)은 '다시 돌아오는 경향', '이전 상태로 돌아가는 능력'을 뜻하는 용어로, 1973년 생태학자 C. S. Holling이 "시스템의 지속성을 유지하고 변화와 교란을 흡수하며 인구나 상태변수 사이의 동일한 관계를 유지하는 능력"으로 정의하면서 학문적 개념으로 주목받기 시작하였다. 우리나라에서는 복원력, 탄력성, 회복탄력성 등 다양한 용어로 사용되고 있다. 특히 회복력을 위해 취해지는 구조적, 비구조적 조치들이 도시라는 공간 안에서 실행된다는 점에서 도시 회복력(Urban Resilience)이라는 용어가 중요하게 사용되고 있다. 재난관리의 측면에서도 피해가 발생하더라도 신속하고 효과적으로 회복할 수 있는 능력, 즉 회복력을 갖추는 것이 중요해지고 있다.

도시 재난관리는 회복력을 강화하여 도시의 재난위험을 경감하는 것으로 패러다임이 변화하고 있으며, 이러한 맥락에서 유엔 재난 위험 경감사무국(UN Office for Disaster Risk Reduction: UNDRR)은 세계 도시들의 재난 위험 경감 역량 강화를 목적으로 기후변화와 재난에 강한 도시 만들기(Making Cities Resilient: MCR) 캠페인을 추진해오고 있다.

UNDRR은 MCR 캠페인을 통해 도시 회복력 증진을 위한 10대 필수 이행사항을 제시하고 있으며, 10가지 주요 사항은 다음과 같다. ① 재난 회복력을 위한 조직 구성 및 이행 준비, ② 현재와 미래 위험 시나리오 분석, 이해, 활용, ③ 재난 회복력을 위한 재정적 역량 강화, ④ 회복력 있는 도시개발과 설계 추구, ⑤ 자연생태계가 제공하는 보호 기능 강화를 위한 자연 완충재 보존, ⑥ 회복력을 위한 제도적 역량 강화, ⑦ 회복력을 위한 사회적 역량 이해 및 강화, ⑧ 사회 기반시설의 회복력 강화, ⑨ 효과적인 재난 대비와 대응력 확보, ⑩ 신속한 복원과 더 나은 재건이다. 각각의 사항에 대하여 스코어카드를 통해 평가하여 최소 세 가지 이상의 사항에 대하여 우수한 성과를 내는 경우 일정한 절차를 거쳐 UNDRR 재난위험경감 롤모델 도시로 인증하고 있다.

이 밖에도 록펠러재단 100대 회복력 도시(100 Resilient Cities: 100 RC), 유럽 스마트 회복력 도시 등 도시 회복력 증진을 위한 국제적인 프로젝트나 지속가능성을 위한 세계지방정부 이클레이(ICLEI)에서 개최하는 회복력 관련 세계의 도시 간 네트워크(Resilient Cities Network: RCN) 등을 통해 도시 회복력을 강화하는 방향에 대한 논의들이 계속 이어져 오고 있다.

회복력에 대한 세계적인 관심과 배경 속에서 우리나라의 여러 도시들도 도시 회복력을 향상하기 위해 노력하고, MCR 캠페인이나 회복력 도시 네트워크 등에 참여하고 있다. 그 노력의 결과, 인천광역시를 시작으로 울산광역시와 서울특별시가 재난위험경감 롤모델 도시 인증을 획득하여 활동 중이다. 서울시에서는 UNDRR과 함께 재난위험경감을 위한 최신 연구 동향 및 사례를 공유하고 국제협력을 통한 도시 회복력 강화 방안을 논의하고자 2019년과 2020년 '서울 국제 도시 회복력 포럼'을 개최하기도 하였다.

점차 대형화되고 복합화되는 잠재적인 재난에 대응하고, 빠르게 회복하기 위하여 재난위험경감을 위한 도시 회복력이 강조되고 있는 상황에 발맞춰 국내 많은 도시들에서 도시 회복력을 강화하기 위한 여러 프로젝트, 캠페인 등에 참여하고 있다. 그러나 실질적으로 도시 회복력 강화를 위한 계획이나 정책수립 등으로 이어지지는 않고 있으며 일부 도시를 중심으로 진행되고 있는 실정이다. RCN에 참여하고 있는 도시들의 경우 대다수 도시 회복력 강화계획 혹은 Resilience Strategy를 수립하고 있으나 국내에서는 서울시에서 도시 회복력 강화계획을 수립할 뿐 다른 도시들에서는 유사한 계획들이 잘 수립되어 있지 않거나 논의의 초기 단계에 있는 상황이다. 따라서 미래 재난에 대비하여 도시 회복력을 강화하기 위한 계획 수립이나 기존의 재난 및 안전관리계획 등에서 도시 회복력에 대한 내용을 추가적으로 고려하여 계획을 수립·개선하는 것이 필요하다. 또한 UNDRR에서 진행하는

MCR 캠페인이나 도시 간 네트워크 구축 등을 통하여 도시 회복력에 대한 우수 사례를 공유하고, 재난관리 측면에서 도시 회복력을 강화할 수 있는 전략들을 수립하는 것이 필요하다.

도시 회복력 증진을 위한 계획 및 전략들이 도시에 반영되기 위해서는 도시 회복력에 관한 전문지식을 지닌 재난관리 담당 공무원을 확충하는 것도 필요하다. 지역별로 재난안전 관련 공무원을 지속적으로 확충하고 있지만 타 분야에 비해 여전히 인력은 부족한 상황이며, 인력 부족은 향후 지역의 능동적인 재난관리를 저해하는 요소로 작용할 우려가 있다. 특히 재난관리에 대한 전문지식을 보유하지 않은 인력이 보충되는 방식으로 재난관리 인력이 확충되고 있어 향후 지역의 재난피해 저감, 도시 회복력 향상 등 체계적인 재난관리가 이뤄지기 어려운 한계가 있다. 지역별 재난에 대한 특성을 고려한 지역맞춤형 재난관리와 함께 도시 회복력을 증진하기 위한 정책들을 체계적으로 시행하기 위하여 재난관리 담당 공무원을 확충함과 동시에, 담당 공무원의 전문 역량을 강화할 필요가 있다.

도시 회복력 증진을 위한 전문성을 확보하기 위하여 재난 관련 전문인력을 양성하는 것도 필요하다. 산·학을 중심으로 재난 관련 전문인력을 양성할 수 있는 교육 및 실무 프로그램을 활용하여 학술적·기술적·실무적 전문역량을 모두 겸비한 전문인력을 양성하여 관련 분야에 배출할 필요가 있다. 행정안전부는 재난안전 인재 양성을 위해 현재 10개 대학을 대상으로 2020~2022년 재난관리 및 지진방재 분야 전문인력사업을 지원하고 있다. 재난안전 분야 전문인력을 배출하기 위해 교과목 및 교육 프로그램 개발. 연구장비 확충, 장학금 지급 등을 지원하고 있으며 이를 통해 지진방재 분야의 연구개발 및 핵심 인력

양성을 목표로 하고 있다.

하지만 현재 재난 관련 전문인력 양성을 위한 프로그램은 지진, 화재 등 특정 재난에 집중되어 있다는 한계가 있다. 복합재난, 기후변화, 신종 전염병 등 미래 발생할 수 있는 재난을 효율적으로 관리하기 위해서는 현재 제한적으로 운영되고 있는 재난안전분야 전문인력 양성 사업을 다양한 자연재난 및 사회재난 등 변화하는 재난환경에 발맞춰 확장될 필요가 있다. 또한 기존의 예방적 재난관리와 더불어 도시 회복력 등 재난 발생 이후 지역의 회복과 관련된 전문역량 향상 방안도 필수적으로 고려되어야 한다.

5. 미래 재난 대비 스마트도시 구축

재난 발생에 따른 피해 규모가 점차 대형화되고, 이상기후나 기후변화 등으로 인해 재난 발생이 점점 예측 불가능해지면서 기존의 기술로는 재난 발생을 예측하거나 적절한 대응을 하는 것이 어려워지고 있다. 이에 재난 안전관리 측면에서 ICT 등의 신기술과 방재·안전 서비스를 접목한 스마트 안전 서비스에 대한 관심이 높아지고 있다. 스마트 안전은 스마트도시에서 제공될 수 있는 서비스 중 하나로 「스마트도시 조성 및 산업진흥 등에 관한 법률」에서 정의하고 있다.

스마트 안전은 빅데이터, IoT(Internet of Things), 클라우드 컴퓨팅 등 ICT(Information and Communication Technologies)를 이용하여 조기 예측을 통한 선제적 예방과 대비를 할 수 있고 즉각적인 재난정보 전달로 피해 규모를 축소하거나 재난의 현장에서 사람이 할 수 없는 일을 로봇이 대신 수행할 수 있도록 한다. 스마트 기술을 활용하여 재난 예측을 분석하거나, 재난 피해를 경감하는 등 지역 상황에 맞는 맞춤형 안전서비스 등의 제공이 이루어지고 있으며 국내·외에서 활발하게 활용되고 있다.

스마트 안전도시의 국외 사례로 일본은 노후 기반 시설물의 예방적 유지관리를 위해 사물인터넷을 활용하여 계측, 모니터링, 위험진단 등을 수행하고 있다. 재난이 다수 발생하는 일본은 예방 중심의 재난관리를 위하여 사물인터넷 기반의 센서 기술을 도입하여 실시간 모니터링, 이상징후 감지, 데이터 분석으로 재난을 예측하고 위험요소를 제거하고 있다.

싱가포르에서는 빅데이터와 증강현실의 기술을 이용한 디지털 트윈 시티인 버추얼 싱가포르(Virtual Singapore)를 구현하여 재난 피해를 예측하거나 군중·분산 모델링 및 시뮬레이션을 통해 응급 상황 대피 절차를 수립하는 등 도시에서 발생할 수 있는 문제를 예측하고 해결방안을 수립하고 있다. 또한 교통흐름과 보행자 이동 패턴 분석 앱 등 데이터 기반의 응용 프로그램을 개발함으로써 도시 개발에 필요한 다양한 정보를 제공하고 있다.

미국에서는 현실세계와 가상세계를 연결하는 사이버 물리시스템(Cyber-Physical Systems: CPS)과 관련한 프로젝트 및 다양한 기술을 융합하는 스마트 아메리카(Smart America)를 구축하고, 이를 재난 및 안전관리에 활용하고 있다. 대규모 시민이 모이는 행사 개최 시 발생할 수 있는 사고를 예측·예방하며, 무인비행기, 로봇, 전자통신 및 컴퓨터를 사이버 물리시스템과 결합하여 재난현장에 투입하고, 스마트폰 사용자의 패턴을 분석하여 재난 발생 시 정보를 실시간으로 공유한다.

버추얼시티 또는 사이버 물리시스템은 스마트 안전도시 구축 및 운영에 있어 기반이 되는 기술로 재난 발생에 대한 가상실험 진행, 피해 예측 및 도시 문제 해결의 기능을 수행하고 있다.

우리나라에서도 지자체별 상황에 따라 필요한 스마트 안전 서비스를 계획하거나 시행하고 있다. 서울시에서는 치안 안전(여성 안심생활권), 화재 및 교통에 관련된 스마트 안전 서비스를 추진 중에 있다. 안전 사각지대 해소는 여성안심생활권 확대를 위해 자치구 통합관제센터를 구축하고 CCTV를 활용하여 사회안전서비스를 조성하는 것을 목표로 한다.

'스마트 화재 예방'은 낙후된 시설과 복잡한 골목 구조의 전통시장에 화재가 지속적으로 발생하는 것을 예방하고, 신속 대응하기 위해 IoT 기술을 접목한 전기안전 원격감시시스템을 설치하여 24시간 화재감시 체계를 구축하는 서비스를 제공한다. '스마트 인프라 관리'는 보행자 무단횡단 및 운전자 과속을 예방하기 위해 신호 위반 상황에 따른 음성안내 혹은 LED 집중조명 설치로 야간 횡단보도의 시인성을 강화하는 '스마트 횡단보도 구축' 서비스와 에너지 절감과 도로 조명을 효율적으로 관리하기 위해 가로등이나 점소 등에 원격관리가 가능하도록 IoT센서를 설치하는 '스마트 가로등 제어 시스템 구축' 서비스와 같이 노후된 공공 인프라를 모니터링하고 도시 인프라를 관리하는 스마트 기술 기반 안전서비스이다.

울산광역시에서는 홍수, 유해화학물질과 관련된 안전 서비스를 통해 시민들에게 재난·안전 서비스를 제공하고 있다. 'ICT 기반의 스마트 홍수재난관리시스템'은 태화강 배수문에 원격제어 배수 시스템을 설치하여 강의 범람에 따른 피해를 최소화하고, 주요 하천의 재난 발생 위험지역을 감시하고 사각지대에 관측용 CCTV를 설치하여 신속한 재난 대응 체계를 확립하는 시스템이다. '유해화학물질 안전대응시스템'은 국가산단 내 유해화학물질 유출 시 신속한 상황 판단 및 대피경로 지원을 위해 IoT 기술을 활용한 실시간 모니터링 시스템이다.

부산 에코델타시티에서는 교통, 범죄, 재난 예측과 관련된 스마트 안전 서비스를 추진하고 있다. '비상 대응 최적화 시스템'의 경우, IoT 센싱 인프라를 활용하여 응급차량 출동 시 지능형 신호체계와 연동하고 이동 경로 위에 있는 차량에게 실시간 상황 메시지를 알려주어 도착시간을 최소화하는 기술이다. '스마트 대피 에이전트'는 스마트시티 내에 건축되는 ○층 이상 빌딩을 대상으로 지능형 대피 유도 시스템을 구축하여 재난 상황별 최적 대피경로로 안내해주는 서비스이다.

'지능형 도시 모니터링'은 지능형 모니터링 인프라(해저 광통신케이블, CCTV 등)를 기반으로 지진 관측 및 쓰나미 예·경보 시스템을 도입하거나 치안 사고 사전 예방을 지원하는 서비스이다. '스마트도시안전관리'는 IoT 안전 인프라를 4대 분야(기상, 범죄, 교통, 화재)에 활용함으로써 재난·재해의 예측 기능으로 위험지역 등을 사전에 진단, 예방하고 피해를 최소화하기 위해 구축된 스마트 안전 관리서비스 기능이다. 이처럼 스마트도시의 구축을 통해 안전한 도시공간을 조성하기 위한 노력은 지속적으로 이루어지고 있다.

안전을 위한 대비가 더 중요해진 시점에서 스마트 안전은 사고 혹은 재난으로부터 피해를 예방하고 즉각적인 대응과 신속한 재난 복구에 효과적으로 기여하여 피해를 줄일 수 있다. 스마트 안전기술이 적용된 스마트도시는 시민의 삶의 질을 향상시키고 안전권을 보장할 수 있는 방안 중 하나로 향후 그 필요성이 더욱 높아질 것이다. 따라서 스마트 안전기술을 지속적으로 연구하고 실증할 필요가 있다.

| 참고문헌 |

강희조, 2014, ICT를 활용한 스마트 재난 안전관리 시스템에 관한 연구. In Proceedings of KIIT Conference. pp. 18~21.

국토교통부 제1차 기반시설관리 기본계획(2020-2025).

서울시, 스마트시티 서울 추진 계획, 2018

서울시, 2020 스마트도시 및 정보화 시행계획, 2020.

국토교통부, 제5차 국토종합계획(2020-2040).

조성윤, MCR2030 캠페인 연계 인천광역시 도시 회복력 증진 방안, 인천연구원 연구보고서, 2021. 7. 31.

행정안전부, 2020 재해연보.

행정안전부, 2020 재난연감.

행정안전부, 2021 행정안전통계연보 환경부 홍수위험지도 정보시스템. http://floodmap.go.kr/gis/map.do?mapkey=1005380200931&maptype=National.

Dressler, G., M ller, B., Frank, K., & Kuhlicke, C. (2016). Towards thresholds of disaster management performance under demographic change: exploring functional relationships using agent-based modeling. Natural Hazards and Earth System Sciences, 16(10), 2287-2301.

FEMA Flood Maps https://www.fema.gov/flood-maps.

Neelam, S., & Sood, S. K. 2020. A scientometric review of global research on smart disaster management. IEEE Transactions on Engineering Management, 68(1), 317~329.

UNDRR, '기후변화와 재난에 강한 도시만들기 2030'

코로나19 유행과
공공보건의료의 대응

제1장 들어가는 글

어느덧 2년째 모든 국민들이 코로나19와 사투를 벌이고 있다. 사실 인류의 역사는 전염병과의 싸움의 역사라 해도 과언이 아니다. 중세의 흑사병과 20세기 초의 스페인독감, 2003년의 SARS, 2009년의 신종플루, 2015년의 MERS 그리고 2019년의 코로나19까지 의료기술이 아무리 발달했다 하더라도 인류는 그 작은 병원균 하나에 생명과 생활 터전에 심각한 위협을 느끼며 살고 있다.

물론 그 배경에는 인간의 환경에 대한 무례함이 원인으로 작동하기도 하고 어떤 경우는 그 피해의 대부분을 일부 국가와 국민들이 비대칭적으로 감수하고 있기도 하다.

특히 코로나19는 그동안의 우리나라 의료 현실의 민낯을 적나라하게 드러내 주었다. 전문적인 중환자 진료 능력을 거의 보유하고 있지 못한 대부분의 공공 의료기관들은 자신들의 기관을 단순 격리시설로 제공한 채 하염없이 소모되고 있고, 오랜 기간 동안 여러 측면에서의 혜택을 통해 이미 의료기관수의 95%인 절대다수를 점하고 있는 민간 의료기관들은 이 상황에서도 최소한의 병상 자원만을 제공한 채 생색을 내며 상당한 수익을 챙기고 있는 것이 현실이다.

공공 의료기관 의료진들은 자신의 전문성을 포기한 채 코로나19 환자 진료에 내몰리다 지쳐 집단적으로 사직하고 있고 결국 코로나19가 끝나더라도 껍데기만 남게 될 공공 의료기관들은 존폐를 고민해야 하는 지경에까지 내몰리고 있다. 이러한 공공 의료기관들의 주 고객이었던 취약한 지역 주민들, 노숙인들, 장애인들, 이주노동자들은 국가에 의해 단순 격리 배정된 코로나19 환자들에 밀려 벌써 2년째 혼자서 아픔을 감당하며 쓸쓸히 죽어가고 있는데 그 누구 하나 돌아봐주는 이 없는 실정이다.

전염병은 의료적, 경제적, 사회적 피해를 다양하게 야기하고 있는데 그 방식이 대단히 편파적이다. 가난한 국가들의 국민들은 대부분 백신을 맞아보지도 못한 채 바이러스에 목숨을 잃고 있고, 조금 살기가 괜찮은 국가라 하더라도 사회적 격차가 큰 국가의 취약한 국민들은 전염병 탓에 필수적인 의료서비스를 제공받지 못한 채 소리 없이 숨을 거두고 있다. 전염병은 또 병에 이환된 환자들을 사회적으로 비난받게 하고 고립시키며, 민주주의와 인권과 같은 보편적 가치를 무력화시키기도 한다.

이제 지금쯤은 누군가 나서서 코로나19로 인해 드러난 다양한 사회적 모순들을 정리하고 공론화할 필요가 있다. 전염병의 공포에 묻혀 잊고 살았던 가치들을 다시 복원할 필요가 있다. 아마도 그래야 우리와 우리의 아이들이 조금 더 나은, 살기좋은 미래를 맞이할 수 있을 것이다.

제2장 코로나19 바이러스의 임상적 특성

1. 코로나19 '와일드 타입(wild type)'[1]의 임상적 특성

　코로나19에 감염될 경우 보통 5일 정도의 잠복기를 거쳐 증상이 발현되는 것으로 알려져 있다(대략 확진자의 40% 정도에서는 무증상 감염으로 끝까지 진행되기도 함). 5일 정도의 잠복기간 중 첫 2일(Day-5에서 Day-4까지) 정도는 바이러스 배출이 없는 시기이나 그 이후 2~3일(Day-3에서 Day 0까지) 정도는 증상은 없으나 바이러스가 감염자의 몸 밖으로 배출되면서 다른 사람에게 전염이 가능한 무증상 전염기인 것으로 알려져 있다.

　감염자가 고열, 호흡기 증상 등 코로나19 감염 증상이 발현되면(Day 0) 보통 그 이후 5일(Day+5) 정도까지는 타인에게 전염이 가능한 것으로 보인다(전체적으로 전염이 가능한 기간은 대략 Day-3에서 Day+5까지임). 실제로 감염자의 증상 발현 후 6일째(Day+6) 되는 경우는 타인에게 전염시키는 사례가 거의 없는 것으로 알려져 있다.[2] 코로나19가 이러한 임상적 특성을 보이는 상황에서 2020년 12월 말까지 우리나라의 보건관리 조치 상황을 보면 보통 증상이 발현되면(Day 0) 그 다음날(Day+1) 정도에 확진검사(PCR)를 받게 되고 검사를 받은 후 그 다음날(Day+2)

1　변이(variant)가 나오기 전에 있었던 원래의 코로나19 바이러스를 의미함.

2　HY Cheng, SW Jian, DP Liu, TC Ng, WT Huang, HH Lin, Contact Tracing Assessment of COVID-19 Transmission Dynamics in Taiwan and Risk at Different Exposure Periods Before and After Symptom Onset, (JAMA Internal Medicine Published online May 1, 2020).

정도에 결과 통보를 받게 되며, 그 후 2일 정도(Day+3부터 Day+4까지)의 시간이 지나면서 생활치료센터나 의료기관으로 격리 조치가 이루어졌던 것으로 확인된 바 있다.

따라서 증상 발현 환자의 입장에서 보면 타인에게 전염시킬 수 있는 총 7~8일의 기간 중에서 대략 마지막 1일 정도만 타인에게 전염을 막아주는 격리 조치의 의미가 있었던 것으로 보인다.

[그림 3-1] 코로나19 와일드 타입(wild type)의 임상적 특성

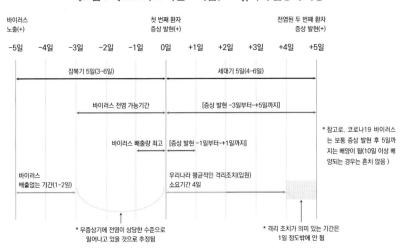

2. 코로나19 '델타 변이(delta variant)'의 임상적 특성

일부 연구에 따르면 코로나19 델타 변이에 전염된 94사례(pairs)를 확인한 결과 2.7%(95% 신뢰구간: 1.0%, 5.0%)가 증상 발현 7일 이전에 전염이 이루어졌고, 22.5%(95% 신뢰구간: 16.0%, 30.0%)가 증상 발현 4일 전부터 감염이 시작되었으며, 증상 발현 전 2.1일(95% 신뢰구간: 1.5일, 2.7

일) 시점에 전염력이 최고치에 달했고, 그 이후 전염력이 서서히 떨어지면서 결국 증상 발현 당일까지 대략 73.9%(95% 신뢰구간: 67.2%, 81.3%)의 전염이 발생하다가 증상 발현 후 4일 이내에 97.1%(95% 신뢰구간: 94.4%, 99.0%)의 전염이 이루어지는 것으로 보고된 바 있다[그림 3-2].[3]

[그림 3-2] 코로나19 델타 변이 감염의 전염 특성과 역학적 특징들 - 전염성

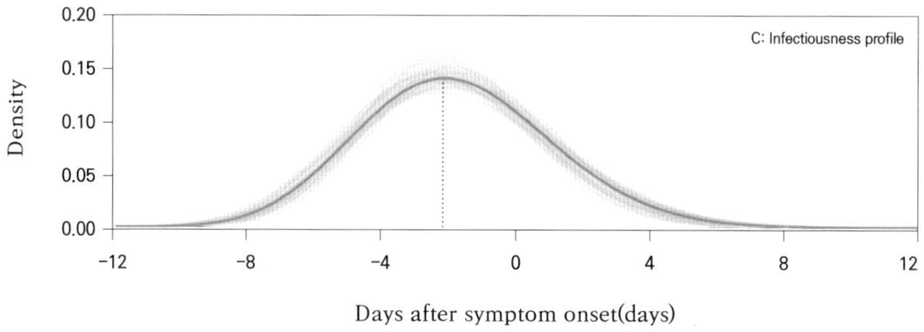

Days after symptom onset(days)

위와 같은 연구에서 세대기(serial interval)도 또한 일부 변화가 확인되었다. 델타 변이가 한창이던 2021년 6월의 경우 세대기가 4.0일(95% 신뢰구간: 3.1일, 5.0일) 정도의 수준으로 짧아진 것으로 추정되었다.[4] 이는 코로나19 와일드 타입의 세대기가 5~6일인 것에 비하면 델타 변이의 세대기는 최소 1~2일 정도 짧아진 것으로 추정되는 결과이다.

코로나19 와일드 타입의 감염재생산지수는 대략 2.5정도가 되는 것으로 알려져 있다. 반면 코로나19 델타 변이의 감염재생산지수는 최소한 5를 넘는 것으로 추정되고 있으며 그 전염성의 수준은 수두

3 Min Kang, et al. Transmission dynamics and epidemiological characteristics of Delta variant infections in China (https://doi.org/10.1101/2021.08.12.21261991).

4 Min Kang, et al. Transmission dynamics and epidemiological characteristics of Delta variant infections in China (https://doi.org/10.1101/2021.08.12.21261991).

[그림 3-3] 코로나19 델타 변이 감염의 전염 특성과 역학적 특징들 - 세대기

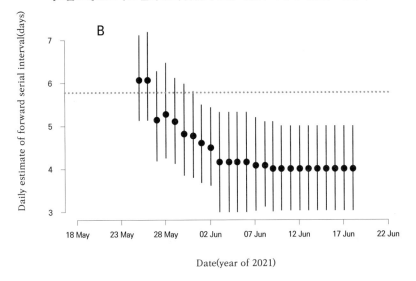

[그림 3-4] 감염재생산지수(가로축) 추정치

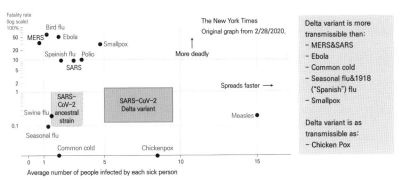

(Chicken Pox)와 유사한 것으로 보인다[그림 3-4].[5]

결론적으로 델타 변이의 전염력은 와일드 타입보다 매우 높은 것으로 확인되었다.

3. 코로나19 변이 바이러스의 시기별 점유 양상

2020년 초의 코로나19 유행 시작부터 2021년 6월까지의 코로나19 우세종은 와일드 타입으로서 2021년 6월 4주째까지도 와일드 입이 대략 전체 확진자의 70%를 차지하였다. 그러다가 2021년 7월에 들어서는 몇 개의 변이(variant) 바이러스들이 와일드 타입을 밀어내면

〈표 3-1〉 주요 변이바이러스 발생 및 검출률(2021. 8. 28)[6]

구분	분석주차	분석건수	분석률(%)	주요 변이		알파형		베타형		감마형		델타형	
				건	검출률(%)	건	검출률(%)	건	검출률(%)	건	검출률(%)	건	검출률(%)
국내발생	6월4주	642	18.7	196	30.5	175	27.3	-	-	-	-	21	3.3
	7월2주	2,124	23.3	1,000	47.1	281	13.2	-	-	-	-	719	33.9
	8월1주	3,175	31.1	2,399	75.6	78	2.5	-	-	-	-	2,321	73.1
	8월2주	3,235	26.8	2,812	86.9	53	1.6	-	-	-	-	2,759	85.3
	8월3주	3,206	26.2	2,899	90.4	25	0.8	-	-	-	-	2,874	89.6
	8월4주	3,299	27.1	3,128	94.8	18	1.5	-	-	-	-	3,110	94.3
해외유입	6월4주	77	26	71	92.2	14	18.2	1	1.3	4	5.2	52	67.5
	7월2주	257	70.6	251	97.7	15	5.8	2	0.8	2	0.8	232	90.3
	8월1주	247	59.5	242	98	6	2.4	-	-	2	0.8	234	94.7
	8월2주	203	50.5	202	99.5	6	3	1	0.5	-	-	195	96.1
	8월3주	163	40.3	163	100	4	2.5	-	-	-	-	159	97.5
	8월4주	328	98.5	327	99.7	9	2.7	1	0.3			317	96.6

분석률=(변이분석건수) + (확진자 수) × 100(%)
검출률=(주요변이검출건수) + (변이분석건수) × 100(%)

5 Meredith McMorrow. MD, MPH. Improving communications around vaccine breakthrough and vaccine effectiveness (CDC Vaccine Effectiveness Team. July 29, 2021).

6 중앙방역대책본부, 코로나19 위험도 평가 및 상황 분석(2021. 9. 1.).

〈표 3-2〉 주요 변이 바이러스 발생 및 검출률(2021. 10. 6.)[7]

구분	분석 주차	분석률 (%)	검출률				
			계	알파형	베타형	감마형	델타형
전체	9월2주	29	98.8	0.5	-	-	98.4
	9월3주	25.6	98.2	0.1	-	0.03	98.1
	9월4주	24.1	99.5	0.1	-	-	99.4
	9월5주	17.4	99.5	0.1	-	-	99.4
해외 유입	9월2주	92.6	100	3.0	-	-	97.0
	9월3주	74.3	99.4	1.2	-	0.6	97.5
	9월4주	67.9	100	1.4	-	-	98.6
	9월5주	80.3	100	2.8	-	-	97.2
국내 감염	9월2주	27.8	98.8	0.3	-	-	98.5
	9월3주	24.8	98.2	0.03	-	-	98.2
	9월4주	23.4	99.5	0.03	-	-	99.5
	9월5주	16.8	99.5	-	-	-	99.5

분석률=(변이분석건수) ÷ (확진자 수) × 100(%)
검출률=(주요변이검출건수) ÷ (변이분석건수) × 100(%)

서 이들의 점유율이 전체 확진자의 대략 절반을 차지하였다. 그중에서 특히 델타 변이가 점차 두각을 나타내기 시작하였다. 곧바로 2021년 8월 초부터는 델타 변이가 전체 확진자의 70%를 차지하였고 급기야 8월 말에는 델타 변이가 전체 확진자의 거의 95% 수준을 점유하기에 이르렀다. 9월에는 99% 정도가 델타 변이였는데 12월부터 시작된 오미크론(omicron) 변이가 나타나기 전까지 3개월 동안은 사실상 거의 100% 델타 변이에 의한 코로나19 유행인 것으로 정의할 수 있겠다.

7 질병관리청, 신종병원체분석과(2021. 10. 6.).

제3장 코로나19 유행 특성(수도권을 중심으로)

1. 2차 유행의 특성(2020. 8. 14.~ 10. 6)

우리나라 코로나19 2차 유행은 2020년 8월 14일부터 수도권(서울, 경기, 인천)에서 발생하였다. 유행이 시작된 지 2주 정도가 경과된 8월 27일에 315명을 정점으로 대략 10월 초까지 유행이 지속되었던 것으로 판단된다. 그 기간 동안 수도권의 총 확진자 수는 7,048명이었고, 환자가 아닌 검사 양성소견을 보이는 확진자 수를 기준으로 유행곡선이 그려지는 바람에 선별검사소가 활발하게 운영되는 주중에는 증상이 미처 발현되기 이전 상태에 있는 확진자들이 선제적으로 많이 찾아내어지고 대부분의 월요일(큰 원형 표시)과 주초에는 찾아낼 확진자가 더 이상 없어 그 숫자가 급격히 줄어드는 패턴이 반복되는 것으로 추정된다.

즉 확진자 수는 주중에 동원되는 보건행정력에 따라 그 높낮이가 결정되므로 실제의 환자 발생 수준은 [그림 3-5]의 작은 점선과 비슷할 것으로 추정되었다. 이는 매일 매일의 확진자 수에 따라 정책적인 판단이 변하거나 과도하게 국민들에게 공포가 조장되는 것은 적절치 않음을 보여주는 근거로 쓰일 수 있을 것이다. 또한 8월 16일부터 사회적 거리두기가 2단계로 상향 조정되었고 그로부터 11일이 경과된 8월 27일부터는 확진자 수가 줄어들기 시작하여 그 영향이 적어도 9월 7일까지 지속되었던 것으로 보인다.

물론 그 사이인 8월 30일부터 확진자 수 증가 우려에 따라 사회적 거리두기가 2.5단계로 조금 더 선제적으로 상향 조정되기는 하였으나

[그림 3-5] 수도권(서울, 경기, 인천) 지역 코로나19 확진자 발생 상황(2020. 8.14.~10. 6)

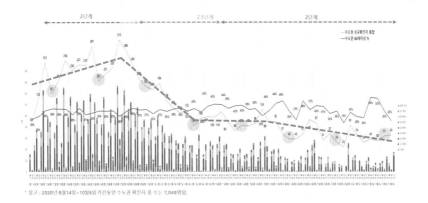

* 참고 : 2020년 8월14일~10월6일 기간동안 수도권 확진자 총 수는 7,048명임.

그 이후의 전체 확진자 발생 경향으로 볼 때는 그 상향 조정의 효과는 드라마틱하게 나타나지 않았던 것으로 보인다. 결국 획일적인 사회 통제보다는 일반 시민들 각자의 상황 인식과 그에 따른 개인방역 행태 변화 등이 더 중요한 유행 조정 요인이지 않았나 추정된다. 즉 2차 유행과정에서 이미 일반 시민들의 자율과 책임에 기반한 방역정책의 성공 가능성이 어느 정도 보여졌다고 생각된다.

2020년 초의 대구경북지역 유행결과 분석을 통해 보통 확진환자의 상태가 나빠져 중환자 병상으로 전동되는 시기는 대략 확진일 후 5일 정도쯤의 시점인 것으로 파악하였고, 또한 수도권 중심의 2차 유행 시 중환자 병상 재원 기간을 평균 25일로 잡고 시뮬레이션을 한 결과([그림 3-5]의 연한색의 실선)가 중환자 병상 실제 운영수준(그림의 회색 실선)에 가장 근접함을 확인할 수 있어 [그림 3-6]과 같은 중환자 발생 예측 곡선을 그려볼 수 있었다. 참고로 2차 유행 기간 동안 중환자는 대략 168명 정도 발생했을 것으로 추정되었다.

[그림 3-6]에서와 같이 코로나19 중환자 숫자가 정점을 찍을 것으

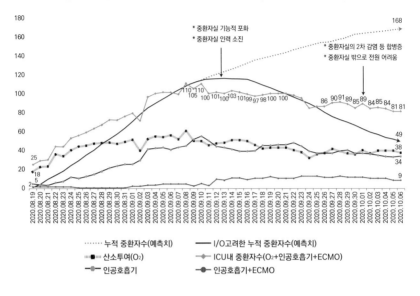

[그림 3-6] 수도권 코로나19 중환자 발생 예측(2020. 8. 19 ~ 10. 6)

* 중환자실 기능적 포화
* 중환자실 인력 소진

* 중환자실의 2차 감염 등 합병증
* 중환자실 밖으로 전원 어려움

······ 누적 중환자수(예측치)　　── I/O고려한 누적 중환자수(예측치)
▥█ 산소투여(O₂)　　──◆── ICU내 중환자수(O₂+인공호흡기+ECMO)
──●── 인공호흡기　　──●── 인공호흡기+ECMO

로 예측된 기간 동안에 실제 중환자 병상을 점유하였던 환자 숫자는 그 예측 수준에 10명 이상 못 미치는 정도였다. 당시 현장 중환자의학 전문가들의 증언에 따르면 중환자실의 기능적 포화(지원시스템 미비 등)와 중환자실 간호 인력들의 소진 등이 문제가 되어 실제로 코로나19 중환자들 중 일부가 일반 병실에서 고유량산소비강캐뉼라(high flow nasal cannula)를 통한 산소치료로 일정 기간 버텼던 상황이 있었다는 사실을 알 수 있었다.

　그리고 또한 중환자 병상 예측 재원 기간보다 실제 재원 기간이 더 길어지면서 상당 기간 적지않은 중환자 병상을 일부 환자들이 장기 점유하였던 것이 확인되는데(곡선의 우측 부분) 이는 코로나19 자체의 중증 병태가 아닌 2차 세균 감염 사례들이 많아졌거나 중환자 치료가 더 이상은 필요치 않으나 내보낼 병상이 마땅치 않아 어쩔 수 없이 중환자실에 비중환자들을 그대로 데리고 있는 상황들 때문이었던 것으로 확인되었다. 이러한 중환자와 관련된 다양한 문제들을 미리 예측하고 선제적 정책을 준비하는 것은 향후 또 다른 감염병 범유행을 대비하는 데 매우 중요할 것으로 판단된다.

2. 3차 유행의 특성(2020. 11. 10 ~ 2021. 1. 25)

수도권에서 코로나19의 3차 유행은 대략 2020년 11월 10일(71명)에 시작해서 2021년 1월 25일(192명)에 끝난 것으로 추정된다. 이 기간 동안 총 33,106명의 환자가 확진되었고 확진자 수가 정점을 찍은 날은 12월 25일로 870명이었다. 그 이후로는 일정 기간 평탄한 수준을 보이다가 단계적으로 조금씩 증가하는 양상을 반복적으로 보였는데 적어도 6월 말 이전에 이를 4차 유행으로 정의하기에는 그 발생 양상이 폭발적이지 않았다.

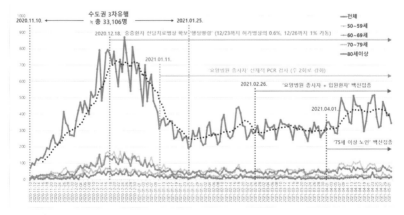

[그림 3-7] 수도권 코로나19 확진자 발생 상황(2020. 11. 10 ~ 2021. 5. 2)

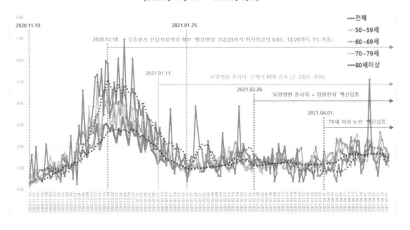

[그림 3-8] 수도권 연령대별 인구 10만 명당 코로나19 신규 확진자 발생률
(2020. 11. 10 ~ 2021. 5. 2)

　다행스럽게도 2020년 12월 18일에 정부의 행정명령으로 코로나19 중환자 치료 병상이 대폭 확보되기 시작해 2021년 5월 말까지 전국적으로 총 782병상이 운영되었고, 2021년 1월 11일부터는 요양병원 종사자 대상의 주 2회 선제적 코로나19 검사(PCR)가 이루어지면서 요양시설 중심의 집단 발병이 상당히 조절되기 시작하였다. 2월 26일부터는 요양병원 종사자와 입원 환자들을 대상으로 백신 접종이 시작되면서 중환자 발생과 사망자 발생조차도 상당히 줄어들었다.

　코로나19 확진자 데이터를 연령대(전체, 50대, 60대, 70대, 80대 이상)별 인구 10만 명 당 확진자 수로 구분하여 다시 그림을 그려보면 [그림 3-8]과 같다. 이 그림에서는 두 개의 추세선이 보이는데, 선은 수도권 전체 인구 10만 명 당 일별 확진자 수를 이동평균(7일)으로 그린 추세선이고, 굵은 선은 그중에서 80대 이상에 대해 인구 10만 명 당 확진자 수를 이동평균(7일)으로 그린 추세선이다. 이 그림에서는 대략 2020년 12월 초부터 80대 이상의 확진자 발생률 추이가 전체 인구의 확진자 발생률 추이를 월등하게 상회하는 것으로 확인되는데 그 경향은 2021년 2월 10일 경까지 지속되는 것으로 보인다.

이 시기에는 수도권 지역의 노인요양시설(요양병원, 요양원 등) 같은 곳에서 코로나19 집단 발병이 지속적으로 일어났으며 그 수준을 80대 이상의 발생률이 정확히 대변해 주었던 것으로 판단된다. 이때에는 중환자 숫자도 급격히 늘어났고, 특히 현재까지의 우리나라 코로나19 총사망자 수의 1/4 수준인 약 1,000명 정도의 사망자가 발생했던 심각한 시기였다. 그러나 이러한 80대 이상의 발생률 수준도 2월 중순부터는 전체 인구집단의 발생률과 비슷한 수준으로 떨어지기 시작하여 3월 중순부터 4월 중순까지는 오히려 전체 인구집단에 비하여 80대 이상의 인구집단이 훨씬 낮은 수준으로 확인되었다. 이는 2월 26일 요양병원에서의 백신 접종이 시작된 것과 관련이 있었던 것으로 추정된다.

3. 4차 유행의 특성(2021. 6. 30.~12. 6 현재까지)

수도권을 위주로 보면 2021년 6월 30일 경부터 확진자가 증가(4차 유행)하기 시작하여 9월 25일에 2,525명으로 1차 정점을 보인 후 약간 떨어졌다가 12월 4일에 4,232명(전국 기준 5,352명)으로 2차 정점을 보였다. 물론 남아있는 겨울(2021년 12월~2022년 2월) 동안 차고 건조한 겨울 환경으로 인하여 확진자가 지속적으로 상승하거나 아니면 잠시 후 또 다른 정점을 보일 수도 있을 것으로 추정되며 그 발생 수준은 전국 기준으로 볼 때 1만 명까지도 가능할 수 있을 것으로 생각된다. 그러나 주지하듯 전체 확진자 수보다는 그들의 연령분포가 더 중요한데 의

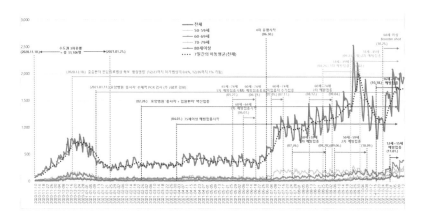

[그림 3-9] 수도권 코로나19 확진자 발생 상황(2020. 11. 10~2021. 11. 14)

미 있는 병상부담(clinical burden)은 60세 이상(80세 이상에서는 월등히) 고령자 층에서 집중적으로 발생하고 있기 때문이다.

그렇게 볼 때, 2021년 11월 2일의 80대 이상 확진자 급증(특히 노인요양시설 집단 발병)은 중환자 병상 부담 증가의 시작점이었다. 이 여파는 6일 후인 11월 8일에 처음으로 600개를 돌파하여 중증 환자 전담 치료병상(중환자 병상)을 환자로 채우게 했고 대략 1개월이 지난 12월 6일 현재 978개 중환자 병상까지 채우게 하는 직선적 상승세를 견인하였다. 특히 11월 18일의 80대 이상 확진자 증가는 가히 역대급이었다. 이러한 이유로 불과 한 달 사이에 거의 400개의 중환자 병상이 소모되었다. 물론 978개의 중환자 병상에 누워있는 실제 중환자(고유량산소 치료 이상의 치료를 받는 환자)는 755명으로 대략 223명 정도는 예비 중환자 혹은 비코로나 외상 환자 등과 같은 조정의 여지가 다소 있는 환자들이다.

인구 10만 명 당 신규 확진자 발생률 그림에서 나타나는 '4차 유행

[그림 3-10] 수도권 코로나19 확진자 발생 상황(2020. 11. 10 ~ 2021. 12. 6)

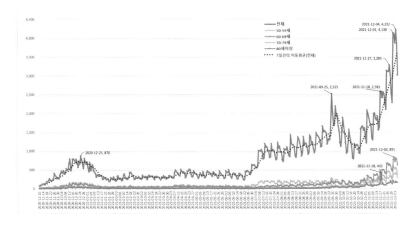

[그림 3-11] 수도권 연령대별 인구10만 명 당 신규 확진자 발생률(2020.11.10~2021.11.14)

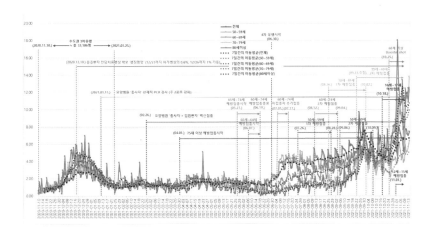

곡선'을 자세히 보면 숨겨져 있는 두 가지가 보인다. 첫째, 2021년 9월 초에 70세 이상의 고령자에서 확진자가 증가하기 시작한다는 점과, 둘째, 11월 초부터 역시 70세 이상 고령자에서 집단 발병(뾰족한 spike 모양의 발생곡선)이 상당한 기간 동안 지속적으로 확인된다는 점이다.

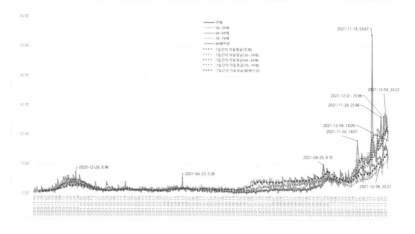

[그림 3-12] 수도권 연령대별 인구10만 명 당 신규 확진자 발생률(2020.11.10~2021.12. 6)

전자는 지역사회 노인들에서 백신 접종의 적정 면역 유지 기간이 지났기 때문에 발생한 것으로 보이며(4월 1일부터 지역사회 75세 이상 노인 대상의 Pfizer 접종이 시작되었고 그중에서 4월 말~5월 초에 2차 접종 완료자가 나오기 시작했다. 따라서 5월 초를 기준으로 본다면 고령자 돌파감염자가 증가하기 시작한 9월 초까지 대략 4개월 정도만 면역이 유지되었던 것으로 보임). 후자는 노인요양(집단)시설 등의 종사자가 끌고 들어간 코로나19 바이러스에 의해 시간이 지나서 면역이 떨어져 있던 노인 환자들이 집단적으로 감염되면서 발생하고 있는 집단 발병(cluster epidemic)이 원인인 것으로 보인다.

다행스러운 점은 고령자 대상의 부스터 접종이 10월 25일부터 시작되었고 일단 12월 현재 집단시설은 거의 대부분 접종이 완료되었다는 점과 집단시설 종사자들이 거의 매일 선제적 검사(PCR과 신속항원 검사)를 매우 촘촘히 받고 있어 외부로부터의 바이러스 유입이 조기에 차단되고 있다는 점이다. 다만 아직 지역사회 고령자들의 부스터 접종

호응도가 낮아 향후 젊은 연령층의 확진자 증가에 비례하는 지역사회 고령자 감염 환자 증가 문제는 면밀히 대비해야 할 과제이다.

제4장 코로나19 치명률의 변화(전국 데이터)

1. 3차 유행 시기(2020. 11. 10 ~ 2021. 1. 25)의 치명률 추정치

코로나19의 치명률은 3차 유행의 결과에서부터 설명하는 것이 의미 있어 보인다. 다음의 표들은 질병청이 공식적으로 발표하고 있는 일별 코로나19 확진자 수와 사망자 수 통계를 이용하여, 3차 유행 기간(2020. 11. 10~2021. 1. 25)을 정의하고 이 기간 동안의 확진자 중에서 가장 개연성이 높게 실제 사망자 발생 상황을 별도로 가정하여 재구성한 치명률 표들이다.[8] 이렇게 해서 계산한 결과를 보면, 3차 유행기간 동안에는 총 47,868명의 신규 확진자와 966명의 사망자가 발생하였고 따라서 2.02%의 치명률을 보였음을 추정할 수 있다.[9] 연령대별로

8　특히 분자에 해당하는 사망자 수는 일단 2020년 11월의 사망자 41명을 제외하고(3차 유행 이전에 확진된 사람들 중에서 발생한 사망자들로 가정), 2021년 1월 25일 0시부터 3월 1일 0시 사이의 사망자 245명 중에서도 해당 기간의 확진자에서 발생했을 사망자 수(예를 들어, 인근 시기와 비슷한 규모의 확진자가 발생했던 3월~4월의 2개월간 월평균 사망자 발생수 113명)만큼을 제외함으로써, 전체적으로 3차 유행에 의해 발생했을 사망자 수를 966명(=834명+132명)인 것으로 가정함. 참고로 날짜들은 모두 0시를 기준으로 함. [치명률=(사망자 수/확진자 수)×100].

9　이 수치는 분자인 사망자 수를, 3차 유행이 아닌 기간인 11월과 2월에 발생한 사망자 수를 최대한 배제하는 방식으로 가정하여(보수적으로) 추산하였기 때문에 실제의 사망자 수보다 약간 작게 계산되었을 가능성이 높음.

구분했을 때는 80대 이상이 23.16%, 70대가 6.31%, 60대가 1.39% 정도였던 것으로 보인다.

표로는 제시하지 않았으나 가장 많은 사망자가 발생했던 시기인 2021년 1월 1일부터 1월 25일 사이의 치명률을 추정해보면 총 13,752명의 신규 확진자와 443명의 사망자가 발생하여 전체적으로 3.22%의 치명률이 계산되었고, 연령대별로는 80대 이상 36.89%, 70대 11.67%, 60대 2.44%로 계산되기도 하였다.[10]

참고로 3차 유행 시기 중 12월에 들어서면서부터는 중환자 병상이 부족해지기 시작했는데 병원들의 자발적 병상 공유만으로는 필요 병상수를 확보하지 못하게 됨으로써 결국 2020년 12월 18일에 이르러 중증 환자 전담치료병상(코로나19 중환자 병상) 확보를 위한 정부의 '행정명령'[11]이 내려졌다.

그 와중에 요양원 혹은 요양병원과 같은 집단시설에서는 많은 확진자들이 발생하였고 그들에게는 적절한 중환자 진료가 제공되지 못함으로 인하여 특히 2021년 1월에는 최고령자를 중심으로 치명률이 매우 높았던 것으로 추정된다. 이들 중 일부에게는 연명치료거부(Do Not Resuscitate: DNR) 서약을 활용하여 아예 더 이상의 의료서비스가 제공

---

10 여기에서의 1월 사망자 수는 12월 확진자에서의 유입된 사례와 2월로의 유출된 사례가 비슷할 것으로 가정하여 계산한 결과로서, 확진자 수와 사망자 수를 같은 기간에서 뽑아서 단면적으로 계산한 결과임. 그 결과 2021년 1월의 80대 이상의 치명률을 보면 100명의 확진자 중에서 37명이 사망했던 것으로 추산되는데 이 수치는 엄청난 수준의 치명률로 생각됨.

11 2020년 12월 23일까지 상급 종합병원은 허가 병상의 0.6%를 중환자 병상으로 먼저 내어놓고, 12월 26일까지 최종적으로 1%만큼의 병상이 코로나19 중증 환자 전담치료병상(코로나19 중환자 병상)으로 사용될 수 있도록 하는 행정명령을 내림. 그러나 실제로는 2021년 1월이 되어서야 행정명령에 따른 전체 병상 동원이 완료된 것으로 보임.

<표 3-3> 3차 유행 시기(2020.11.10~2021. 1.25)의 확진자, 사망자, 치명률 추정치

2020.11.10 ~12. 1	확진자 (명)	사망자 (명)	사망자 (%)	치명률 (%)	2020.12. 1 ~2021. 1.25	확진자 (명)	사망자 (명)	사망자 (%)	치명률 (%)
남	3,617	20	48.78	0.55	남	20,494	398	47.72	1.94
여	3,382	21	51.22	0.62	여	20,375	436	52.28	2.14
80세 이상	251	18	43.90	7.17	80세 이상	2,310	500	59.95	21.65
70-79세	432	12	29.27	2.78	70-79세	3,203	207	24.82	6.46
60-69세	912	9	21.95	0.99	60-69세	6,594	97	11.63	1.47
50-59세	1,263	2	4.88	0.16	50-59세	7,899	20	2.40	0.25
40-49세	1,112	0	0.00	0.00	40-49세	5,951	6	0.72	0.10
30-39세	969	0	0.00	0.00	30-39세	5,203	4	0.48	0.08
20-29세	1,211	0	0.00	0.00	20-29세	5,064	0	0.00	0.00
10-19세	570	0	0.00	0.00	10-19세	2,825	0	0.00	0.00
0-9세	279	0	0.00	0.00	0-9세	1,820	0	0.00	0.00
합계	6,999	41	100.00	0.59	합계	40,869	834	100.00	2.04

2021. 1.25 ~3. 1	확진자 (명)	사망자 (명)	사망자 (%)	치명률 (%)	3차 유행 시기 (2020.11.10~ 2021. 1.25)	확진자 (명)	사망자 (명)	사망자 (%)	치명률 (%)
남	7,354	127	51.84	1.73	남	24,111	470	48.65	1.95
여	7,154	118	48.16	1.65	여	23,757	496	51.35	2.09
80세 이상	632	143	58.37	22.63	80세 이상	2,561	593	61.39	23.16
70-79세	976	64	26.12	6.56	70-79세	3,635	229.5	23.76	6.31
60-69세	2,205	23	9.39	1.04	60-69세	7,506	104	10.77	1.39
50-59세	2,550	10	4.08	0.39	50-59세	9,162	26	2.69	0.28
40-49세	2,089	4	1.63	0.19	40-49세	7,063	10	1.04	0.14
30-39세	2,118	0	0.00	0.00	30-39세	6,172	3.5	0.36	0.06
20-29세	1,974	1	0.41	0.05	20-29세	6,275	0	0.00	0.00
10-19세	1,139	0	0.00	0.00	10-19세	3,395	0	0.00	0.00
0-9세	825	0	0.00	0.00	0-9세	2,099	0	0.00	0.00
합계	14,508	245	100.00	1.69	전체	47,868	966	100.00	2.02

되지 않기도 하였는데, 이 부분은 윤리적 논란이 있을 수 있는 대응으로서 향후 심각한 검토가 이루어져야 할 것으로 보인다.

2. 3차 유행이 끝난 후 소강 상태 기간(2021. 3~6)의 치명률 추정치

전체 치명률의 경우 3월은 0.83%, 4월은 0.57%, 5월은 0.53%, 6월은 0.34%로서 시간이 지날수록 치명률 수준이 감소하는 것으로 보인다. 그러나 50대 이상의 고령층의 경우는 시간에 따라 다소간의 부침을 보여(예를 들어 최고령층인 80세 이상을 보면 각각 11.05%, 10.23%, 13.37%, 10.91%로 일관되지 않은 다소의 부침이 있었음) 결국 이를 하나로 합하여 3월~6월(4개월)의 전체적인 치명률을 다시 계산할 필요가 있었다. 그 결과 4개월 간의 전체 치명률은 0.55%였고, 80세 이상은 11.32%, 70세~79세는 3.45%, 60세~69세는 0.66%, 50세~59세는 0.17%의 연령별 치명률이 추정되었다.

참고로 2021년 4월 1일부터는 지역사회 75세 이상 고령층을 대상으로 1차 백신 접종이 시작되었고 3주가 경과된 시점부터는 2차 백신 접종도 이어져 5월~6월 경에는 75세 이상의 고령층을 중심으로 대부분 백신 접종이 완료되었을 것으로 추정된다. 물론 5월 27일부터의 65세~74세 연령층 1차 백신 접종을 시작으로 결국 8월 12일~9월 4일 사이에 60세~74세 2차 백신 접종도 완료되었으며, 50세~59세 연령층은 7월 26일을 시작으로 10월 9일까지 2차 접종이 완료되었다.참고로 이 4개월 시기의 코로나19 바이러스의 우세종은 와일드 타입으로서 75세 이상의 고령층에서만 부분적인 백신 면역이 형성되었다고

〈표 3-4〉 코로나19 확진자, 사망자, 치명률[12] 추정치(전국) : 2021년 3월~6월

2021년 3월	확진자 (명)	사망자 (명)	사망자 (%)	치명률 (%)	2021년 4월	확진자 (명)	사망자 (명)	사망자 (%)	치명률 (%)
남	7,060	58	51.33	0.82	남	9,595	53	49.07	0.55
여	6,550	55	48.67	9,400	여	9,400	55	50.93	0.59
80세 이상	380	42	37.17	577	80세 이상	577	59	54.63	10.23
70-79세	835	47	41.59	1,198	70-79세	1,198	28	25.93	2.34
60-69세	1,991	17	15.04	2,800	60-69세	2,800	15	13.89	0.54
50-59세	2,352	6	5.31	3,576	50-59세	3,576	4	3.70	0.11
40-49세	2,188	0	0.00	3,090	40-49세	3,090	1	0.93	0.03
30-39세	2,142	0	0.00	2,614	30-39세	2,614	1	0.93	0.04
20-29세	1,969	1	0.88	2,716	20-29세	2,716	0	0.00	0.00
10-19세	997	0	0.00	1,520	10-19세	1,520	0	0.00	0.00
0-9세	756	0	0.00	904	0-9세	904	0	0.00	0.00
합계	13,610	113	100.00	18,995	합계	18,995	108	100.00	0.57

2021년 5월	확진자 (명)	사망자 (명)	사망률 (%)	치명률 (%)	2021년 6월	확진자 (명)	사망자 (명)	사망자 (%)	치명률 (%)
남	9,414	41	42.71	0.44	남	9,052	32	55.17	0.35
여	8,751	55	57.29	0.63	여	7,872	26	44.83	0.33
80세 이상	389	52	54.17	13.37	80세 이상	165	18	31.03	10.91
70-79세	964	28	29.17	2.90	70-79세	511	18	31.03	3.52
60-69세	2,484	9	9.38	0.36	60-69세	1,763	19	32.76	1.08
50-59세	3,212	7	7.29	0.22	50-59세	2,973	3	5.17	0.10
40-49세	3,029	0	0.00	0.00	40-49세	3,156	0	0.00	0.00
30-39세	2,815	0	0.00	0.00	30-39세	2,865	0	0.00	0.00
20-29세	2,879	0	0.00	0.00	20-29세	3,164	0	0.00	0.00
10-19세	1,486	0	0.00	0.00	10-19세	1,358	0	0.00	0.00
0-9세	907	0	0.00	0.00	0-9세	969	0	0.00	0.00
합계	18,165	96	100.00	0.53	전체	16,924	58	100.00	0.34

12 이 수치는 분자인 사망자 수를, 3차 유행이 아닌 기간인 11월과 2월에 발생한 사망자 수를 최대한 배제하는 방식으로 가정하여(보수적으로) 추산하였기 때문에 실제의 사망자 수보다 약간 작게 계산되었을 가능성이 높음.

2021년 3월~6월	확진자 (명)	사망자 (명)	사망자 (%)	치명률 (%)
남	35,121	184	49.07	0.52
여	32,573	191	50.93	0.59
80세 이상	1,511	171	45.60	11.32
70-79세	3,508	121	32.27	3.45
60-69세	9,038	60	16.00	0.66
50-59세	12,113	20	5.33	0.17
40-49세	11,463	1	0.27	0.01
30-39세	10,436	1	0.27	0.01
20-29세	10,728	1	0.27	0.01
10-19세	5,361	0	0.00	0.00
0-9세	3,536	0	0.00	0.00
합계	67,694	375	100.00	0.55

보고 전체 및 연령별 치명률을 해석하는 것이 타당할 것으로 보인다. 그리고 2021년 6월의 병상운영 상황을 볼 때 전체 중환자 병상 확보 수준이 800병상 정도였고 그중 200병상이 환자로 찼던 상황으로서 의료 대응역량 측면에서는 70% 이상 상당한 여유가 있었던 시기로 생각된다. 그 결과 3차 유행 시기에 대비하여 볼 때 전체 치명률은 1/4 정도로 떨어졌고 50세 이상의 고령층에서도 대략 1/2 정도의 낮은 치명률을 보였다. 아마도 이 시기의 치명률을 코로나19 와일드 타입의 '대표' 치명률로 보는 것이 타당할 것으로 생각된다.

3. 4차 유행 중 델타 변이 우세 시기(2021. 8.~11)의 치명률 추정치

2021년 8월부터는 델타 변이가 우세종이 되었고, 8월~11월(4개월) 동안에는 연령대별로 백신 접종률도 매우 달랐을 뿐 아니라 드디어 고령층을 중심으로는 백신 접종 후 일정 기간이 지난 바람에 면역 저하까지 도래하면서 최소한 이 세 가지 요인들로 인하여 치명률을 해석하는데 다소 어려움이 있었다.

75세 이상의 연령층에서는 앞서 언급한 바와 같이 9월 10일을 전후로 백신 면역이 저하되기 시작하였고(이들은 주로 Pfizer를 접종받았고 백신 면역이 대략 4개월 정도 유효했던 듯), 60세~74세의 2차 백신 접종이 8월 12일~9월 4일에 이루어졌으며(이 글에서는 제시하지 못했지만 12월 8일의 확진자 발생 양상을 보면 이 연령층의 백신 면역 저하도 의심되고 있는데, 이들은 주로 AstraZeneca를 접종받았고 그럴 경우 대략 3~4개월 정도 유효했던 듯), 50세~59세의 1차 백신 접종이 7월 26일~8월 28일, 2차 백신 접종이 9월 6일~10월 9일에 이루어졌다.

이런 부분들을 감안해서 치명률을 해석해보면, 8월~9월의 50세~59세, 60세~69세, 70세~79세의 치명률이 약간 떨어진 부분(0.52%→0.33%, 1.15%→1.00%, 3.18%→2.81%)은 어느 정도 설명이 가능하고, 동시에 10월과 11월의 80세 이상의 치명률이 8월, 9월에 비해 올라간 부분 또한 설명이 가능하다(8월 11.76%, 9월 9.93%, 10월 14.14%, 11월 13.02%). 물론 전체 치명률이 8월 0.42%, 9월 0.41%, 10월 0.93%, 11월 1.40%로 고령층 사망자 수의 급증으로 인하여 10월과 11월에 급격히 상승한 부분도 설명이 가능하다.

여기에서 눈여겨 볼 치명률이 하나 있는데 50세~59세의 치명률로서 3월~6월에는 0.17%(와일드 타입 우세 시기)였는데 반해 8월에는 0.52%(델타 변이 우세 시기이면서, 해당 연령의 백신 접종을 막 시작한 때로서 백신 면역 미형성 시기)로 무려 3배나 증가한 부분이다. 이는 코로나19 와일드 타입에 비하여 델타 변이가 최소한 3배 이상은 치명적임을 가늠해볼 수 있는 추정치이다.

〈표 3-5〉 코로나19 확진자, 사망자, 치명률[13] 추정치(전국) : 2021년 8월 11월

2021년 8월	확진자 (명)	사망자 (명)	사망자 (%)	치명률 (%)	2021년 9월	확진자 (명)	사망자 (명)	사망자 (%)	치명률 (%)
남	28,822	119	53.13	0.41	남	34,020	141	57.32	0.41
여	24,836	105	46.88	0.42	여	26,308	105	42.68	0.40
80세 이상	629	74	33.04	11.76	80세 이상	947	94	38.21	9.93
70-79세	1,383	44	19.64	3.18	70-79세	1,955	55	22.36	2.81
60-69세	4,442	51	22.77	1.15	60-69세	5,006	50	20.33	1.00
50-59세	8,292	43	19.20	0.52	50-59세	7,206	24	9.76	0.33
40-49세	8,452	6	2.68	0.07	40-49세	10,187	14	5.69	0.14
30-39세	9,074	4	1.79	0.04	30-39세	11,347	6	2.44	0.05
20-29세	12,370	2	0.89	0.02	20-29세	13,706	3	1.22	0.02
10-19세	5,561	0	0.00	0.00	10-19세	6,062	0	0.00	0.00
0-9세	3,455	0	0.00	0.00	0-9세	3,912	0	0.00	0.00
합계	53,658	224	100.00	0.42	합계	60,328	246	100.00	0.41

2021년 10월	확진자 (명)	사망자 (명)	사망자 (%)	치명률 (%)	2021년 11월	확진자 (명)	사망자 (명)	사망자 (%)	치명률 (%)
남	29,978	244	49.90	0.81	남	43,917	644	53.58	1.47
여	22,635	245	50.10	1.08	여	42,047	558	46.42	1.33
80세 이상	1,811	256	52.35	14.14	80세 이상	4,945	644	53.58	13.02
70-79세	2,788	124	25.36	4.45	70-79세	8,161	318	26.46	3.90
60-69세	6,172	73	14.93	1.18	60-69세	16,230	185	15.39	1.14
50-59세	5,735	24	4.91	0.42	50-59세	10,873	39	3.24	0.36
40-49세	7,772	7	1.43	0.09	40-49세	10,120	11	0.92	0.11
30-39세	8,807	4	0.82	0.05	30-39세	10,580	2	0.17	0.02
20-29세	8,534	1	0.20	0.01	20-29세	7,757	0	0.00	0.00
10-19세	6,792	0	0.00	0.00	10-19세	9,825	0	0.00	0.00
0-9세	4,202	0	0.00	0.00	0-9세	7,473	3	0.25	0.04
합계	52,613	489	100.00	0.93	전체	85,964	58	100.00	1.40

13 각 월별 치명률(%) = [(당월 15일 0시부터 익월 15일 0시까지의 사망자 총수) / (당월 확진자 총수)]×100.(단 11월의 치명률의 경우는 [(당월 12일 0시부터 익월 12일 0시까지의 사망자 총수) / (당월 확진자 총수)]×100 로 계산).

제5장 코로나19 델타 변이 바이러스의 중증화율과 치명률

2021년 8월부터 델타 변이 바이러스가 우세종으로 등장하면서 이전에 와일드 타입 유행에서 얻은 각종 정보들(중증화율이나 치명률 등)이 의료 대응정책 결정과정에서 더 이상 쓸모가 없게 되었다. 일단 델타 변이는 와일드 타입에 비하여 전염력이 비교할 수 없을 만큼 높고, 앞서 언급한 바와 같이 50대에서의 치명률도 대략 3배 이상 높은 것으로 추정된다.[14]

델타 변이의 중증화율과 치명률을 백신 완전접종군을 기준으로 설명하자면 80세 이상에서 중증화율은 8.36%였고 치명률은 4.95%인 것으로 추정되며, 70세~79세에서는 3.28%와 1.00%, 60세~69세에서는 1.58%와 0.43%인 것으로 추정된다. 여기에서 특기할 부분은 80세 이상 완전접종군에서의 치명률이 거의 5%에 근접한다는 부분인데 이는 접종을 제대로 완료했더라도 상당수 환자들이 사망한다는 추정치이다. 따라서 80세 이상에서는 예방접종(부스터 접종까지)을 기본으로 시행함과 동시에 고령자 보호전략(예방 측면, 치료 측면)이 매우 세심하게

---

14 게다가 우리나라에서는 백신 접종을 완료했더라도 70~79세와 80세 이상에서는 델타 변이의 치명률이 각각 1.00%와 4.95%인 것으로 보이는데, 정확히 같은 연령대의 국내외 정보가 빈약하여 단순비교는 어려우나 주로 고령자에서 생겼을 미국의 와일드 타입 돌파감염 치명률 0.79% 사례를 인용하여 본다고 하면 델타 변이의 치명률은 와일드 타입에 비해 백신 접종자에서조차도 더 높을 것으로 보임. 참고로, 미국 조지아주에서는 돌파 감염자 1만 3,332명 중에서 105명이 사망함(치명률은 0.79%)-오피니언뉴스, 2021. 8. 16(http://www.opinionnews.co.kr/news/articleView.html?idxno=54053).

2021. 8. 1~ 9.11.확진자(확진 후 28일 관찰기간 경과자)											
구분	전체			미접종군			불완전접종군			완전접종군		
	확진자	중증화수	중증화율	확진자	중증화수	중증화율	확진자	중증화수	중증화율	확진자	중증화수	중증화율
19세 이하	11,934	4	0.03	11,512	4	0.03	368	0	0.00	54	0	0.00
20~29세	16,527	45	0.27	14,676	44	0.30	1,447	1	0.07	404	0	0.00
30~39세	12,806	121	0.94	10,348	111	1.07	1,313	8	0.61	1145	2	0.17
40~49세	11,829	249	2.10	9,467	253	2.48	1,819	13	0.71	543	1	0.18
50~59세	11,022	410	3.72	5,596	295	5.27	4,983	111	2.23	443	4	0.90
60~69세	6,192	285	4.60	1,121	144	12.85	4,375	130	2.97	696	11	1.58
70~79세	1,929	188	9.75	321	82	25.55	906	83	9.16	702	23	3.28
80세 이상	888	150	16.89	242	88	36.36	60	13	21.67	586	49	8.36
전체(조율)	73,127	1,452	1.99	53,283	1,003	1.88	15,271	359	2.35	4.573	90	1.97

2021. 8. 1~ 9.11.확진자(확진 후 28일 관찰기간 경과자)											
구분	전체			미접종군			불완전접종군			완전접종군		
	확진자	사망자 수	치명률	확진자	사망자 수	치명률	확진자	사망자 수	치명률	확진자	사망자 수	치명률
19세 이하	11,934	0	0.00	11,512	0	0.00	368	0	0.00	54	0	0.00
20~29세	16,527	3	0.02	14,676	3	0.02	1,447	0	0.00	404	0	0.00
30~39세	12,806	3	0.02	10,348	3	0.03	1,313	0	0.00	1145	0	0.00
40~49세	11,829	4	0.03	9,467	3	0.03	1,819	0	0.00	543	1	0.18
50~59세	11,022	29	0.26	5,596	21	0.38	4,983	7	0.14	443	1	0.23
60~69세	6,192	44	0.71	1,121	22	1.96	4,375	19	0.43	696	3	0.43
70~79세	1,929	45	2.33	321	24	7.48	906	14	1.55	702	7	1.00
80세 이상	888	88	9.91	242	522	21.49	60	7	11.67	586	29	4.95
전체(조율)	73,127	216	0.30	53,283	128	0.24	15,271	47	0.31	4.573	41	0.90

출처: 질병청, 2021.10.18.

논의될 필요가 있다. 참고로 〈표 3-6〉의 중증화율과 치명률표는 델타 변이가 우세종이면서 아직 전체 연령대에서 백신 면역 저하가 시작되지 않은 아주 운 좋은 시기에 얻어진 정보로서 의료 대응 시 큰 도움이 될 것으로 보인다.

제6장 확진자 발생 시나리오에 따른
중환자 수(중환자 병상수) 및 사망자 수 추정치

확진자가 하루에 1만 명이 발생한다면 그로부터 몇 명의 중환자가 생기는지가 한동안 주요 관심사였다. 따라서 다음과 같이 추정값을 계산해 보았다. 동일한 확진자 규모라도 중환자(혹은 사망자)가 발생하는 정도는 다를 수 있는데, 거기에 영향을 미치는 요인은 두 가지로서 하나는 확진자의 연령분포이고 다른 하나는 그 연령대별 백신 접종률이다. 먼저 확진자의 연령분포가 2020년 12월 말의 우리나라 전체 인구구조를 따른다고 가정하였고,[15] 연령대별 백신 접종률은 2021년 10월 말의 접종률을 따른다고 가정하였다.[16,17] 또한 최근의 중환자실 재원 기간이 10일(중위수)정도 되므로 같은 숫자의 중환자가 10일간 병실에 누적되다가 역시 10일 후부터 같은 숫자가 들고나는 것으로 가정하여 중환자 필요 병상수(=10일 누적 중환자 수)를 추정해 보았다.

그 결과로서 매일 하루 1만 명씩이 확진될 경우 그 집단에서 대략 7

---

15 우리나라처럼 성인 연령층에서의 백신 접종률이 공히 90%를 상회하는 나라에서는 바이러스 감염이 연령 구분 없이 random하게, 즉 비슷한 확률로 일어날 것이라고 가정할 수 있을 듯. 사실은 노령층으로 갈수록 사회적 활동량이 적어 오히려 조금 더 낮은 확률로 발생할 것으로 보는 것이 타당할 듯하나, 전체 연령대가 비슷할 것이라고 가정하는 것이 보다 더 보수적인(conservative) 전제로서 그럴 경우 중환자 수를 더 많이 추정하게 되는 방향임.

16 당시 접종이 완료되지 않은 일부 연령대의 접종완료율은 1차 접종률에서 3% 정도 뺀 수치로 적용함. 또한 0~19세의 접종률은 해당 연령이 중환자 및 사망자에 기여하는 확률이 거의 0%이므로 10월 말 현재의 백신 접종률 수치를 그대로 적용하였음.

17 따라서 여기서 계산한 중환자 수와 사망자 수 추정치는 실제 일어날 상황보다 조금 더 과장되게 많이 추정한 값일 수 있음.

일쯤 후에 140명 정도의 중환자가 발생하면서 그 이후부터 매일 같은 숫자가 10일간 누적된다고 가정하면 대략 1,400개의 중환자 병상이 필요하다는 추정이 가능해진다. 물론 사망자는 해당 1만 명의 집단별로 52명씩 생길 수 있다. 아마도 이 추정치는 현재 진행하고 있는 고령자 부스터 접종이 대부분 완료되고 11월에 벌어졌던 집단시설(요양시설) 집단 발병이 더 이상 벌어지지 않는다고 가정할 수 있을 때 적용할 수 있는 추정치일 것이다.

이 추정에 따르면 아마도 2022년 1~2월의 상황부터 적용할 수 있는 추정값이 되지 않을까 조심스럽게 예측해본다. 참고로 중환자 병상은 80~90%가 점유되면 실제로 남은 10~20%는 거의 기능하지 못하는 병상이 될 가능성이 높으므로(시설이나 장비, 인력 면에서 그만큼의 여유분이 남아 있어야 80~90%가 작동되므로) 실제로는 1,600~1,700병상이 필요할 수 있다.[18,19]

---

18 코로나19 중증 환자 전담 치료병상은 1,270개(인공호흡기 사용이 가능한 12월 12일 현재)가 확보되어 있고, 준중환자 치료병상은 576개(고유량산소비강캐뉼라 사용이 가능한 12월 5일 현재)가 확보되어 있으므로 사실 현재 1,800개 정도의 중환자 치료병상이 확보되어 있는 상황임.

19 2021년 11~12월에 벌어진 중환자 병상 부족 사태는 11월의 집단시설(요양시설) 집단 발병으로 인하여 고위험군 환자들(고령자, 와상환자, 중증기저질환자)이 갑자기 중환자 병상으로 몰려 발생한 일종의 사고(accident)로서, 12월 중순 이후부터 지역사회 outbreak로 인하여 발생하게 될 중환자 부담만 어느 정도 겹치지 않게 할 수 있다면 결국 상기한 추정치 수준으로 관리가 가능할 수도 있을 것으로 조심스럽게 생각함. 물론 중환자실 입실 기준 철저 관리, 재원 기간 철저 관리 등이 전제가 되어야 함.

〈표 3-7〉 하루 1만 명 확진자 발생 시나리오에 따른 추정 중환자 수(중환자 병상수) 및 사망자 수[20]

구분	일일확진자 (명)	접종완료자 비율	확진자중 접종완료자(명)	중증화율	중환자 수 (명)	10일후 누적 중환자 수(명)	치명률	사망자 수 (명)
0~19세	1,704	100%	17.04	0.00%	0.00	0.00	0.00%	0.00
20~29세	1,320	89.00%	1,174.55	0.00%	0.00	0.00	0.00%	0.00
30~39세	1,328	86.00%	1,142.37	0.17%	2.00	19.95	0.00%	0.00
40~49세	1,598	89.00%	1,141.99	0.18%	2.62	26.19	0.18%	2.62
50~59세	1,662	93.00%	1,545.33	0.90%	13.95	139.53	0.23%	3.49
60~69세	1,296	94.00%	1,218.55	1.58%	19.26	192.59	0.43%	5.25
70~79세	711	93.00%	661.68	3.28%	21.68	216.79	1.00%	6.60
80세 이상	380	82.00%	311.97	8.36%	26.09	260.86	4.95%	15.44
합계	10,000		7,493.49		85.59	855.92		33.40

구분	일일확진자 (명)	불완전(1회) 접종자 비율	확진자중 1회 접종자(명)	중증화율	중환자 수 (명)	10일후 누적 중환자 수(명)	치명률	사망자 수 (명)
0~19세	1,704	15.00%	255.64	0.00%	0.00	0.00	0.00%	0.00
20~29세	1,320	3.00%	39.59	0.07%	0.00	0.27	0.00%	0.00
30~39세	1,328	3.00%	38.85	0.61%	0.24	2.43	0.00%	0.00
40~49세	1,598	3.00%	47.93	0.71%	0.34	3.43	0.00%	0.00
50~59세	1,662	3.00%	49.85	2.23%	1.11	11.10	0.14%	0.07
60~69세	1,296	2.00%	25.93	2.97%	0.77	7.70	0.43%	0.11
70~79세	711	1.00%	7.11	9.16%	0.65	6.52	1.55%	0.11
80세 이상	380	2.00%	7.61	21.67%	1.65	16.49	11.67%	0.89
합계	10,000		743.52		4.79	47.94		1.18

구분	일일확진자 (명)	접종완료자 비율	확진자중 접종완료자(명)	중증화율	중환자 수 (명)	10일후 누적 중환자 수(명)	치명률	사망자 수 (명)
0~19세	1,704	100%	17.04	0.00%	0.00	0.00	0.00%	0.00
20~29세	1,320	89.00%	1,174.55	0.00%	0.00	0.00	0.00%	0.00
30~39세	1,328	86.00%	1,142.37	0.17%	2.00	19.95	0.00%	0.00
40~49세	1,598	89.00%	1,141.99	0.18%	2.62	26.19	0.18%	2.62
50~59세	1,662	93.00%	1,545.33	0.90%	13.95	139.53	0.23%	3.49
60~69세	1,296	94.00%	1,218.55	1.58%	19.26	192.59	0.43%	5.25
70~79세	711	93.00%	661.68	3.28%	21.68	216.79	1.00%	6.60
80세 이상	380	82.00%	311.97	8.36%	26.09	260.86	4.95%	15.44
합계	10,000		7,493.49		85.59	855.92		33.40

구분	하루 확진자 수(명)	중환자 수(명)	10일 누적 중환자 수(명)	사망자 수(명)
0~19세	1,704	0.50	4.97	0.00
20~29세	1,320	0.34	3.44	0.02
30~39세	1,328	3.81	38.06	0.04
40~49세	1,598	6.13	61.34	2.66
50~59세	1,662	18.57	185.68	3.81
60~69세	1,296	26.69	266.90	6.38
70~79세	711	33.24	332.36	9.90
80세 이상	380	49.87	498.70	29.41
합계	10,000	139.14	1,391.45.59	52.22

제7장 코로나19 유행과 관련된 공공 보건의료의 대응과 향후 과제

1. 임상의학적 측면에서의 개선점

코로나19 대응을 하면서 가장 먼저 문제로 부각된 부분이 중환자 간호사 공급 부족 문제였다. 코로나19 특성상 음압격리 중환자실에서의 환자 간호가 불가피한데 그럴 경우 환자 1인당 최소한 5~6명의 중환자 간호사가 필요했고[21] 중환자 진료를 수행하였던 대부분의 병원

---

20 우리나라 연령분포(2020. 12)와 최근의 백신 접종률(2021. 10)을 적용하여 추정한 중환자 수(중환자 병상수) 및 사망자 수.

21 간호사 배치 기준을 예로 들자면, '고유량산소비강캐뉼라(HFNC)' 환자 1명당 0.5명, '인공호흡기(ventilator)' 환자 1명당 1명, '인공호흡기+ECMO' 적용 환자 1명당 2명, '지원업무(circulating)' 간호사는 환자 10명 당 1명이 필요할 것으로 추정됨. 단 3교대 근무를 해야 하므로 총 인원수로는 각각의 상황마다 ×5의 인력을 확보해야 함.

에서 그 인력 조달을 위해 결국 상당수의 일반병동들을 폐쇄하고 간호사들을 동원할 수밖에 없었던 것이 사실이다. 이는 아무리 음압격리가 가능한 중환자 병상을 건축하더라도 중환자 간호사를 조달할 수 없으면 실제로 그 병상들은 중환자 병상으로 기능할 수 없었기 때문에 중환자 간호사는 곧 중환자 병상과 같은 의미로 해석되기도 하였다.

이렇듯 평소에 중환자 간호사 수련교육 프로그램 등 인력 양성 시스템과 일정 수의 중환자 간호사들을 사전에 보유하고 있지 못한다면 앞으로 다가올 다른 감염병 유행 상황에서는 초기부터 상당한 인명피해를 감수할 수밖에 없을 것으로 보인다. 물론 중환자 의학 전문의의 양성·배치도 중요한데 비록 그 숫자가 간호사만큼 많이 필요하지는 않다 하더라도 적어도 일정 규모 이상의 종합병원에서는 중환자 진료를 진두지휘할 수 있는 최소한의 세부 전문의의 고용·배치를 필수적으로 고려할 필요가 있을 것으로 판단된다.

또한 코로나19 중환자 진료 시 의료인들의 개인보호구(PPE) 착용수준도 중요한 문제로 부각되었다. 특히 레벨-D 보호구를 착용하고 환자를 진료할 경우 상당히 둔한 움직임과 체온 방출이 되지 않는 폐쇄조건 등으로 인하여 의료인력들이 쉽게 육체적·정신적으로 소진되는 등 환자 진료의 질을 심각하게 저하시키는 문제점들이 확인되기도 하였다. 사실 안면보호대, 마스크, 장갑, 가운과 같은 4가지 필수 보호구를 중심으로 간편하게 보호장비를 착용하더라도 중환자 진료 과정에서 전염 등 별다른 문제들이 발생하지 않는 것으로 확인되었다.

이는 앞서 코로나19의 임상적 특성에서 설명한 바와 같이 코로나19 감염 시 환자가 증상이 발현된 후 6일째부터는 실제로 2차 감염을 거의 유발하지 않는 특성이 있기 때문에 충분히 예상할 수 있는 문제들이었다. 따라서 질병청은 지침 측면에서 훨씬 선제적으로 음압격리 조치와 개인보호구를 완화해 주었어야 했고 또한 환자 격리해제 조건(중환자실 격리해제 조건 포함)도 보다 적극적으로 수정해 주었어야 했다고 판단된다.

2. 보건학적으로 동원할 수 있는 자원들의 적극 활용

코로나19를 진단하는 방법으로서 표준적인 검사방법은 PCR 검사이다. 그러나 이 PCR 검사는 생체시료 채취 후 고가의 분석장비가 있는 의료기관으로 보내져 개인이 분석결과를 통보받는 데까지 보통 하루가 소요된다는 단점을 극복하기 어렵다. 따라서 검사의 현장성이 매우 중요하다. 그러나 검사장비 접근성 측면에서 상당히 고립되어 있는 집단시설들(지방에 소재하고 있는 요양시설이나 사업장 기숙사 등)의 경우는 신속항원검사(Rapid Antigen Test: RAT)와 같은 자가시료채취 후 30분 이내에 결과를 알 수 있는 간편검사의 적용이 최선의 대안일 수 있다고 판단된다.

물론 신속항원검사의 정확도가 PCR 검사에 비해 다소 떨어진다고는 하나 전염력이 가장 높은 시기(보통 증상 발현일 바로 전과 바로 후)의 정확도는 충분히 보장하는 것으로 알려져 있으므로 이러한 가용성 측면의 장점이 월등한 도구의 활용을 통해 반복적으로 검사를 시행한다면 집단 발병을 조기에 발견하여 대규모 확산 이전에 충분히 선제적으로 대응할 수 있을 것으로 판단된다. 이러한 현장성이 뛰어난 보건학적 자원들의 활용에 지금처럼 지나친 의학적 엄밀성을 요구하는 것은 그동안의 코로나19 대응에 있어서 반드시 재고해 볼 문제 중 하나로 판단된다.

또한 2020년 12월~2021년 1월의 겨울 동안 수도권을 중심으로 집단적으로 발생한 요양시설들의 확진 사례들과 사망 사례들을 볼 때, 보다 선제적으로 요양시설 종사자 대상의 코로나19 질병 특성과 대응방안에 대한 교육이 이루어졌었다면 상당수의 희생자들을 막을 수 있지 않았을까 생각된다. 따라서 앞으로 새로운 감염병 유행에 효과적으로 대응하고자 한다면 가능한 한 초기부터 집단시설들을 중심으로 해당 감염병의 특성과 관리방안에 대하여 반복적이고 적극적인 교육이 이루어질 필요가 있다고 판단된다.

3. 상급 종합병원의 중환자 병상 동원 행정명령

2020년 8월부터 시작된 수도권 2차 유행과 11월부터 시작된 수도권 3차 유행을 경험하면서 의료자원 특히 중환자 병상 자원 동원의 어려움을 절실하게 느꼈다. 다른 물질적 의료자원의 동원은 재정만 있으면 가능하였으나 중환자 병상은 하드웨어적인 자원과 더불어 이미 훈련되어 있는 중환자 간호사와 같은 인적자원이 동시에 동원되어야 했으므로, 정부가 취했던 취약한 공공병원을 중심으로 한 감염병 대응전략은 각 유행들의 초기부터 쉽게 고갈되었다.

2020년 코로나19 관련 중환자 병상 동원 행정명령은 12월 18일에 처음으로 각 상급 병원들로 전달되어 12월 26일에야 전체 상급 종합병원 병상수의 1% 수준으로 중환자 병상을 동원할 수 있었는데(실제로는 1월까지), 그 시점은 이미 3차 유행의 최고 정점(12월 25일)을 지난 다음 시간이었다. 이렇듯 3차 유행이 시작된 후 한 달 보름 만에 이루어진 행정조치는 그 사이의 현장 의료진 소진과 국민 불안 확산, 일부 중환자들의 위험 감수 등 많은 아쉬움을 남겼다. 만약 중환자 발생 추이를 보면서 보다 일찍 선제적으로 상급 종합병원의 중환자 병상 동원을 위한 행정명령이 이루어졌다면 아마도 환자 치료 성적에도 조금 더 긍정적인 결과를 만들어낼 수 있지 않았을까 생각된다.

참고로 2차와 3차 유행을 겪으면서 중환자의학 전문가가 정부에 공개적으로 제안한 정책으로서 공공 의료기관들을 모두 비워 중환자 병상을 설치하고 학회가 중환자의학 전문의를 파견하고 해당 병원 간호사들과 모집된 중환자 간호사들을 집중 배치하여 효율적으로 중환자를 진료하는 중환자 전담병원 전략을 제안한 바 있었다. 그러나 이는 공공 의료기관의 구조적 한계(중환자 진료를 할 수 있는 제대로 된 구조나 시설장비가 없음)와 인력적 한계(실제로 중환자의학 전문의 지원을 요청했으나 각 상급 병원들에서의 지원이 거의 없었고, 간호사 또한 중환자 간호가 가능한 자원모집이 불가능했음)에 대한 이해 부족에 기반하여 제안된 전략으로서 사전에 공공 의료기관의 수준을 상당히 업그레이드 해놓지 않는 한 절대로 성공할 수 없는 상황이었음이 확인되었다.

또한 공공 의료기관들을 상당 기간 동안 감염병 전담병원으로 묶어 둘 경우 감염병 유행이 종료되어 원래의 종합병원으로 원상 회복하는 데 최소 3~5년의 시간이 소요되며 그 사이에 유출·소진된 의료진의 확보에도 상당한 어려움이 발생할 것으로 예상되는 등 자칫 전담화 전략은 공공의료 전체의 괴멸을 유발할 위험성이 매우 큰 것으로 우려되고 있다. 결국 우리나라의 경우는 민간 의료체계 우위 환경이므로 공공 의료기관들이 뒷받침하면서(물론 지금보다 훨씬 공공의 인프라가 강화될 필요가 있음) 민간 의료기관들이 책임성과 적극성을 갖고 대응 체계에 주체적으로 참여하는 방안이 가장 바람직할 것으로 생각된다.

4. 확진자 수 저감 중심의 정책에서 희생자 최소화 전략으로의 전환

우리나라의 코로나19 대응전략은 지금까지도 확진자 수를 줄이는 데 초점이 맞춰져 있다. 그러다보니 사회적 거리두기의 구체적 내용이 통제 일변도의 획일적 봉쇄전략으로 구성되어 있고, 그 전략에서 국민들은 자율과 책임에 기반한 감염병 대응 주체가 아니라 바이러스를 옮기는 숙주로서 통제 대상일 뿐이었다. 이는 지금 모두 미처 인지하고 있지 못하나 결국 우리의 민주주의와 인권적 기반을 파괴할 중대한 위협으로 작동할 것이다. 물론 그럼에도 절대적인 확진자 수와 사망자 수를 볼 때 한국이 전 세계에서 대단히 훌륭한 성적을 보이는 대표적인 나라임을 부정할 수는 없다. 이를 위해 헌신적으로 노력한 국민들, 방역 당국, 의료진 모두 찬사를 받을 만한 충분한 자격이 있다.

일단 2021년 내로 고령층의 추가 백신 접종(부스터 접종)을 완료한 다음에는, 현재의 확진자 수 중심의 생활방역 정책을 의료 대응 능력 수준 중심으로 완전히 재편하는 것이 바람직하다. 그럴 경우 국민들의 자율과 책임 하에 개인방역을 철저히 하도록 하는 대국민 계몽을 전제로 하여, 현재의 사회경제적 부담이 큰 거리두기는 상당 수준 폐지하는 것이 바람직할 것으로 생각한다. 이와 동시에 '재택 치료'를 보다 실질적이고 적극적으로 도입해서 과도한 사회적 부담을 줄임과 동시에 확진자들과 밀접 접촉자들 대상의 불필요한 '통제(인권침해)'도 최소화할 필요가 있다. 따라서 이미 매우 늦었지만 12월 내로 질병청의 '일반환자와 중환자의 격리 해제 지침'과 '자가격리 지침' 등에 대한 전향적인 재정비도 필요하다고 생각한다.

앞으로의 변수는 델타 변이가 여실히 보여주었듯이 변이주(2021년 12월 현재는 오미크론이 주 관심사) 유행 수준이다. 변이주별 백신들의 효과(질병 악화 방지, 전파 방지 측면 각각)에 대한 과학적 평가와 더불어 변이주에 대응할 수 있는 추가적인 백신 도입에 대한 지속적 탐색과 개발 노력이 중요할 것으로 판단된다.

5. 의료 대응 거버넌스 체계의 재정비

최근 2년 동안 실질적으로 우리나라 방역 대응의 중심은 질병청이었고 의료 대응의 중심은 중앙사고수습본부(보건복지부)였다. 주지하듯 평상시에 보건복지부가 공공과 민관을 포괄하는 의료기관 관리권한을 갖고 있음에도, 위기 시에는 이를 총괄하는 책임과 권한이 형식적으로 질병청으로 넘어가도록 법제화되어 있다. 그 결과 코로나19 팬데믹 현실에서는 질병청이 의료 대응을 실질적으로 총괄하지 못했던 것으로 보인다.

사실 팬데믹 상황에서는 방역 대응과 의료 대응이 긴밀히 연계되어야 희생자를 최소화할 수 있는데 바이러스 확산 방지 중심의 의사결정 구조만을 가지고 있는 질병청이 제반 임상의학적 필요에 부합하는 지침의 제·개정에 소홀하거나 무대응함으로써(그럴 수밖에 없음으로써) 심각한 관리 공백이 발생하였던 것으로 보인다. 이에 이제부터라도 지난 2년 간의 코로나19 경험을 리뷰하면서 의료 대응 시스템을 재설계하되 명실상부하게 국가 중앙의료기관인 국립중앙의료원(중앙감염병병원)이 중심에 서고 행정(보건복지부)이 자원관리 및 동원 등을 책임지는 방식으로 실제로 작동할 수 있는 의료 대응 구조를 새롭게 재설계(법제

[현재까지 알려진 백신의 종류는 다음과 같다]

❶ mRNA 형태의 백신
   - 화이자(Pfizer) 백신, 모더나(Moderna) 백신
❷ 비증식성 adenovirus vector 백신
   - 아스트라제네카(AstraZeneca) 백신, 얀센(Janssen) 백신
❸ 재조합 단백질 백신
   - 노바백스(Novavax) 백신

화)할 필요가 있다. 물론 그와 동시에 방역 대응과의 긴밀한 연계 방안도 근본적으로 재구성되어야 할 것이다.

6. 고위험군 관리를 위한 선제적 게이트 키핑(gate keeping) 전략의 도입

보건소를 중심으로 오랫동안 진행되어왔던 코로나19 역학조사가 변이주(특히 델타 변이) 등장으로 인하여 실제적으로 의미가 없어진 것이 사실이다. 그동안은 역학조사를 통하여 선제적으로 감염 확산을 방지하는 것이 주효했다고 하나 델타 변이는 그 전염 시기와 속도가 워낙 빠르고 전염력도 강해 기존의 방식(역학조사)으로는 선제적인 접근을 할 수 없는 것이 사실이다. 이에 코로나19에 가장 취약한 인구집단(예, 지역사회 내 80세 이상의 고령층 혹은 고령자 위주의 집단시설 등)을 중심으로 보건소나 공공 의료기관들이 선제적 게이트 키핑자로서의 역할(교육, 훈련, 선제적 PCR 및 RAT 검사 등)을 수행할 수 있도록 전략적인 지원과 배려가 필요하다.

7. 윤리적인 이슈들에 대한 끊임없는 점검

윤리적인 이슈라고 하면 확진자들을 대상으로 하는 사회적 낙인(과도한 개인정보 노출과 사회적 비난, 이는 결국 은폐의 원인으로도 작용함)과 과도한 사회경제적 피해 전가(소규모 영세 자영업자들의 치명적인 운영 손실), 그리고 의료 현장에서 수시로 발생하는 다양한 인권침해 사례들(예를 들어, 확진자들 대상의 과도한 격리방식과 격리기간, 사망 환자를 처리함에 있어 처치도구 제거 없이 시신을 포장하고 가족들에게 충분한 애도의 기회도 제공하지 않은 채 화장 처리하는 등)이 있다.

특히 코로나19의 방역 대응전략으로서 사회적 거리두기는 획일적이고 통제적인 방식으로서 이미 본질적으로 인권침해적이었고 국민 개개인의 자율적 책임성은 무시한 채 다양성에 대한 배려없이 효율성만을 중심으로 시행되었다. 게다가 그 논의 과정에서 적나라하게 드러난 민주주의와 인권 감수성 부재는 참으로 참담할 만큼 아픈 부분으로 다가왔다. 이에 포스트코로나 시대를 준비하면서 민주주의와 인권 등 인류의 본질적이고 근본적인 가치들에 대하여 모두가 심도 깊은 논의를 고려해야 한다고 생각한다.

| 참고문헌 |

중앙방역대책본부. 2021. 『코로나19 위험도 평가 및 상황 분석』. 2021. 9. 1.

질병관리청 신종병원체분석과. 2021. 『주요 변이 바이러스 발생 및 검출
률』. 2021.10. 6.

Hao-Yuan Cheng, Shu-Wan Jian, Ding-Ping Liu, Ta-Chou Ng, Wan-
Ting Huang, Hsien-Ho Lin. 2020. Contact Tracing Assessment of
COVID-19 Transmission Dynamics in Taiwan and Risk at Different
Exposure Periods Before and After Symptom Onset. 『JAMA Internal
Medicine』 180(9), 1156-1163.

Meredith McMorrow. 2021. Improving communications around
vaccine breakthrough and vaccine effectiveness. 『CDC Vaccine
Effectiveness Team』. July 29. 2021

Min Kang, Hualei Xin, Jun Yuan, Sheikh Taslim Ali, Zimian Liang, Jiayi
Zhang, Ting Hu, Eric H. Y. Lau, Yingtao Zhang, Meng Zhang,
Benjamin J. Cowling, Yan Li, Peng Wu. 2021. Transmission
dynamics and epidemiological characteristics of Delta variant
infections in China. https://doi.org/10.1101/2021.08.12.21261991

산업재해관리
- 중대재해처벌법과 산업안전보건행정조직의 과제

이 글은 2021년 9월 발간된 필자의 논문 '중대재해처벌법 시행에 따른 산업안전보건 행정조직의 과제' (「노동법연구」 제51호)를 일부 수정한 것이다.

제1장 서론

1. 중대재해처벌법 제정의 의의

부뚜막의 소금도 넣어야 짜다. 「피, 땀, 눈물」이라는 희대의 명곡을 BTS가 아니라 소방차가 불렀다면 빌보드 순위에 올랐을까? 그야말로 '피, 땀, 눈물'의 산물인 「중대재해 처벌 등에 관한 법률」(이하 중대재해처벌법)[1]을 누가 어떻게 집행할 것인가는 법률 제정만큼이나 중요한 과제이다. "법률의 효력은 그 집행에 달려 있다(JURIS EFFECTUS IN EXECUTIONE CONSISTIT)"는 오랜 법학 경구도 이를 뒷받침하고 있다.[2]

---

1 이 법률의 제정문(2021. 1. 26)에 따르면 이 법은 "사업주, 법인 또는 기관 등이 운영하는 사업장 등에서 발생한 중대산업재해와 공중이용시설 또는 공중교통수단을 운영하거나 위험한 원료 및 제조물을 취급하면서 안전·보건 조치의무를 위반하여 인명사고가 발생한 중대시민재해의 경우, 사업주와 경영책임자 및 법인 등을 처벌함으로써 근로자를 포함한 종사자와 일반 시민의 안전권을 확보하고, 기업의 조직문화 또는 안전관리 시스템 미비로 인해 일어나는 중대재해사고를 사전에 방지"를 목적으로 제정됐다. '중대산업재해'는 사망자가 1명 이상 발생한 산업재해 등 「산업안전보건법」의 '중대재해'와 정의가 유사하다. 종래 「산업안전보건법」은 사업장 단위로 사업주가 준수해야 할 안전보건 의무를 규정하고 있으므로, 중대재해 발생 시 주로 사업장 현장 대리인에게 1억 원 이하의 법적 책임이 부과되었다. 이와 비교하여 중대재해처벌법은 경영책임자 등이 중대산업재해 예방을 위해 취해야 할 의무를 담고 있고 이를 위반하여 중대산업재해가 발생할 경우 1년 이상의 징역 또는 10억 원 이하의 벌금에 처해질 수 있다.

2 Shumaker, W. A. and G. F. Longsdorf, *The Cyclopedic Dictionary of Law: Comprising the Terms and Phrases of American Jurisprudence, Including Ancient and Modern*

이러한 맥락에서 중대재해처벌법 제정의 가장 큰 의의로 최근 산업안전보건 행정조직의 개편 움직임을 들고자 한다. 2021년 1월 여당 대표가 '산업안전보건청' 신설을 내용으로 하는 정부조직개편안을 추진하겠다고 선언한[3] 데 이어 그 추진 과정의 일환으로 7월에 고용노동부 산재예방보상정책국이 '산업안전보건본부'로 승격했다.[4] 산업안전보건청 신설은 산업재해예방보상 분야의 숙원 사업으로 15년에 걸친 시민사회의 중대재해처벌법 제정 투쟁보다 오래됐다.

불가능할 것으로 생각했던 중대재해처벌법이 극적으로 국회 본회의를 통과했다. 곧이어 법률의 '중대산업재해'의 소관 부처가 고용노동부로 결정됐고[5] 산업안전보건청의 신설이 가시화됐다. 중대재해처

Common Law, International Law, and Numerous Select Titles from the Civil Law, the French and the Spanish Law, Etc, Etc. ; with an Exhaustive Collection of Legal Maxims, 1th, Keefe-Davidson Law Book Company, 1901, 513면.

3 2021년 1월 25일 더불어민주당 이낙연 대표는 최고위원회의에서 "여야 합의로 정부조직법을 개정해 산업안전보건청을 신설하기로 했다.〈중략〉당장은 노동부 산재예방보상정책국을 산업안전보건본부로 격상해 운영하기로 정부와 합의했다"고 밝혔다. 관련하여 이재갑 고용노동부 장관은 국회 환경노동위원회에서 제21대 국회 제384회 제4차 환경노동위원회 (2021년 2월 22일)에서 "산업안전보건 행정조직의 독립성과 전문성을 확보하기 위해 산업안전보건본부를 우선 추진하고 산업안전보건청으로 독립 출범하는 방안도 관계부처와 협의해 나가겠습니다"고 말했다.

4 「고용노동부와 그 소속기관 직제 시행규칙」(이하 직제) 제8조 개정(2020. 7. 1)에 따라 종래 5개과 체제의 '산재예방보상정책국'은 9개과 1개팀 82명 정원(35명 증원)의 '산업안전보건본부'로 승격했다. 2021년 7월 13일 세종시 반곡동 소재 고용노동부 별관에서 본부 출범식이 있었다.

5 "「중대재해 처벌 등에 관한 법률」이 제정되어 중대산업재해 발생 시 법률에서 정한 범죄에 관하여 산업안전 및 근로감독 분야에 전문성이 있는 근로감독관에게 사법경찰관으로서의 직무수행 권한을 부여하려는 것임(안 제6조의 2 제1항 제17호 신설)"을 제안 이유로 하여 이수진 의원(비례) 등이 「사법경찰관리의 직무를 수행할 자와 그 직무범위에 관한 법률」(사법경찰직무법) 일부개정법률안을 제출했고 12월 9일 본

벌법 제정과 산업안전보건 행정조직의 승격이라는 넘지 못할 것만 같았던 굽이굽이 큰 고개를, 터널을 뚫고 빠르게 지나온 느낌이다. 환희도 잠시 중대재해처벌법의 시행이 불과 몇 개월 앞으로 다가온 것을 생각하면, 다시 근심이 앞을 가린다.

2. 영국의 기업과실치사법 사례와 시사점

중대재해처벌법의 모델이 된 영국의 「기업과실치사 및 기업살인법」(Corporate Manslaughter and Corporate Homicide Act 2007: CMCHAct)은 약 10년 이상 기간에 걸쳐 공식 제도 기구의 검토를 비롯하여 일련의 숙성과정을 거쳐 탄생했다.[6] 영국 정부의 요청을 받은 법률위원회(Law Commission)가 '비고의 살인죄 법률 초안(Bill of Involuntary Homicide Act 1995)'을 제안하였고 정부는 「비고의 살인죄에 관한 법률개정: 정부 제안」(2000)을 발표했다. 그 뒤로 7년이 더 흘러 법률이 제정됐다.[7] CMCHAct의 일부를 소관하고 있고 보건안전법(Health and Safety at Work etc. Act 1974: HSWAct)의 집행조직인 보건안전청(Health and Safety Executive: HSE)은 CMCHAct 시행 30여 년 전인 1975년 1월 1일에 공식적으로 출범하여[8] 전문성과 독립성을 갖춘 규제기관으로서 꾸준히

회의를 통과했다.

6 정진우, "사망재해 발생 기업에 대한 형사책임 강화-영국의 '법인 과실치사법'을 중심으로", 「한국산업위생학회지」 제4호, 2013, 374~378면.

7 김재윤, "영국의 기업과실치사법에 대한 고찰과 시사점", 「형사정책연구」 제4호, 한국형사정책연구원, 2014, 192~195면.

8 UK Health and Safety Executive, 2021, "The history of HSE.", Retrieved 9. 1, 2021,

사망사고를 줄이고 있었다.

HSWAct, HSE 제도 또한 짧지 않은 공식적인 성찰 보고서인 〈로벤스 보고서(Safety and Health at Work, Report of the Committee 1970~1972)〉의[9] 산물이다. 영국은 1974년 이래로 45년 동안 사고성 산재사망자 수를[10] 651명에서 77명으로 90% 줄였다. 이 숫자는 1991년에 297명이었으므로 약 절반 수준으로 줄이는 데에는 18년이 걸렸다. CMCHAct가 제정되던 2007년 233명의 근로자가 사고성 재해로 숨졌는데, 이 숫자가 다시 절반으로 줄어드는 데에는 12년이 더 필요했다.[11]

3. 산업안전보건의 '한강의 기적'을 꿈꾸며

우리 사회가 서구의 산업화를 압축적으로 따라잡았으니 안전 또한 그렇게 할 수 있을 것인가? 영국의 사례로 볼 때, 2018년 1월 국민생

---

from https://www.hse.gov.uk/aboutus/timeline/index.htm.

9 Robens, A. R., Safety and Health at Work ; 「Report of the Committee, 1970~1972. Chairman: Lord Robens」, Her Majesty's Stationery Office, 1972. : 1970년 영국 정부의 요청으로 왕립위원회(Royal Commission)가 발족했고 로벤스(Lord Robens)를 비롯한 7명의 위원들이 2년 동안 183개 기관과 접촉하여 수많은 현장 관계자와 인터뷰하고 자료조사를 수행한 끝에 만들어졌다.

10 '산업재해'는 부상과 질병으로 나눌 수 있는데, 산업재해의 정의가 시기별로 또는 국가별로 다르므로 연도별 비교 혹은 국가별 비교를 위해서는 가장 명확한 산업재해 지표인 사고성 산업재해 사망자 수를 사용한다. 영국 HSE는 자영업자의 사망통계도 집계하고 있는데 여기에서는 우리나라 통계와의 비교를 위하여 자영업자를 뺀 피고용인(employee)의 사망통계만을 사용했다.

11 UK Health and Safety Executive, 2021, "Work-related fatal injuries in Great Britain", Retrieved 9. 1, 2021, from https://www.hse.gov.uk/statistics/fatals.htm.

명지키기 범정부 대책위원회가 2022년까지 사고성 산재사망자 수를 절반 줄이자는 목표를 수립한 것은 의욕은 좋았으나 우리의 현실을 제대로 파악하지 못한 결과였다. 기적이 아니고서는 우리나라에서 몇 년 사이에 중대재해 절반 감소와 같은 성과를 올리기는 힘들 것 같다. 이 대목에서 산재예방판 '한강의 기적', 즉 산재예방 부문에서 고도 압축성장의 필요성이 제기된다. 중대재해기업처벌법 제정이라는 기회를 '경부고속도로'처럼 고속성장의 인프라로 기능할 수 있게 하는 과제가 주어진 것이다. 이 고속도로를 잘 건설한다면 국도에 비유할 수 있는 종래 「산업안전보건법」(이하 산안법)의 활용도를 높이는 동시에 그 확장과 정비를 독려할 수 있을 것이다.

중대재해처벌법 시행을 앞두고 법률을 준수해야 하는 기업은 발등에 불이 떨어졌다. 특히 대기업은 최고안전환경책임자를 임명하고 CEO 수준의 안전환경 관련 권한을 부여하는 등 발 빠르게 움직이고 있다. 많은 법무법인이 중대재해 관련 조직을 만들어 기업의 대응을 도울 채비를 갖추고 있다. 2021년 어느 유명 법무법인이 개최한 중대재해처벌법에 관한 웨비나에는 수천 명의 기업 관계자가 신청했다. 제정 40년을 맞는 산안법의 공개 판례가 100개에 불과한 현실과 위반범에 대한 구공판 비율이 5% 미만이라는 점과 비교할 때,[12] 최근 중대재해처벌법에 대한 기업의 관심은 가히 폭발적이다.

중대재해처벌법의 소관 부처인 법무부, 고용노동부, 환경부, 산업통상자원부, 국토교통부, 공정거래위원회 등을 비롯하여 예산과 공공기관을 관리하는 기획재정부의 대응도 바빠졌다. 중대재해처벌법 전체

---

12 김성룡, 「산업안전보건법 위반사건 판결 분석 연구」, 고용노동부, 2018, 137~138면

를 소관하는 법무부는 7월 9일 시행령을 입법예고했고 8월 8일 '중대안전사고 대응 TF'(총괄 분야, 산업재해 분야, 시민재해 분야 등 3개팀)를 구성하여 운영하기 시작했다. 이 TF에서는 중대재해 발생부터 사건 처리, 공판, 피해자 지원 등 사고 대응 전반에 걸쳐 단계별 프로세스를 점검할 예정이다.

'중대산업재해' 소관 당국인 고용노동부 산업안전보건본부는 최근 입법예고 시행령의 '안전보건관리체계'와 관련된 안내서를 발간하는 것을 필두로 법률의 시행 준비를 본격화했다. 중대재해 중 중대산업재해는 가장 빈도가 높고 중대시민재해의 예방과도 직결되므로 특히 중요하다. 따라서 중대재해처벌법의 성패가 상당 부분 고용노동부의 집행에 달려 있다고 보아도 과언이 아니다. "모내기 철에는 아궁 앞의 부지깽이도 뛴다"고 했다. 필자는 모내기철 '부지깽이'에 투사된 농부의 심정을 담아, 중대재해처벌법 시행 준비에 일손을 보태고자 이 글을 쓴다.

이 글에서 관련 문헌고찰, 근로감독관 인터뷰[13] 그리고 무엇보다 안전보건 행정조직에서 실무자로서 겪었던 경험을 토대로[14] 효율적이고 효과적인 중대산업재해 예방을 위한 산업안전보건 행정조직의 과제를 논할 것이다. 특히 이를 위하여 독립적인 중앙행정기관 체제로서 가칭 '산업안전보건청'을 중앙행정기관인 청(외청)[15] 설립의 필요성, 외청이

---

13 '근로감독행정 혁신방안 연구'(고용노동부 정책연구용역, 2017. 11~2018. 1)의 공동연구원으로서 근로감독관 업무 발전방향에 관한 3회 이상 토론 참여.

14 노동부 산업안전보건 근로감독관과 한국산업안전보건공단 직원으로 근무했다.

15 「정부조직법」의 중앙행정기관인 청을 지방청과 구분하기 위하여 이 글에서는 편의상 '외청(外廳)'이라는 용어를 사용했다. 외청이라는 표현은 「정부조직법」제2조 제2

추구해야 할 방향성에 관하여 논하고자 한다.

제2장 산업안전보건 행정조직의 과제

1. 산업안전보건청 설립의 필요성

1) 30년의 정체

2021년 7월 1일 종래 5과 체제였던 고용노동부 산업안전보건정책국이 2관 9과 1팀의 산업안전보건본부로 승격했다. 중대재해기업처벌법 제정이 갑작스럽게 조직 승격을 채근했지만, 33년 동안 산업안전보건 중앙행정조직이 정체했음을 참작하면 갈 길은 아직 멀다. 교통안전, 식품안전, 환경안전, 제품안전 등 여타 국민안전 부문에 비해 산업안전 행정조직의 정체는 심각한 상태였다. 〈표 4-1〉은 우리나라 식품의약안전과 산업안전보건 행정조직 중 본부조직 개편의 주요 연혁을 비교한 것이다.[16]

항에 존재했던('99. 5월까지) 중앙행정기관인 '외국(外局)'을 응용하여 명칭했다. 현재 우리나라 정부조직 중에는 국세청, 관세청, 조달청 등 총 18개의 외청이 존재한다. 산업안전보건본부가 외청으로 승격할 경우 '산업안전보건청'이라는 명칭을 사용할 것으로 예상된다. 이 글 본문에서 '외청'은 '산업안전보건청'을 말한다.

16 「식품의약품안전처와 그 소속기관 직제」와 「고용노동부와 그 소속기관 직제」 및 관련 40년간 연혁 법령 참조.

<표 4-1> 식품의약안전과 산업안전보건 행정조직(본부) 연혁 비교

구 분	식품의약안전 분야	산업안전보건 분야[17]
1980 년대	1981년 보건사회부 약무식품국 (4과)	1989년 노동부 산업안전국 신설 (3과), 종래 1981년부터 노동보험국 (3과) 총 2국 6과 체제[18]
1990 년대	1996년 보건복지부 식품 의약품안전본부 (승격) 1998년 식품의약품 안전청 (승격)	1995년 노동부 산업안전국 (3과) 및 산재보험국 (2과) 1996년 노동부 산업안전국 (3과) 및 산재보험과 (1과)
2000 년대	식품의약품안전청	2000년 노동부 산업안전(보건)국 (3과) 및 근로 기준국 산재보험과 (1과) 총 4과 체제
2010 년대	2013년 식품의약품 안전처 (승격)	2010년 고용노동부 산업안전보건정책관 (격하) 2013년 고용노동부 산재예방보상정책국 (1국 5과)
2020 년대	2021년 식품의약품안전 처 (7국 3관 37과)	2021년 6월까지 산재예방보상정책국 (1국 5과) 2021년 7월 산안전보건본부 승격 (2관 9과 1팀)[19]

1980년대 각각 4과와 6과 체제였던 식품의약안전과 산업안전보건 중앙행정조직은[18] 33년이 흐른 지금, 하나는 37개의 과를 거느린 거대 처 조직으로[19] 승격했고 다른 하나는 최근 6월까지 5과 체제였으므

---

17 '산업안전보건'이란 단적으로 산업재해의 예방을 말한다. 산업재해는 부상(injury)과 질병(disease)의 형태로 발생할 수 있는데, 일반적으로 '산업안전'은 부상의 예방을, '산업보건'은 질병의 예방을 뜻한다. 우리나라에서 산업안전보건은 산재보상을 포함하지 않았고 2013년 이전 고용노동부 본부 행정조직에서 산재예방·산재보상 부문은 분리돼 있었다. 2013년 산업안전보건국에 산재보상정책과가 편입됐고 이번에 산업안전보건본부에 계승됐다. 이러한 조직체계는 현대사회의 재난안전 관리에서 예방-대비-대응-복구의 통합 관리를 지향하고 있고 산재보험은 현재 산업안전보건의 중요한 물적 토대가 되고 있으므로 타당하다고 생각한다. 따라서 이 글에서 '산업안전보건'은 산재보상을 포함하는 개념으로 사용했다.

18 산업안전국(안전기획과·산업안전과·산업보건과), 노동보험국(보험관리과·보험징수과·재해보상과).

19 2관(산업안전보건정책관·산재예방감독정책관), 9과 1팀(산업안전보건정책과·산재보상정책과·산업안전기준과·산업보건기준과·직업건강증진팀·안전보건감독기획

로 오히려 퇴보한 상태였다. 같은 기간에 고용노동부 전체 조직은 팽창했으니 산업안전보건 행정조직의 부내 비중은 날로 감소해왔다. 심지어 2010년에는 국에서 관으로 위상이 격하되었고 인원 감소를 겪기도 했다.[20] 두 조직이 관리하는 피해 규모에 관한 2020년의 주요 통계를 비교하면 식중독 환자는 2,747명이 발생했고 산업재해 환자는 108,379명이다.

식중독은 대부분 후유증 없이 회복되는데 산업재해는 후유장해를 동반하므로 피해자의 약 36%만이 원직에 복귀하고 약 30%는 노동력을 영구 상실했다.[21] 사망자 통계를 보면 차이는 더 극명하다. 식중독 사망자는 2020년 0명이고[22] 산업재해 사망자는 2,062명이었다.[23]

소관 법률의 적용 대상 인구수를 보면, 1980년대에 비해 인구는 약 1천만 명 증가했는데, 취업자 수도 거의 비슷한 수준으로 증가했다. 1990년 전체 취업자 수는 약 1,800만 명에서 2020년 약 2,600만 명으로 약 800만 명 늘었다. 같은 기간 산재보험 가입사업장 수는 약 10만 개에서 268만 개로 20배 이상 늘었다.[24,25] 이 기간에 「산업안전보

과·산재예방지원과·건설산재예방정책과·중대산업재해감독과·화학사고예방과).

20 이종한, 「규제집행체계 개선방안 연구: 산업안전 분야를 중심으로」, 한국행정연구원, 2016. 6면.

21 김광배, 「산재근로자의 복귀 형태와 유지기간이 삶의 질에 미치는 영향 연구」, 서울대학교 행정대학원, 2017. 24면.

22 식품의약품안전처(2021), "2020년 식중독 발생 최저치 기록, 이유는?"

23 한국산업안전보건공단(2021), "산업재해통계-2020년 산업재해 발생현황", Retrieved 9. 1, 2021, from https://www.kosha.or.kr/kosha/data/industrialAccidentStatus.do.

24 노동부, 「노동행정사」, (주)피알앤북스, 2006.

25 근로복지공단(2021), "고용 산재보험 가입현황", Retrieved 9. 1, 2021, from https://www.data.go.kr/data/15002150/fileData.do.

건법」(이하 산안법)은 2차에 걸쳐 전부 개정되면서 법률 조문이 3배 이상 늘었다(48→175개). 같은 기간 「산업재해보상보험법」도 법률 조문이 약 2배 증가했다(67→129개). 적용 대상 인구와 법조의 확장과 더불어 인권의식의 신장도 업무량 증대에 기여했을 것을 고려하면, 고용노동부 산업안전보건 본부조직의 업무는 1989년과 비교할 때, 족히 몇 배는 늘었을 것이란 추정은 과하지 않다.[26]

행정조직이론 중 업무량과 관계없이 공무원의 수는 증가한다는 '파킨슨의 법칙'이[27] 있는데, 우리나라 산업안전보건 중앙행정조직의 조직 연혁은 이 법칙의 극명한 예외 사례이다. 우리나라 중앙부처 부성화(departmentalization) 단계에서도 그 유래를 찾기 힘들다. 이러한 배경에는 산업재해 문제에 대한 정치권과 언론의 무관심을 비롯한 여러 가지 원인을 추정할 수 있겠는데, 고용노동부 내부적으로는 기술직렬 중심의 이질적 분야에 대한 홀대에도 원인이 있을 것이다. 일반적으로 공무원들이 인사의 숨통을 여는 기회이므로 외청으로의 승격을 추구한다는 주장은[28] 산업안전보건 행정조직에는 적용되지 않았다.

시민사회와 국회의 요청으로 외청 신설이 가시화됐지만, 과연 고용노동부 정책 그룹이 외청 신설에 대한 의지를 가지고 있는지는 미지수이다. 행정안전부, 기획재정부 등 인력과 예산을 쥐고 있는 부처의 조

---

26 증가하는 산재예방과 산재보상 업무를 해소하기 위해 공공기관인 '한국산업안전보건공단'(1987년 설립)과 '근로복지공단'(1995년 설립)이 설립·운영되고 있다. 이 글의 주제는 산업안전보건 행정조직 중 본부조직에 관한 것이므로 이 글의 본문에서는 두 공공기관에 관한 사항은 주제와 관련된 사항만 일부 다룰 것이다.

27 한국행정학회(2021), "온라인 행정학 전자사전", Retrieved 9. 1, 2021, from https://kapa21.or.kr/bbs/dictionary.

28 조석준·임도빈, 「한국행정조직론」 제5판, 법문사, 2019, 229면.

직 팽창 부성화에 대한 반대 압력이 여전히 강한 가운데, 주체의 의지가 없다면 외청의 설립은 좌절될 수 있다. 지속적인 외부의 관심과 조력이 필요한 이유이다.

2) 오래된 대안

사실 산업안전보건청 신설의 필요성은 이미 20년 전 전문가들이 수행한 객관적인 연구의 결론을 통해서도 도출됐다. 1993년 수많은 산업재해자를[29] 남긴 원진레이온이 문을 닫았는데, 이황화탄소 중독증이라는 회복할 수 없는 피해를 입은 직업병 노동자들은 1999년 자신들을 돌볼 목적으로 녹색병원을 만들었다. 그들은 다른 노동자들이 이러한 고통을 겪지 않도록 하기 위해 병원 부설로 노동환경건강연구소를 설립했다.

초대 녹색병원 원장이자 연구소장인 김록호는 정진주, 김신범 등의 연구소 소속 전문가들과 더불어 백도명, 박두용 등 당시 산업안전보건 분야 주요 학계 전문가들과 함께 1년간 한국 사회 산업안전보건의 근본 문제를 분석하고 토론했다. 영국처럼 정부가 요청한 조사는 아니었지만 당대 최고의 전문가들이 봉사정신을 발휘하여 수행한 결과물인 연구보고서는 가히 〈한국의 로벤스 보고서〉라 이를 만하다.[30]

---

29 강태선, "원진레이온 직업병 투쟁의 협상론적 해석", 「보건학논집」 제2호, 2015, 1-16.; 이 논문에 따르면 1997년 원진의원 개원 당시 직업병 판정자는 총 689명이었고 최근 임상혁 녹색병원 원장의 시사IN 인터뷰 기사('전태일의 길' 뚜벅뚜벅 걸어가는 녹색병원, 2020. 12)에 따르면 950명까지 늘었다.

30 김신범·박두용·정진주·임승빈·이선화·백도명, "한국사회 산업안전보건정책의 분석", 「보건학논집」 제1호, 2000, 65면.

이 연구보고서에서는 당시까지 많은 연구자들이 산업안전보건의 핵심 문제라고 주장하여왔던 신뢰할 수 없는 재해율, 사업주의 무관심, 약한 벌칙, 형식적 국가의 감독, 평가 없는 정책 등의 문제가 본질적인 문제는 아니라고 주장했다. 연구진은 우리 사회의 근본적 안전보건 문제는 '사회윤리적 동기가 약한' 가운데 '경제적 동기'에 의해 주로 정책이 수립되면서 저규제 정책이 발생했다고 밝혔다. 기업의 경제활동에 지장을 주지 않는 선에서 국가의 처벌이 이뤄지고 사업주의 의무는 형식적으로 강조됐다는 것이다.

연구진은 바로 이 사회윤리적 동기의 강화와 함께 정부를 중심으로 한 '정책 주체의 입지 강화'가 우리 사회의 산업안전보건 정책 발전을 위해 필요하다는 결론을 냈다. 머리말에서 언급한 숙원 사업, 산업안전보건청의 필요성이 객관적으로 도출됐다.

그 이후로 강산이 두 번 변하고 그때 청년은 장년이 되었는데도 대한민국의 산업안전보건 정책 현실은 최근까지 변하지 않았다. 최근 산업재해 유족들의 목숨을 건 사투가 없었다면 우리는 산업재해 문제가 화려한 경제지표와 너무도 극적으로 대비되고 있다는 것조차 인식하지 못했을지 모른다. 결국 고 김용균씨의 어머니 김미숙씨를 비롯한 유족들이 우리 사회의 산업재해에 대한 인식이 얼마나 패륜적인 수준에 머물러 있었는지를 알게 했고, 잠자고 있던 우리 사회의 '사회윤리적 동기'를 일깨웠다.

이 힘으로 2019년 1월 「김용균법」(산안법 제2차 전부개정)이 탄생했고 2021년 1월 중대재해처벌법이 제정됐다. 김용균법은 산업재해의 예방을 중대재해처벌법은 산업재해가 포함된 '중대재해', 즉 '중대산업재해'의 엄벌을 담고 있다. 2021년 당정의 외청 설립 선언은 중대재해처벌법 집행기관의 역량강화라는 필요에서 기인했는데 동시에 산업안전보건 정책 주체의 입지를 강화하는 방향과 일치하고 있다.

3) 외국의 사례

산재예방 정책 주체의 입지 강화와 조직 정체로 낙후된 전문성 제고를 위해 현 산업안전보건본부는 독립적인 중앙행정기관의 형태로 발전해야 한다. 이는 머리말에서 언급한 영국의 HSE 외에도 미국의 OSHA, 호주의 SWA 등의 사례가 있으며[31] 덴마크, 노르웨이, 스웨덴에서도 독립적인 산업안전보건 담당 중앙행정기관이 존재한다.[32]

독일은 연방 노동사회부(BMAS) 본부 조직 내 III실[33] IIIb국에서 산업안전보건, 제품안전, 화학안전 등의 정책을 담당한다.[34] BMAS 소속 기관인 연방산업안전보건연구원(Bundesanstalt für Arbeitsschutz und Arbeitsmedizin: BAuA)은[35] 산업안전보건에 관한 기술개발과 촉진, 산업

---

31 OSHA(Occupational Safety and Health Administration), SWA(Safe Work Australia).

32 박두용, 「산업안전보건 행정조직 및 집행체제의 선진화방안」, 산업안전보건연구원, 2010, 224면.

33 이창원 등, 「외국의 고용노동행정 조직의 변화추이와 시사점(OECD 국가를 중심으로)」, 노동부, 2009, 10면; 연방노동사회부(BMAS: Bundesminister für Arbeit und Soziales)의 제3실(Abteilung III)은 근로계약(Arbeitsrecht) 담당인 IIIa국과 산업안전보건(Arbeitsschutz) 담당 IIIb국을 두고 있다.

34 BMAS, 2021, "Organigramm des BMAS." Retrieved 9. 1, 2021, from https://www.bmas.de/SharedDocs/Downloads/DE/Ministerium/bmas-organigramm.pdf;jsessionid=2E5FFE0F16D2EA3735DB648BF3D3D04E.delivery1-master?__blob=publicationFile&v=2.

35 BAuA(Federal Institute for Occupational Safety and Health)는 국가 노동안전보건 연구기관이면서도 화학물질관리의 근간이 되는 REACH[Registration, Evaluation, Authorisation and Restriction of Chemicals, Regulation ((EC) No 1907/2006)],

안전보건 정책 자문을 수행하며 동시에 화학제품 및 물질의 안전, 제품안전 관련 법률 집행 등을 맡는다. 중앙행정조직에서 고용 부문은 연방고용청(Bundesagentur für Arbeit: BA)이 별도로 수행하므로 노동보호와 분리되어 있고 특히 산업안전보건과 부문은 해당 분야 전문성이 있는 인력을 채용하고 인사의 독립성도 보장된다.

일본은 후생노동성의 안전위생부가 안전보건 관련 중앙행정조직이다. 독립 외청은 아니지만 노동기준감독관직렬(법문계, 이공계)을 두고 있어 노동보호의 포부를 가진 신규 공무원을 정기 채용하고 경력을 관리함으로써 전문성을 확보하고 있다.[36]

4) 사업장을 넘어

앞서 언급한 식품의약품안전처를 비롯하여 경찰청(교통안전), 환경부(환경안전), 소방청(화재안전), 질병관리청(방역안전) 등은 국민안전 향상을 위해 담당 정부조직을 전문성·독립성을 갖춘 독립 규제기관으로 승격했다. 연간 2,000명 이상 국민의 사망 원인인 산업재해를 예방하고 보상하기 위한 외청의 신설은 노동자 인권 옹호를 위해 필요한 일이지만 국민안전을 획기적으로 증진하는 수단이 될 수 있다. 교통안전, 환경안전, 화재안전, 원자력안전, 해사안전, 농업인 안전, 연구실안전 등 국민안전의 중요한 부문은 타부처 소관이지만 생산과 결부되어

CLP[The Classification, Labelling and Packaging, Regulation((EC) No 1272/2008)] 등을 집행하므로 '연방산업안전보건청'으로 번역하기도 한다. 약 700명 이상의 전문가가 근무하고 있다.

36 정진우, "산업안전보건청의 설립 필요성과 추진방안에 관한 연구", 「한국산업보건학회지」 제1호, 한국산업보건학회, 2017, 7~8면.

있으므로 노동의 투입이 있다. 노동자는 교통사고, 환경사고, 화재, 원자력 사고를 예방하거나 대비·대응하는 주체이면서 최초 피해자가 되기 쉽다. 산업안전보건청이 사업주인 기업(법인)이 노동자를 보호하도록 그리고 노동자들이 위험 의사소통을 원활히 할 수 있게 보장한다면 크고 작은 다양한 종류의 재난을 예방할 수 있다.

이러한 교훈을 우리는 과거의 많은 재난으로부터 이미 얻었다. 우리나라에서 가장 큰 희생자를 낸 화재사고는 산업재해로부터 비롯되었거나 그 자체가 산업재해였다. 1971년 대연각호텔 화재(163명 사망)는 노동자 2명이 가스 폭발로 사망하는 산업재해로부터 촉발된 사고였고 1991년 두산전자 페놀 누출사건과 2012년 구미 휴브글로벌 불화수소 누출사건 등은 유해화학물질이 각각 수질과 대기를 오염시킨 환경재난으로 기록되었는데, 가장 큰 피해는 노동자들이 입었고 현장 안전보건 조치가 미이행되면서 국민안전까지 심각하게 위협한 사고로 비화한 것이다.

1977년 이리역 한국화약 열차 폭발사고(59명 사망 약 1,400명 부상), 1994년 대구 상인동 지하철공사 현장 가스폭발 사고(중학생 42명 포함 101명 사망) 등도 노동자가 사망한 산업재해인데, 역시 사업장의 산업재해 위험이 방치되어 많은 국민들이 처참하게 희생된 사건이다. 청해진해운(주) 세월호에서 일했던 선원과 근로자들을 위한 안전보건시스템이 4월 16일 이전에 제대로 작동되고 있었다면 어땠을까? 대부분 운전자 과실로 결론지어졌던 교통사고도 최근 운전자의 과로가 원인이었음이 점차 밝혀지고 있다. 버스 운수업에 대한 52시간 노동제 적용은 산업재해를 예방하면서 동시에 도로를 이용하는 국민의 안전을 향상시킬 것이다.

요컨대 산업안전보건청이 신설되어 노동자 안전보건에 대한 전문적이고 독립적인 책임행정을 수행한다면 교통안전, 환경안전 수준이 향상되는 긍정적인 외부 효과를 거둘 수 있다. 중대재해처벌법은 중대산업재해와 함께 중대시민재해 발생 시 책임자 처벌을 목적으로 제정된 법률로서 세월호와 가습기살균제 사건 이후 제정된 가장 포괄적인 국민안전법이다. 특히 '중대산업재해'를 '중대시민재해'보다 법률 앞부분에 위치시킴으로써 노동안전이 더 근간이 된다는 점을 시사한 것으로 볼 수 있다.

2. 산업안전보건청 설립의 방향성

1) 산업재해 방지의 사회윤리적 동기 증대

당면하고 있는 전대미문의 전 세계적인 코로나19 감염병 재난에서 우리 사회는 내재되었다가 표출된 공동체 윤리의 덕을 톡톡히 보고 있다. OECD 최저 수준의 공공병상을 가진 국가에서 최선의 감염병 방어를 하리라곤 보건 분야 전문가들도 예측하지 못하던 일이다. 20년 전 〈한국의 로벤스 보고서〉의 원인 진단을 다시 상기하게 되는 대목이다. 기업을 중심으로 산업안전보건에 대한 사회윤리적 동기가 매우 취약한 한국 사회. 따라서 산업안전보건청은 대내외적으로 노동자 생명 보호를 향한 사회윤리적 동기의 강화와 확대를 제일의 목표로 삼아야 한다. 외청은 산안법과 함께 중대재해처벌법을 집행하는 한층 힘 있는 조직이 되겠지만, 법 집행의 토대는 사회 구성원들의 관련 사회윤리적 동기이다.

환경안전에 대한 우리 사회의 사회윤리적 동기의 현황을 살펴보자면, 지금 환경법이 없어진다 해도 웬만한 기업들은 폐수를 함부로 방류하지 않을 것이다. 이제 기업의 폐수 방류는 매우 큰 비난의 대상이 되었으며, 대중들은 심지어 그런 기업은 망해야 한다고 생각한다. 30년 전만 해도 굴뚝에서 나오는 검은 연기는 사회 발전의 상징이었는데, 환경안전을 바라보는 우리 사회의 사회윤리관이 많이 변한 것이다. 여기 노동자가 일하다가 사망한 기업과 발암물질이 함유된 폐수를 무단 방류한 기업이 있다고 하자. 우리 국민들은 어느 기업을 더 비난할까? 같은 맥락에서 사업장 밖으로 나가는 작은 소리는 '소음'이지만 사업장 안의 굉음은 아직도 '돈 버는 소리' 혹은 '고용안정'으로 해석된다.

많은 언론이 위험의 생산자로서 기업의 산재예방에 대한 일차적인 책임을 간과한다. 피해자의 고통과 그 가족의 비극에 주목하지 않고 기업의 규제 완화 요구를 여과 없이 보도하는 언론이 더 많다. 사업주는 산업재해의 원인에 대하여 부실한 안전보건 투자, 표준작업지침 또는 지휘·감독 상의 문제와 같은 근본 원인을 생각하기에 앞서 근로자 실수 또는 안전수칙 미준수를 산업재해의 원인이라고 이야기한다. 사업주의 이러한 관행은 중대재해처벌법이 시행되면 법률가의 조력을 입으며 더욱 노골화될 것이다. 산재예방 행정의 일선 실무자들은 부실 규제 또는 저규제 관행 속에서 패배주의를 체득하였는데, 많은 실무자들이 "먹고 살기 위해서 안전은 접어둘 수 있다"고 생각한다. 안전보건 부문의 전문가들은 주로 기술 부문에 편중되어 있는데, 기업의 경제적 피해 최소화를 주목적으로 활동하며 그런 구조에 갇혀 있다.

어떻게 하면 우리 사회에서 산업안전보건에 대한 사회윤리적 동기를 신장할 것인가? '위험의 외주화'는[37] 불법은 아니었지만 대기업의 실종된 사회윤리가 하청 노동자들을 죽음에 이르게 했음을 우리 사회에 효과적으로 고발한 표어였다. '위험의 외주화'는 산업안전보건에 늘 따라 붙던 '안전 불감증'이라는 책임 소재를 모호하게 하고 안전을 개인윤리화하는 용어를 대체했다. 안전보건에 관한 이 새로운 서사는 원청 사업주들이 자신 사업장의 관행과 그들이 공급망에 끼치는 영향을 돌아보게 했다.

이러한 점에서 산업안전보건청은 노동조합과 시민사회단체 그리고 산재 유족들과의 소통과 협치를 중요시해야 한다. 산업안전보건청의 직제에서 안전보건과 관련해 시민사회단체와의 협력과 지원 기능을 포함해야 한다. 식품의약품안전처의 직제를 보면 "식품 등의 소비자 보호 및 소비자단체의 협력·지원" 기능이 있고, 환경부도 민간 환경단체와의 환경정책 협력에 관한 사항을 직제에 포함하고 있다.

2) 산업재해 예방을 위한 전략적 근로감독

2021년은 중대재해처벌법이 제정된 해이면서 동시에 산안법 제정 40주년이다. 중대재해처벌법은 소관 당국의 조직 개편을 불러왔을 뿐 아니라 산안법에 대한 사업주 인식을 향상시킬 것으로 기대된다. 서론에서 중대재해처벌법을 고속도로에, 산안법을 국도에 비유했다. 국도를 개량하거나 그 신호체계를 효율화하지 않으면 목적지에 닿는 시간은 달라지지 않는다. 사업주의 산안법에 대한 인식을 준수 의지로

---

37 2012년 11월 14일 민주노총 전국금속노동조합은 정부중앙청사 앞에서 조선산업 하청노동자 산재 문제를 언급하며 '위험의 외주화'를 근본 문제로 제기했다. 〈뉴시스 기사 2012. 11. 14〉.

바꾸는 것은 산업안전보건 근로감독에[38] 달렸다. 이런 점에서 산업안전보건청은 중대재해처벌법보다 산안법, 특히 예방 중심 전달체계인 산업안전보건 감독의 실효성 제고에 주목해야 한다.

산안법, 「도로교통법」, 「식품위생법」, 「대기환경보전법」 등 많은 안전 관련 법은 '목적 지향적인 법'(goal-oriented law)으로서 곧이곧대로 적용하면 거의 모든 수규자가 범법자가 될 것이므로 적절한 규제정책이[39] 필요하다. 게다가 다른 안전 규제정책과 달리 산업안전보건 규제는 노와 사, 갑과 을이 엄존하는 '이중구조'인 사업장에 작용해야 한다.[40] 법 위반이 눈에 보이고 잠재적인 피해자가 쉽게 문제를 제기할

---

38 '산업안전보건 근로감독'이란 산안법에서 명시하는 산업안전보건기준 및 근로자의 권리가 실제 사업장에서 제대로 이행·보장되고 있는지의 여부를 관리·감독하는 고용노동부의 행정으로 구체적으로 사업장 임검, 점검, 감독, 조사 및 이에 따른 행·사법조치를 포함하는 개념이다.

39 박두용, "문재인정부 정책평가 및 개선방향-산업안전을 중심으로", 「국회 생명안전포럼」 토론회(유튜브 우원식TV), 2021, Retrieved 9. 1, 2021, fromhttps://www.youtube.com/watch?v=xjl3DKosicE ; "산업안전보건법은 도로교통법과 같이 목적 지향적인 법이다. 도로교통법에는 중앙선을 침범하면 안 된다는 규정이 있다. 만약 편도 1차선의 도로에 한 대의 트럭이 물건을 내리기 위해 정차하고 있다면, 뒤차는 중앙선을 침범하여 지나갈 것인가? 아니면 트럭이 다시 출발할 때까지 기다릴 것인가? 중앙선을 넘어 앞질러 지나가는 차량을 도로교통법에 따라 모두 처벌한다면 아마도 도로가 마비되거나 거의 모든 운전자가 범법자가 될 것이다. 이러한 예방법은 기준과 규칙은 정해야 하지만 항상 모두 지킬 수는 없는 딜레마가 있으므로, 이 부분에서 규제정책이 관건이 된다. 안전 선진국일수록 핵심은 규제정책이다. 선진국은 0.1%의 나쁜 사고(위반)와 그 외 보통사고로 분리하여, 사망사고 또는 후유장애 사고 등과 같은 나쁜 사고에 대하여 집중적으로 제재를 가한다. 이러한 맥락에서 현 정부는 사고안전에 초점을 맞췄다." – 박두용 안전보건공단 이사장 발표 내용 요약 발췌본.

40 노동시장의 '이중구조'와는 다른 개념으로 사용했다. 즉 정부가 직접 근로자를 보호할 수 없고 사업주로 하여금 근로자를 보호하도록 하여야 한다. 당구 게임과 비교하자면 환경안전 규제가 '4구'라면 산업안전보건 규제는 '3(쓰리)쿠션'에 비유할 수 있

수 있는 환경안전, 교통안전 등의 규제 구조와는 달리 노동자들은 문제를 바깥에 드러내기 어렵다.

따라서 산업안전보건 규제정책은 '전략적 기획에 입각한 산업안전보건 감독(strategic compliance planning for OSH inspectorates: 이하 전략적 감독)'이 요구된다. 전략적 감독이란 ① 감독 자원의 역량과 한계에 대한 객관적 파악, ② 대상 사건·사업장에 대한 파악, ③ 사건의 배경과 법 준수 영향 요인의 탐색, ④ 이해관계자들에 대한 종합적 탐색, ⑤ 개입 지점에 대한 다각적인 탐색 그리고 ⑥ 위 다섯 단계에 대한 적절한 운영과 피드백 등을 포함하는 개념이다.[41] ILO 협약 제81호에[42] 따른 전통적인 근로감독이 집행에 중심을 둔 것이라면 새로운 감독전략은 법 준수 상태의 유지에 초점을 두고 있다. 이 새로운 감독은 전문성의 원칙, 우선순위의 원칙, 억제기능의 원칙, 지속성의 원칙, 시스템의 원칙, 접근성 등을 기조로 한다.[43]

을 것이다.

[41] ILO(2017). "ILO Approach to Strategic Compliance Planning for Labour Inspectorates." Retrieved 9.1, 2021, from https://www.ilo.org/labadmin/info/public / fs/WCMS_606471/lang--en/index.htm.

[42] ILO 제81호 협약, '공업 및 상업 부문 근로감독에 관한 협약 (ILO협약 제81호; Convention concerning Labor Inspection in Industry and Commerce)'에서는 근로감독의 일반원칙으로 공공성·독립성, 전문가와의 협력, 예방 중심, 포괄성 등을 제시하고 있다.

[43] Weil, D., "A strategic approach to labour inspection" 「International Labour Review」 No.4, International Labour Office, 2008, 349-375. ; 1)전문성의 원칙(Competency) : 전문가와의 협력을 넘어서 감독관 스스로 전문성을 갖춰 핵심적 업무는 전문가인 감독관이 수행하는 것이 바람직한데 어떤 감독 모델을 쓰든지 전문성은 필수적이다. 전문성의 정도에 따라 전문가·준전문가·비전문가로 구분할 수 있는데, 모든 산업안전보건 근로감독관이 전문가가 될 필요는 없다. 일반적인 산업안전감독은 특별한 분야의 기술적 전문가보다는 광범위한 산업안전보건 분야에 대한 전반적인 이해와 법

2017년까지 산업안전보건 근로감독은 전략적이지 못했다. 산안법령의 중장기 산재예방계획은 전략적 감독의 근거가 될 수 있는 것으로 이미 1993년부터 시행돼왔지만, 당국이 그동안 수립한 중장기계획을 보면 산안법령에 있는 모든 과제가 다시 나열되어 있을 뿐 일관된 정책의 방향과 전략을 찾을 수 없다.[44] 당국의 관련 조직을 보면 그 이유는 극명해지는데, 본부 직원 1~2명이 담당해왔으니 주기마다 요식적 계획을 반복할 수밖에 없었다.

2018년에 들어서면서 범부처 차원에서 '국민생명지키기 3대 프로젝트'가 수립되었고, 이 프로젝트의 일환으로 「산업재해 사망사고 감소대책」(2018~2022년)이 만들어졌다. 이 대책은 2019년부터 본격적으

과 제도 등에 대한 폭넓은 이해가 필요하다. 2)**우선순위의 원칙**(Prioritization) : 제한된 자원 속에서 효과를 고려하여 정치, 경제, 사회, 기술, 문화 수준에 맞는 수준과 목표, 타깃을 적절하게 고려하여 우선순위에 맞게 감독의 주기, 대상, 강도 등을 조절해야 한다. 이때 우선순위를 정함에 있어서는 아래 설명하는 억제기능의 원칙과 포괄성의 원칙을 침해하지 않는 것이 전제가 되어야 한다. 즉 재해율만을 기반으로 한 우선순위 선정은 억제기능을 반감시키는 등 부작용이 오히려 크기 때문이다. 3)**억제기능의 원칙**(Deterrence): 산업안전보건법을 포함한 노동보호법의 특징은 목적을 달성하기 위해서는 반드시 '사업주를 통해서' 또는 '사업장을 통해서'만이 가능한 이중구조적 특징(dual structure)을 가지고 있다. 따라서 법이 효과를 거두려면 감독을 받지 않은 일반적인 사업주가 이 법이 자신에게 영향력을 줄 수 있을 것이라고 생각하게 해야 한다. 4)**지속성의 원칙**(Sustainability) : 즉 대관 업무로 사업주가 수감 시에만 법을 지키는 것이 아니라 법 준수를 지속시킬 수 있어야 한다는 것이다. 5)**시스템 효과의 원칙**(Systemic effect) : 위 억제기능의 단점은 사업주의 법 준수가 국소적인 부분에 머무르고 지속성이나 어떤 파생적인 좋은 효과를 잠식할 수도 있다는 것이다. 사업장 안전보건 감독은 점점 복잡해지는 사업장 여건을 살펴서 지리적 효과, 산업 효과, 상품시장 효과 등을 달성할 수 있는 방안을 고려해야 한다. 6)**접근성**(Accessibility) : 산업안전감독은 감독관에 의한 일방적 행위가 아니라 사업주 그리고 노동자 간의 상호작용으로 이해되어야 한다. 사업주나 노동자의 접근성을 보장하고 접근이 용이하도록 설계하여야 한다.

44　이종한(2016), 위의 책, 222면.

로 시행되었는데, 대책의 핵심은 2019년 『건설업 사망감소 100일 대책』이다. 대책의 핵심은 건설 현장 안전점검 패트롤인데, 안전보건공단이 건설 현장 전수를 대상으로 추락 등 주요 위험에 대한 안전패트롤 점검을 시행한 후, 고용노동부는 안전보건공단이 통보한 악성 사업장을 중심으로 감독하여 행·사법 조치하는 절차로 진행됐다. 양 기관이 유기적으로 명실상부하게 선택과 집중에 입각하여 수행한 감독행정이다. 사고 안전 부문에 초점을 맞춘 이 감독은 국내에서 최초로 시도된 전략적 산업안전보건 근로감독으로서, 그 자체로 의의가 크다.[45,46]

2021년 7월 산업안전보건본부에 신설된 '안전보건감독기획과'는 전략적 감독을 목적으로 만들어진 단위로 보인다. 과의 분장 업무를 보면, 근로감독관의 역량 강화에 관한 사항, 안전보건 근로감독행정정보시스템의 구축·운영, 감독 결과 평가 및 분석 등 전략적 근로감독의 기본 요소를 갖추고 있다. 덧붙여 이해관계자와 개입 지점에 대한 탐색 등을 통해 효율·효과적인 감독 정책을 고안할 수 있기를 바란다.

예를 들어 어떤 사업체의 심각한 위반에 대하여 감독기관이 자세히 설명하는 단일 보도자료는 210회의 직접 방문 감독의 효과를 보였다

---

45 2019년 전년도에 비해 100명 이상 사망자 수를 감소시키는 성과가 있었는데, 이듬해 코로나19로 인해 2020년 단절됐다가 2021년 재시행 중이다. 2022년까지 지속적으로 수행되어 2023년 성과 평가가 이루어진다면, 정량적 목표 이행 여부와 관계없이 전략적 감독에 대한 최초의 평가로서 그 의의가 역시 클 것이다.

46 산업안전보건 근로감독뿐 아니라 역사가 훨씬 긴 일반 근로기준에 관한 감독 또한 다르지 않다가, 2019년 근로감독정책단에서 일반 근로기준에 관한 전략적 근로감독 종합계획을 수립했다. : 고용노동부, 「근로감독행정 종합 개선방안 수립시행」, 고용노동부 2019.

는 연구 결과가 있다.[47] 또한 근로감독 결과(원자료 포함) 등 관련 빅데이터를 공개하면, 학자들은 감독의 효과와 다양한 요인들의 영향에 대하여 연구결과를 생산함으로써 전략적 감독의 발전에 자연스럽게 이바지할 수 있다.[48]

1970년대 영국, 미국 등 주요 안전보건 선진국의 안전보건 독립 규제기관 설립은 곧 전략적 감독의 시작을 의미한다. 이 당국들은 이미 수십 년 동안 전략적 감독의 방향을 수립·시행해 왔고 그 성과가 입증되었다. 전략적 감독은 전통적 사업장 감독에서 탈피하여 위험을 필두로 관련 종합정보를 기반으로 하므로 '스마트 감독(smart enforcement)' 등 다양한 명칭으로 불린다.[49] 최근에는 산업안전보건 감독 당국 내부만이 아니라 국제 공조를 통해 감독의 효율성을 극대화하려는 노력이 활발하다.[50]

우리나라에서 산업안전보건청의 설립의 가시화는 중대재해처벌법

---

47 Johnson, M. S., "Regulation by Shaming: Deterrence Effects of Publicizing Violations of Workplace Safety and Health Laws", American Economic Review, No.6, American Economic Association, 2020, 1888면 : 이 연구에 따르면, 심각한 위반을 자세히 설명하는 미국 산업안전보건청(OSHA)의 단일 보도자료와 동일한 수준의 억제효과를 달성하기 위해 OSHA는 210회 감독을 수행해야 한다.

48 Levine, D. I., et al., "Randomized government safety inspections reduce worker injuries with no detectable job loss", Science, Vol. 336, No.6083, American Association for the Advancement of Science, 2012, 907~9011면 ; 미국 OSHA의 무작위 안전감독을 받은 사업장이 장기적으로(10년 뒤) 망하지 않았고 고용과 임금이 감독을 받지 않은 사업장에 비해 상승함으로써 감독의 효과성을 과학적으로 입증하였다.

49 Blanc, F. and M. Faure, "Smart enforcement in the EU", Journal of Risk Research, Vol. 23, No. 11, Routledge, 2020, 1405면.

50 김근주, 「근로 감독 제도의 정책적 개선 방안」, 한국노동연구원, 2018, 122면.

집행에서 비롯되었다. 안전보건에 대한 실효성은 산업안전보건청이 예방법인 산안법에 근거하여 얼마나 전략적 감독을 잘 적용하느냐에 달려 있다. 빅데이터와 전문성에 기반한 전략적 감독의 기획은 본부조직이 수행해야 하므로 외청의 인력 및 전문성 확충은 소속 지방 특별 행정기관에 앞서 본부에 투입되는 게 좋다.[51]

3) 중대재해처벌법 전속 관할 기관

직제 개편에서 산업안전보건본부에 '중대산업재해감독과'가, 지방 고용노동청에 '광역중대재해관리과'가 신설됐다. 직제에 따르면 중대산업재해가 발생하면 관할 지방고용노동청의 광역중대재해관리과가[52] "사업주 또는 경영책임자 등의 안전 및 보건 확보 의무 위반"을 조사하고, 본부는 이를 지원하고 예방 정책을 수립할 것으로 보인다. 산안법의 중대재해 조사는 종전과 같이 관할 지방고용노동청 또는 지방고용노동지청의 산재예방지도과가 수행하는데, 건설산재지도과가 신설된 13개 지방관서 관할 건설 현장 중대재해는 이 과에서 조사한다.[53]

---

51 최근 3년 동안 산업안전보건 근로감독관을 100명 이상 증원했는데, 모두 지방관서에 배치됐다. 단속 및 집행을 중시하는 외청 조직일수록 본청 조직보다 특별지방행정기관의 비중을 키워야 한다는 정부조직론의 일반원칙에 따른 것인데[조석준·임도빈(2019), 위의 책, 237면], 이중구조적 행정 대상인 사업장에 작용해야 하는, 게다가 고용구조 또한 점점 다각화되고 있는 매우 복잡한 산업안전보건 행정조직에 어울리지 않는 이론이다.

52 광역중대재해관리과 : 기존 광역산업안전감독과(중부·부산·대전청) 전환 및 서울·대구·광주·경기청에 신설되었으며 중대산업재해 조사 외 특별감독 및 광역 감독을 총괄하며 지자체와의 연계·협력 총괄.

53 건설산재지도과는 6개 지방청 및 7개 지청(경기·성남·의정부·울산·천안·포항·전주)에 신설됐고 산재예방지도과는 기존 43개(6개 지방청, 37개 지청)를 유지하면서 서산 및 제주에 산재예방지도팀 신설.

2022년 1월 27일 이후 '중대산업재해'에 해당하는 '중대재해'가 발생할 경우, 고용노동부 관할 지방관서 광역중대재해관리과가 본사의 경영책임자와 법인을 대상으로, 관할 건설산재지도과 또는 산재예방지도과는 현장소장 등 안전보건관리 책임자와 사업장을 대상으로 조사할 것이다. 관할 경찰서는 종전과 마찬가지로 신고를 받고 가장 먼저 현장에 도착하여 「변사 사건 처리 규칙」에 따른 업무를 수행하고, 산업재해이므로 주로 현장소장 등 사업장 관계자의 「형법」상 '업무상 과실치사' 여부를 조사할 것이다.

재해 발생 현장 관할 지방검찰청의 담당 검사는 특별사법경찰관인 고용노동부 근로감독관만을 수사지휘할 수 있고, 대형 참사가 아닌 중대산업재해인 경우 경찰은 지휘 없이 송치할 것으로 보인다.[54] 중대재해처벌법의 벌칙에 따르면 경영책임자 등은 1년 이상의 징역형에 처할 수 있으므로 중대산업재해 조사·수사에 훨씬 더 많은 에너지의 소요가 예상된다. 공소를 제기하거나 유지해야 하는 담당 검사는[55] 근로감독관에게 더 많은 수사지휘서를 하달할 것이다.

고용노동부 산업안전보건본부와 지방관서에 중대산업재해 전담부서가 설치되었으므로 첫발을 뗄 수 있는 최소한의 준비를 갖춘 것 같다. 하지만 새로운 법률에 신설 조직과 신규 직원, 아직 가늠하기 쉽지

---

54 「검찰청법」 제4조 제1항 제1호 가목 및 제2호
55 중대재해처벌법 시행 시 전문적인 수사지휘가 절실할 것이다. 산업안전 전담검사 제도가 필요할 것으로 보인다. 형사소송법, 검찰청법 등 일련의 검찰개혁 제도 시행으로 검찰의 일반경찰에 대한 수사지휘 사건이 많이 축소되어 현재 인적 여력은 충분할 것이다. 산업안전 전담검사 제도는 울산지검에서 시범적으로 도입하여 시행한 사례가 있다. 검찰은 최근 〈산업안전보건법 수사실무〉(2015년), 〈산업안전보건법 벌칙 해설〉(2017년, 2019년) 등을 내부용으로 발간했다.

않은 사건의 수와 조사 범위, 중대시민재해에 대한 소관 부처의 문제를 비롯한 부처 간의 협업 방안 등은 시행 전에 최대한 신경 써서 준비할 대상들이다. 특히 '중대시민재해' 수사권을 어떤 부처에 분장할 것인지는 아직 명확하지 않은 가운데, 경찰이 국회에 관련 수사권을 달라는 의견을 제출했다는 소식이다.[56]

이수진 의원이 발의한 사법경찰관직무법 개정안(의안번호 2107883)에 대한 검토 보고에서 "중대시민재해 관련 업무는 근로감독관의 직무 범위와 직접적인 연관성이 없다는 점을 고려할 때 근로감독관에게 추가로 부여하려는 특별사법경찰권의 범위를 중대산업재해로 한정하는 방안이 바람직할 것으로 보았습니다"라고 언급함에 따라, 경찰이 중대시민재해에 대한 수사권을 요청한 것으로 보인다.[57] 하지만 법률과 시행령에 정한 '공중이용시설' 또는 '공중교통수단'은 근로감독관이 담당해 오던 '사업장' 또는 노무를 제공하는 장소이며 동시에 중대시민재해 예방을 위해 사업주 등이 이행해야 할 의무는 중대산업재해의 그것과 속성상 크게 다르지 않다. 중대산업재해이면서 동시에 중대시민재해에 해당하는 중대재해가 발생할 수 있고 같은 맥락에서 사업주로 하여금 중대산업재해를 예방토록 규율하는 것은 중대시민재해 예방에 기여한다.

고용노동부는 또한 산업안전보건법 위반으로 1년에 1만 3천 건 이상의 사건을 직접 수사하여 송치할 정도의 수사 경력을 갖추고 있다.[58]

---

56 한국경제, "우리도 중대재해처벌법 수사하겠다 … 숟가락 얹은 경찰", (2021. 9. 7).

57 국회 법제사법위원회, 제385회 임시회 회의록 제1호(2021. 3. 16) 14면. 결국 중대산업재해는 고용노동부가, 중대시민재해는 경찰이 맡게 됐다(사법경찰 판직무법 개정안 제6조의 2 제1항 제18호).

경찰이 만약 중대시민재해를 관할한다면, 중대산업재해이면서 동시에 중대시민재해인 사건이 발생할 경우 근로감독관과 경찰이 다소 중복이 있는 법 제4조와 제9조의 내용을 동시에 조사하는 비효율이 발생할 것이다. 치안(security)과 안전(safety)의 문제는 문제의 원인과 대책이 질적으로 다르므로[59] 재발 방지를 위한 환류시스템을 구축하기 위해서도 치안을 주로 담당하는 조직보다는 안전을 다뤄온 기관이 맡는 게 더 적절하다. 요컨대 중대재해처벌법 전체를 산업안전보건 당국이 집행하는(전속 관할) 것이 타당하며, 산업안전보건청 승격은 중대재해처벌법 수사의 전문성과 독립성을 높일 것이다.

4) 중대재해 재발 방지를 위한 환류시스템 구축

산업재해의 일반적인 책임은 사업주에게 있다. 복잡한 생산시스템에서 불가피한 측면이 있으므로 대부분의 산업재해에 대하여 사업주는 처벌받지 않으며 산업재해조사표를 작성하여 한 달 안에 고용노동부에 보고하는 정도의 의무만을 진다. 사업주는 재해조사표를 작성하면서 재발 방지를 꾀할 수 있고, 정부는 산재통계를 유지하고 이를 예방 정책에 반영한다. 산업재해를 입은 근로자는 사업주의 잘못을 입증할 필요 없이, 사업주의 무과실책임을 인정하는 산재보상보험의 혜택

---

58 김성룡, "산업안전보건법 위반사건 판결 분석 연구", 「고용노동부 정책용역보고서」, 고용노동부, 2018, 138면.

59 치안(security)은 침해의 의도를 가지고 공격하는 것으로부터의 보호이며, 안전(safety)은 안전 배려의 의무를 가진 자가 안전조치를 취하지 않아 발생할 수 있는 위험으로부터의 보호이다. 치안범은 통상 작위범이므로 피의자를 특정하기가 상대적으로 쉽고 비난 가능성도 높지만, 안전범은 부작위범이며 위험은 조직의 실패의 결과로 발생하므로 행위자를 특정하기 어렵고 비난 가능성도 낮은 편이다.

을 받을 수 있다.

하지만 사망 등 비가역적 손상을 당하는 '중대재해'는 불가피한 것으로 볼 수 없으므로, 이때 사업주는 고용노동부에 즉시 보고해야 한다. 보고를 받은 고용노동부 장관은 중대재해 원인조사 및 감독에 착수한다. 조사결과 법 위반 사항이 있다면, 범죄인지 등 사법처리 절차가 뒤따른다. 대부분의 중대재해 사건 판결에서 피고인에게 평균 벌금 500만 원의 약식명령이 내려졌다.[60] 사람이 죽었는데 벌금 500만 원에 그 책임을 다한 것으로 간주하는 합법적인 관행은 수사 비공개주의와 사회의 무관심 속에서 산안법 집행 40년사와 궤를 같이했다. 형량은 사업주에게 경종을 울리지 못했고, 중대재해 원인에 관한 정보가 들어 있는 판결문은 공개되지 않았으므로 재발 방지의 교훈도 남기지 못했다.

고용노동부 내부에서도 체계적인 중대재해 환류시스템이 없었는데, 2021년 6월까지 관련 전담 조직이 없었다. '산업안전과'에서 1~2명의 직원이 '중대재해 보고·분석 및 대책 수립'을 담당했다. 담당자는 지방관서로부터 최초 중대재해 보고 및 후속 동향을 받아 전달하는 기능을 위주로 수행했으므로 '분석 및 대책 수립' 업무의 수행은 사실상 불가능했다. 산재예방보상정책국은 지방관서의 중대재해 수사를 지원할 수 있는 행정정보시스템을 구축하지 못했고, 지방관서는 조사 과정에서 도출된 소중한 정보들을 가능하면 남김없이 검찰에 송치했다. 중대재해 재해조사의견서 작성을 담당한 안전보건공단은 질 좋은

---

60 KBS, 일하다 죽는 사람들, "산업재해는 기업범죄", (KBS, 2020. 9. 16) Retrieved 9.1, 2021, from https://news.kbs.co.kr/news/view.do?ncd=5005452

정보를 생산했지만 권한이 없었기에 이러한 정보를 대외적으로는 물론이고 대내적으로도 환류하지 못했다. 고용노동부 산업안전보건 행정사에 있어서 가장 뼈아픈 과오는 바로 중대재해로부터 충분히 많은 교훈을 도출하지 못한 점이다.

중대재해처벌법은 형사처벌만이 아니라 제13조와 같이 중대산업재해의 내용 및 원인 등을 공표하도록 하고 있다. 이 법의 시행령에 따르면 발생재해의 내용과 원인, 사고 발생 일시와 장소, 사업장의 명칭 등과 함께 공표하도록 정하고 있다. 이는 산안법의 공표 제도에 비해 재해의 내용과 원인을 포함하고 있고 대상 사고의 범위가 넓다는 점에서 진일보한 측면이 있다. 다만 형이 확정된 사업장에 대하여 1년 게시라는 제한은 아쉬운 점이다.

공표 제도는 행정처분의 일종으로 형사적 제재와 구별하여 비형사적 제재로 분류할 수 있다. 많은 행정력 소요 및 자유권의 제한 없이 예방효과를 거둘 수 있으므로 공표 제도는 재발 방지를 위한 좋은 피드백시스템에 기여할 것이다. 산업안전보건 선진국에서 이러한 제도를 많이 활용하고 있다. 영국 HSE는 산안법 위반으로 기소한 사업체명, 법 위반 사항, 구형한 벌금 등 기소 요지를 공개하며, 미국 OSHA도 중대재해 사건 조사결과의 요지를 사업장 및 사고 개요와 함께 공개한다.[61] 공익 목적의 피의사실 공표 제도로 볼 수 있는데, HSE, OSHA는 중대재해뿐 아니라 죄질이 나쁜 산안법 위반 사건인 경우에

---

61 HSE, "Conviction history register", Retrieved 9. 1, 2021, from https://resources.hse.gov.uk/convictions-history/OSHA, "Fatality Inspection Data", Retrieved 9. 1, 2021, from https://www.osha.gov/fatalities.

는 범죄 인지 단계에서 보도자료의 형태로 사건 정보를 배부함으로써 동종 사업체에 빠르게 경종을 울린다.

권한이 큰 책임자에 대한 무거운 법적 처벌만큼 재발 방지에 기여할 수 있는 환류 방법은, 바로 현행 법 위반에 관한 사항만이 아니라 사고의 원인에 관한 총체적인 정보를 담은 사고 조사를 수행하고 그 결과를 공개하는 것이다. 현행 법령 위반은 사고 원인 중 일부에 불과하다. 미국 OSHA의 최근 중대재해조사 결과에 따르면 약 45%의 사고에서 법 위반 사항을 발견할 수 없었다.[62]

법령에 없는 사고의 원인 또는 직접 원인뿐 아니라 근본 원인까지 파악해야 교훈을 얻을 수 있다. 교훈은 안전권고의 형태로 대책 또는 새로운 법령 제정의 근거가 된다. 영국에서는 대형 화학사고 등 공적인 사고 조사가 필요할 경우[63] 객관적인 조사를 위해 외부 위원을 감독자로 위촉하고 HSE, EA(Environmental Agency) 등 관계기관 전문가들이 조사관으로 참여하는 사고조사위원회를 설치·운영한다. 사고 규모에 따라 차이가 있는데, 위원회가 구성되면 1년 또는 2년 간 조사를 진행하고 나서 보고서를 공개한다.

독일이 중심이 되어 운영하는 EU의 중대사고보고시스템(Major Accident Reporting System: MARS)도 사고조사 및 공개의 좋은 사례이다. EU의 Seveso Directive(현행 EU Directive 2012/18/EU)에 따른 제도로서

---

62 OSHA, 위의 자료 ; CY17-20 총 4,550건의 중대재해 중 2,064건에는 위반 통고 (citation)가 발행되지 않았다.

63 Public Inquiry Act, COMAH(Control of Major Accident Hazards) 등의 법령에 근거하여 특정 사고에 대하여 공개 사고조사를 수행한다. Buncefield 사고조사 보고서가 대표적인 사례로 인터넷에서 다운로드할 수 있다.

이 시스템에는 EU 회원국의 1,021개의 중대산업사고에 관한 정보를 담고 있다. EU 회원국들로부터 중대사고 또는 아차사고의 개요, 사고 원인, 교훈을 체계적으로 담고 있으며 인터넷 공개용 데이터베이스는 eMARS라고 하는데, 누구나 정보를 열람할 수 있다.[64] 2020년 한정애 의원이 대표 발의한 '안전보건공단의 중대재해조사 참여'와 '특별사고 조사'를 중심으로 한 산안법 일부 개정안은 처벌이 아닌 원인 규명과 교훈 도출을 주목적으로 한다(의안번호 2104875).

요컨대 중대재해 재발 방지를 위해서는 사고 정보의 환류가 가장 중요하므로 산업안전보건청은 중대재해처벌법과 산안법의 중대산업 재해와 중대재해 수사결과를 공개해야 하며, 동시에 원인 규명을 위한 폭넓은 사고조사시스템을 갖추어야 한다.

5) 사각지대 없는 포괄적 산업안전보건

제2차 전부개정 산안법 제1조에서는 '노무를 제공하는 사람'의 보호를 적시하고 있다. 개정 전 '근로자'에 한정되었던 적용 범위를 확장한 것이다. 신설될 외청은 그동안 행정자원 부족으로 '노무를 제공하는 사람'이 있지만, 사실상 방치된 사업장을 관할 범위로 포함하고 예방 감독을 시행해야 한다. 예를 들어 큰 위험에 노출되고 있는 자영 농업인, 대학원생[65] 등은 현행 산안법의 적용을 전혀 받지 못하고 있다.

---

64 강태선, 「화학사고 조사시스템 개선방안연구」, 사회적참사특별조사위원회, 2020, 75면 및 90면.

65 2021년 3월 산재보험법 개정으로 2021년부터 대학원생이 '연구실 사고' 또는 '중대연구실사고'를 당할 경우에도 산재보험의 혜택을 받을 수 있다. 대학이 산재보상보험의 수혜를 입으면서 산안법의 의무를 지지 않는 것은 공정하지 않다.

공무원 그리고 광업·어업·원자력 등 종사자들도 산안법의 일부 적용 대상이지만 감독하지 않으므로 적용 제외와 다름없다.

'교통안전', '화학물질 안전', '철도 안전' 등은 경찰청, 환경부, 국토교통부가 각각 소관하고 있는데 주로 설비 중심으로 담당하고 있다. 노동 또는 작업에 관한 사항은 산업안전보건 행정조직이 관련 법령에 '협조의 요청' 근거로 개입하여야 하고 필요할 경우 산안법 개정을 통해 관리해야 할 것이다.

영국 HSE의 대표적인 홍보영상을[66] 보면 농업, 놀이공원 등을 먼저 언급하면서, 모든 일하는 사람이 있는 현장에 HSE가 근로감독권을 행사할 수 있음을 명시하고 있다. HSE는 원자력시설, 광산(채석 포함), 해상시설의 안전까지 소관하고 있다. HSE는 또한 브렉시트(Brexit) 이후 EU REACH의 담당 기관으로서 화학물질의 등록과 평가를 담당한다. 근로자는 일반 소비자와 비교하면 화학물질 노출 수준이 높으므로 근로자의 안전을 담당하고 있는 HSE가 화학물질의 등록을 규제하는 것은 적절해 보인다. 독일도 이 점에서는 유사한데, BAuA은 REACH 중 근로자 화학물질 노출 및 관리에 대한 규제와 관련 연구를 전담하여 수행하고 있다.[67]

---

66 HSE(2019), "When an Inspector Calls", Retrieved 9. 1, 2021, from https://www.youtube.com/watch?v=uwKr_H25yqA.

67 우리나라에서 「화학물질 등록 및 평가 등에 관한 법률」(화평법)은 유럽의 REACH에 상응하는 제도로 환경부가 소관한다. 화평법은 우리나라 시장에 화학물질을 도입하는 관문이므로 산업안전보건에 미치는 영향이 막대한데, 고용노동부와의 협력이 부진하다.

6) 산업안전보건 행정조직의 독립성 확보

산업안전보건청 설립은 독립성과 전문성을 높이고 이를 통해 책임성을 강화할 수 있다. 산업안전보건 행정을 위한 인력, 예산, 집행 등의 독립은 외청의 책임성을 부여하는 토대가 되고 전문성은 전문지식과 투철한 직업의식으로서 책임성의 내용을 구성할 수 있다. 직업의식 중 전문가 윤리는 자율적인 투명성을 증진한다. 현 산업안전보건본부는 중대재해처벌법의 집행 중심인 동시에 국민안전의 중핵인 노동안전권을 근본적으로 수호할 수 있는 외청 설립을 준비하는 단위이다. 무엇보다 고용노동부로부터 독립성을 확보하면서 신설 외청이 갖는 한계를 어떻게 극복할 것인지가 과제이다.

먼저 외청이 집행하는 법령을 개정하려면 국무회의의 심의를 거쳐야 하는데, 청장은 국무위원이 아니므로 고용노동부 장관의 지원이 필요하다. 산업안전보건청은 고용노동부 장관에게 주요 정책 사항에 대하여 승인을 받아야 한다. 외청의 각종 기본 계획의 수립과 변경, 국제협력에 관한 사항이 승인 대상이다. 산업안전보건청장은 대통령 및 장관의 지시, 주요한 업무에 대한 심사분석 등 중요한 사항을 고용노동부 장관에게 보고해야 한다. 이외에도 고용노동부 장관은 주요 업무계획 관련 예산과 4급 이상 공무원 인사의 승인 등에 간섭할 수 있다.

산업안전보건청장은 지방자치단체에 대한 감독권이 없다는 점도 문제가 될 수 있다. 즉 「정부조직법」 제26조제3항에 따르면 고용노동부 장관만이 소관 사무에 관하여 지방행정의 장을 지휘·감독할 수 있다. 외청장이 지방자치단체에 감독을 수행하기 위해서는 고용노동부 장관을 통해서만 할 수 있다. 수백만 명의 산안법 적용 대상에 관한 행정이 장관의 승인 사항인 것이다.[68]

위와 같은 외청 자율성의 제한 근거는 법령에 있지만 다소 모호한 부분이 있어서 고용노동부가 마음먹기에 따라 외청의 독립성을 훼손할 수 있다. 이를 견제할 장치가 마련되어야 한다. 관련 연구가 별도로 필요한데, 영국의 산업안전보건위원회(Health and Safety Commission: HSC)와 독일의 국가산업안전보건회의(Nationale Arbeitsschutzkonferenz: NAK)의 사례에 시사점이 있을 것으로 보인다. 먼저 HSC는 1975년 설립되었으며 정책의 방향과 수준 등 주요한 결정을 내리는 조직이다. HSC는 HSE와 의사소통하면서 큰 방향성을 사업주와 노동자 그리고 정부간 합의를 통해 결정한다. HSC의 위원들은 노동정책과 사회정책 전문가를 비롯하여 노동 및 경영 현장에 오랜 경험이 있는 위원들로 구성됐다.[69]

HSC는 사회적 합의기구로서 이를 통해 제안된 정책은 권위가 있으므로 영국 고용노동부(Department for Work and Pension)의 통제를 받지 않는 기제가 되었다. HSC는 2008년 4월 1일 HSE에 통합되면서 그 기능이 HSE의 이사회로 이관되었다. HSC 이사회는 소속이 HSE로 바뀌긴 했지만 여전히 자율규제 원칙에 의거한 사회적 합의기구이다.

독일 NAK는 2008년 12월 설립되었으며 연방정부, 주정부, 산재보험관리기관의 각 3명의 대표로 구성되며 자문역으로 사업주단체 및 노동조합의 대표자가 3명까지 참여한다. NAK는 독일의 공동산업안전보건목표와 일관된 원칙에 의거한 중점 사항의 확정 등을 포함하는

---

68 조석준·임도빈(2019), 위의 책, 231~238면.
69 노동연금부 장관이 근로자 단체, 사업주 단체, 지방정부 등을 대표하는 10명의 위원을 임명한다.

독일공동산업안전보건전략(Gemeinsame Deutsche Arbeitsschutzstrategie: GDA)을 수립한다.[70]

제3장 결론

　중대재해처벌법이 시행되면 산안법만으로 중대재해가 다뤄질 때보다 기업의 산업안전보건 분위기는 일신될 것이다. 특히 대기업이라면 지금까지 중대재해와 관련하여 한 번도 참고인 조사조차 받지 않았던 경영책임자가 조사 당국에 출석해야 한다. 처벌 여부와 별개로 경영책임자는 이 문제에 더 관심을 기울이게 될 것이다. 법의 적용 대상이 아니거나 혹은 유예된 사업주도 안심할 리는 없다.

　경영책임자의 관심과 법 준수 의지 그리고 그에 따른 기업 안전 분위기 전환은 중대재해 감소에 기여하겠지만, 전문성을 갖춘 독립적인 중앙행정기관을 설립·운영하지 않는다면 안정적인 중대재해 감소를 기대할 수 없을 것이다.

　국민안전 증진을 위해 이미 우리나라의 여러 정부조직이 전문성·독립성을 갖는 중앙 행정기관인 청 또는 처로 발전했다. 주요 선진국의 사례에서도 독립 규제기관의 전략적인 정책 집행이 산재 예방의 핵심 요소임을 시사하고 있다. 현 고용노동부 산업안전보건본부는 중대

70　이규영, "효율적 산업안전보건정책을 위한 독일의 공동 산업안전보건전략 (GDA)", 「국제노동브리프」 제4호, 2011, 57~68면 및 윤조덕, "독일의 산업안전보건 개요", 2018, 15~17면(미출판 저작).

재해처벌법과 산업안전보건법의 실효성 있는 집행을 위해 적절한 시기에 다음에 제시하는 방향성을 견지하는 산업안전보건청으로 승격이 필요하다. 1) 산업재해 방지의 사회윤리적 동기 증대, 2) 산업재해 예방을 위한 전략적 근로감독, 3) 중대재해처리법 전속 관할 기관, 4) 중대재해 재발 방지를 위한 환류시스템 구축, 5) 사각지대 없는 포괄적 산업안전보건, 6) 산업안전보건 행정조직의 독립성 확보 등이다.

| 참고문헌 |

강태선. 2015. "원진레이온 직업병투쟁의 협상론적 해석". 『보건학논집』 제 2호. 서울대 보건환경연구소.

_____. 2020. 『화학사고 조사시스템 개선방안연구』. 사회적참사특별조사위 원회.

김광배. 2017. 『산재근로자의 복귀 형태와 유지기간이 삶의 질에 미치는 영 향 연구』. 서울대학교 행정대학원.

김성룡. 2018. 『산업안전보건법 위반사건 판결 분석 연구』. 고용노동부.

김신범·박두용·정진주·임승빈·이선화·백도명. 2000. "한국사회 산업안전 보건정책의 분석". 『보건학논집』 제1호. 서울대 보건환경연구소.

김재윤. 2014. "영국의 기업과실치사법에 대한 고찰과 시사점". 『형사정책 연구』 제4호. 한국형사정책연구원.

노동부. 2006. 『노동행정사』. ㈜피알앤북스.

박두용. 2010. 『산업안전보건 행정조직 및 집행체제의 선진화방안』. 산업안 전보건연구원.

이규영. 2011. "효율적 산업안전보건정책을 위한 독일의 공동 산업안전보 건전략 (GDA)". 『국제노동브리프』 제4호. 한국노동연구원.

이종한. 2016. 『규제집행체계 개선방안 연구: 산업안전 분야를 중심으로』. 한국행정연구원.

이창원 등. 2009. 『외국의 고용노동행정 조직의 변화추이와 시사점: OECD 국가를 중심으로』. 노동부.

정진우. 2013. "사망재해 발생 기업에 대한 형사책임 강화: 영국의 '법인 과 실치사법'을 중심으로". 『한국산업위생학회지』 제4호. 한국산업위생 학회.

_____. 2017. "산업안전보건청의 설립 필요성과 추진방안에 관한 연구". 『한국산업보건학회지』 제1호. 한국산업보건학회.

조석준·임도빈. 2019. 『한국행정조직론』 제5판. 법문사.

Blanc, F. and M. Faure. 2020. "Smart enforcement in the EU". 『Journal of Risk Research』 Vol. 23, No. 11. Routledge.

Johnson, M. S.. 2020. "Regulation by Shaming: Deterrence Effects of Publicizing Violations of Workplace Safety and Health Laws". 『American Economic Review』 No.6. American Economic Association.

Levine, D. I., et al.. 2012. "Randomized government safety inspections reduce worker injuries with no detectable job loss". 『Science』 Vol. 336, No.6083. American Association for the Advancement of Science.

Robens, A. R.. 1972. 『Safety and Health at Work ; Report of the Committee, 1970-72. Chairman: Lord Robens』. Her Majesty's Stationery Office.

Shumaker, W. A. and G. F. Longsdorf. 1901. 『The Cyclopedic Dictionary of Law: Comprising the Terms and Phrases of American Jurisprudence, Including Ancient and Modern Common Law, International Law, and Numerous Select Titles from the Civil Law, the French and the Spanish Law, Etc, Etc. ; with an Exhaustive Collection of Legal Maxims』. Keefe-Davidson Law Book Company.

Weil, D.. 2008. "A strategic approach to labour inspection". 『International Labour Review』 Vol. 147, No. 4. International Lobour Office.

재난안전 관리
법체계 한계와 과제

제1장 재난안전 관리 법체계 패러다임의 변화

기후변화 등 재난환경이 변화하고, 코로나19 등 신종 감염병의 등장과 복합재난 등 특수 재난의 발생이 증가하고 있어 기존의 재난안전 관리 법체계에 대한 패러다임의 변화가 요구되고 있다. 특히 재난 및 대형사고에 대한 선제적인 예방·대비와 효율적인 대응을 위해 새로운 법제도적 접근방법이 요구되고 있다.

또한 재난환경이 변화된 미래 시대를 맞이하여 신속하고 효율적인 안전관리체계를 마련하여 불규칙적인 재난 및 안전사고에 선제적으로 대응하고 국민의 안전을 확보하는 것이 최우선의 국가적 정책 사항이 되고 있다. 이러한 변화된 재난안전 관리정책의 수립과 추진을 위해서는 이에 적절한 재난안전 관리제도의 변화와 법적 뒷받침이 있어야 한다.

따라서 이 글에서는 재난안전 관리 법제도에 대한 발전 과정을 고찰하고, 현행 재난안전 관련 법률에 근거한 안전관리체계 현황 및 재난안전 관리제도와 정책에 대한 검토와 관련 법체계를 분석하고자 한다. 이를 통하여 현행 재난안전 관리체계의 문제점을 도출하고, 미래 사회를 대비한 법제도적인 한계에 대한 법적 개선 방안 및 정책 과제를 종합적으로 제시한다.

제2장 재난안전 관리 법제도의 역사적 고찰

1. 안전 및 재난의 개념 및 분류

1) 안전과 재난의 개념

(1) 개념 구별의 필요성

현행 재난안전 관리제도와 법체계의 이해를 위해서는 핵심 개념인 안전(安全)과 재난(災難)에 대한 이해가 필요하다. 그 이유는 현행 재난안전 관리체계가 사회에서 발생하는 각종 재난 및 위험으로부터 국민의 생명, 신체 및 재산에 대한 안전을 목적으로 하기 때문이다. 더구나 관련 법률에서 아직 안전의 법적 개념을 명확히 규정하고 있지 못하고 있고, 재난의 개념과 유형도 새로운 형태의 재난이 발생됨에 따라 기존에 우리가 통상적으로 알고 있던 것보다 크게 확장되는 등 유동적이다. 양자가 개념상 혼용되거나 상위 개념에 대한 혼란이 있어 재난안전 관리 법체계의 정합성을 위해서는 양자에 대한 개념 구별이 선행되어야 한다.

(2) 안전의 개념

안전의 사전적 정의는 "위험이 생기거나 사고가 날 염려가 없이 편안하고 온전한 상태"를 의미하나,[1] 아직 법적 개념은 없는 상황이다. 국립국어원의 정의에서 알 수 있듯이 일상 언어로서의 안전이라는 개

---

1 국립국어원 표준국어대사전(http://stdweb2.korean.go.kr).

넘은 그 내용과 범위가 모호할 뿐 아니라 광범위하고 나아가 상황에 따라 변화한다는 점에서 무엇이 안전인지에 대해 정확한 개념 설정을 하는 것은 쉽지 않은 것이 사실이다.[2]

안전의 개념을 정의할 때 관련된 '위험'과의 관련성을 고려하면 안전은 위험으로부터 벗어난 상태를 의미하는 것으로 이해할 수 있고, 그 위험은 신체적, 정신적 위험으로부터 사회적, 경제적, 국가적 위험에 이르기까지 광범위하다고 할 수 있다.

안전은 연혁적으로 19세기에 산업혁명의 영향으로 많은 산업재해 피해자가 발생하여 이에 대한 대응 수단으로 시작되었고, 경제적 발달과 함께 국민의 삶의 질이 중요시됨에 따라 일상생활에서의 생활안전이 중요시 되고 있다. 현재 안전의 개념은 점점 확대되고 있으며 안전의 중요성이 커짐에 따라 지역과 국가, 국제적 차원에서 안전에 관한 활동이 전개되고 있고, 국가적 차원에서 국민에 대한 안전관리체계가 이루어지고 있다.

현행법 상 '안전'의 법적 개념은 없다. 안전의 개념은 분야별로 학자마다 다양하게 사용되고 주장되고 있어서 하나의 일관된 법적 정의를 도출하기가 매우 어렵다. 이런 이유로 재난안전 관리체계의 기본법인 「재난 및 안전관리기본법」(이하 재난안전법)에서도 안전의 개념을 정의하지 못하고 있다. 다만 '안전관리'를 "재난이나 그 밖의 각종 사고로부터 사람의 생명·신체 및 재산의 안전을 확보하기 위하여 하는 모든 활동"이라고 규정하고 있어서 이로부터 안전을 "재난이나 그 밖의

---

2 김소연, "기본권으로서의 안전권 인정에 대한 헌법적 고찰", 공법연구 제45집 제3호, 2017. 2, 176면.

각종 사고의 발생 위험이 없는 평온한 상태"라고 할 수 있다. 재난이나 사고로부터의 완전한 평온이 과연 현실적으로 가능할지는 의문이나 이론적 개념 정의는 가능하다.

안전에 대한 법적 개념 규정은 없지만 헌법을 비롯한 여러 개별법 상 '안전'의 용어를 사용하고 있다. 헌법에는 헌법 전문을 위시하여 총 11번에 걸쳐 '안전'이라는 용어가 언급되고 있다. 그런데 헌법 전문을 제외하고 본문 속에서 '안전'이라는 용어는 주로 '국가의 안전보장'에 서 쓰이고 있다.[3] 즉 국민의 기본권 제한의 사유로서 '국가의 안전보 장'이 규정되고, 대통령의 국가긴급권 발동 사유, 국회 회의 비공개 사 유 등으로 언급되고 있는데, 이것은 개인의 안전에 관련된 개념이라기 보다는 국가의 영토 및 주권의 보장과 관련된 개념이라 할 수 있다.[4]

헌법 전문에서 국가가 국민 개인의 안전 확보를 위하여 항상 노력 하여야 할 헌법적 의무를 지고 있음을 규정하고 있어서, 현세대는 물 론 후손인 국민의 생명, 신체, 자유 기타 법익까지 모두 대내외적 침해 로부터 보호하는 것을 의미한다고 할 수 있다.[5]

---

3   헌법 제5조 제2항, 헌법 제37조 제2항, 헌법 제50조 제1항, 헌법 제60조 제1항, 헌법 제 76조 제1항, 헌법 제91조 제1항 내지 제3항, 헌법 제109조.

4   이한태·전우석, 한국 헌법상 기본권으로서의 안전권에 관한 연구, 홍익법학 제16권 제4호, 2015, 127면. 헌법재판소도 국가안전보장에 관하여 "국가의 존립·헌법의 기 본질서의 유지 등을 포함하는 개념으로서 결국 국가의 독립, 영토의 보전, 헌법과 법 률이 기능, 헌법에 의하여 설치된 국가기관의 유지 등을 의미"한다고 판시한 바 있다. 헌재 1992. 2. 25 선고 89헌가104 결정.

5   정태호, 기본권 보호의무, 인권과 정의 제252권, 대한변호사협회, 1997, 89~90면 참조.

(3) 재난의 개념

재난에 대한 정의는 다양하다. 그 이유는 재난의 개념은 재난 현상에서 무엇이 중요한 것인가에 대한 기술이나 인식의 변화에 의존하므로 재난은 동시대의 이슈 맥락(issue context)에서 해석되고 끊임없이 재해석되어야 하기 때문이다.[6]

안전과 구별되는 '재난'의 사전적 정의는 "뜻하지 않게 생긴 불행한 변고"라는 의미를 가진다. 재난안전법에서는 재난을 "국민의 생명·신체·재산과 국가에 피해를 주거나 줄 수 있는 것"으로 규정하고, ① 자연현상으로 인하여 발생하는 자연재난, ② 화재, 붕괴, 폭발, 교통사고, 화생방 사고, 환영오염 사고, 에너지, 통신, 교통, 금융, 의료, 수도 등 국가 기반체계에의 마비와 감염병, 가축전염병 확산 등 사회적 재난으로 인한 피해로 정의하고 있다.[7] 명확히 말하면 재난의 개념을 직접 규정하기보다는 간접적으로 재난의 유형을 규정함으로써 재난을 개념화하고 있다고 할 수 있다.

문제는 재난의 유형에서 보듯이 재난의 개념과 유형이 점차 확대되고 있어 안전과의 관계를 어떻게 설정할 것인가가 안전관리체계는 물론 법체계의 정립에 있어 중요한 문제가 되고 있다. 논란의 여지는 있으나 안전의 대상에 일상적인 생활안전은 물론 재난으로부터의 안전도 포함하는 개념으로 이해하는 것이 타당하다. 즉 재난은 그 규모가 커서 국가적 대응이 필요하거나 사회적 파급력이 큰 것을 의미하고 일

---

6   양기근, 재난약자에 대한 재난안전 교육실태와 교육방안: 어린이를 중심으로, 한국재해구호협회, 2016.
7   재난 및 안전관리기본법 제3조 정의 규정 참조.

상의 생활안전과 같은 분야는 재난에는 포함되지 않지만 안전관리체계에 포함된다고 볼 수 있다.

2) 유사 개념과의 구별

(1) 안전과 안보와의 구별

안전(safety)과 안보(security)는 구별된다. 안전은 자연재난 및 사회재난, 그 밖의 각종 재난 등 다양한 형태의 위협으로부터 개인의 생명·신체 및 재산 등과 같은 법익을 온전히 보호받는 상태를 의미한다. 이에 반하여 안보는 대내외적 침입이나 위해로부터 개인은 물론 국가의 안위 등 국가적 차원의 공적 영역에서의 보호를 의미한다. 경우에 따라서는 안전과 안보가 일부 상충되는 분야도 있으나 양자는 구별된다. 다만 최근에 안전에 대한 개념이 확대됨에 따라 개인의 안전이 국가적 안보의 문제로 확대되는 경우가 발생할 수도 있다.

(2) 재난과 재해의 구별

법적인 측면에서 보면 재해와 재난은 구별할 필요가 있으나 현실에 있어서는 거의 유사하게 사용되는 개념이다. 재해는 종래부터 재난보다 먼저 그리고 일반적으로 사용되어 왔으며 주로 '자연재해'로 많이 사용되어 왔다. 재해(災害)란 사전적 의미로 "재앙으로 말미암아 받는 피해. 지진, 태풍, 홍수, 가뭄, 해일, 화재, 전염병 따위에 의하여 받게 되는 피해"를 말한다.[8] 우리 헌법 제34조 6항은 "국가는 재해를 예방

---

8 국립국어원 표준국어대사전(http://stdweb2.korean.go.kr).

하고 그 위험으로부터 국민을 보호하기 위하여 노력하여야 한다[9]"라고 규정하고 있어 재해의 용어를 사용하고 있다. 반면 재난안전법 제3조 제1호에서는 재해가 아닌 재난의 개념을 사용하고 있다.

'재해'의 법적 정의는 자연재해대책법에서 「재난 및 안전관리 기본법」(이하 '기본법'이라 한다) 제3조 제1호에 따른 재난으로 인하여 발생하는 피해를 말한다"고 규정하고 있다. 즉 재난을 원인으로 하여 발생한 피해를 의미한다. 유사하게 자연재해도 "기본법 제3조 제1호 가목에 따른 자연재난(이하 '자연재난'이라 한다)으로 인하여 발생하는 피해"로 규정하고 있다. 자연재해대책법 상의 법률의 규정 형식만 두고 본다면 원인(재난)과 결과(재해)의 관계로 구분할 수 있다. 하지만 재난안전법에서 재난을 자연재난이나 사회재난으로부터 발생한 '피해'로 정의하고 있어 재난과 재해는 유사한 개념으로 사용되고 있다.

3) 소 결

재난안전 관리 법체계의 정합성을 위해서는 안전과 재난의 개념 구별이 필요하다. 효율적인 재난안전 정책의 집행을 위해서도 필요하다. 논의 중인 헌법상 안전권의 도입과 국민의 안전 확보를 위한 제도 개선을 위해서도 양자의 개념 구별을 명확히 하여야 한다. 문제는 재난의 개념보다는 안전의 법적 개념과 관련하여 그 범위가 모호하고, 지속적으로 국가의 안전에 대한 범위도 확대되고 있어 어느 정도까지 국가가 보호할 것인지가 문제되고, 개별 부처의 안전관리 정책 추진에 있어서 효율성을 극대화 할 수 있을 것인가는 여전히 해결해야 할 문

---

9 대한민국헌법 [시행 1988. 2. 25.] [헌법 제10호, 1987. 10. 29., 전부개정].

제라 하겠다.

하지만 국민의 안전 확보와 법체계의 확립을 위해서는 법학자와 안전 분야 전문가의 다수가 제기하는 '안전'의 개념 상의 모호성이나 법적 쟁점에도 불구하고 법적 개념을 마련할 필요가 있다. 안전의 개념을 법률에서 구체화하는 것은 비록 선언적 의미라 할 수 있지만 국민의 안전에 대한 국가의 의무와 권리성을 명확히 하고, 이를 근거로 다른 개별법에서 입법 목적에 따라 구체화함으로써 국민의 안전 확보를 위한 정책 추진에 보다 명확한 법적 근거를 마련한다는 점에서도 의미가 있다.

이러한 측면에서 '안전'을 재난이나 그 밖의 각종 사고로부터 사람의 생명·신체·재산에 발생하는 피해나 손실로 인한 위험이 없는 평온한 상태로 개념 정의할 수 있겠다. 참고로 2020년 국회에서 발의된 안전기본법안은 '안전'이란 재난이나 그 밖의 각종 사고로부터 사람의 생명·신체·재산 및 국가에 위험이 없는 상태를 말한다고 규정하고 있다.

2. 재난안전 관리 법제도 연혁

1) 개설

재난안전 법제는 초기에는 국가 안보(national security)의 측면에서 전시 재난 대응 및 복구를 의미하는 개념에서 시작하였다. 이후 국가 간 대규모의 전쟁이 감소하면서 전시 재난관리의 대부분은 국방·치안 분야가 담당하게 되었고, 자연재해에 대한 국가 책임이 강조되면서 자연재해를 대상으로 한 재난관리체계가 나타나게 된다. 이후 경제발전과 산업의 고도화, 과학기술의 발달, 사회의 다원화로 인해 다양한 영역별로 다양한 안전 문제가 제기되었고, 이에 대응하기 위해 전통적인 재난관리를 자연재난과 사회재난 등으로 분류하여 현재의 재난안전 관리체계를 형성하게 된 것이다.

우리나라는 '안전'을 이념이나 학문적 이론 개념이 아니라 구체적인 정책 실현의 개념으로 이해하여 기존 재난관리가 포섭하지 못하는 영역을 포괄하는 개념으로 사용해왔다. 또한 사회가 다원화·세분화되는 경향과 함께 하나의 사건·사고가 개별적이면서 동시에 다른 사건과 깊은 관련성을 가지는 특성을 가지고 있어서 재난안전 관리체계를 분화하면서 동시에 통일적이고 체계적으로 종합할 수 있는 법체계가 필요하게 되었다.

따라서 이를 반영하여 재난안전 법체계의 범위가 확대되고 복잡해지게 되었다. 즉 재난안전법을 통해 다양한 영역에 존재하는 개별법을 통합 관리하는 법체계를 구축해왔으며 이러한 입법 방향에 대해서는 논란의 여지는 있으나 적절한 입법정책이라고 판단된다. 다만 현행 재난안전법이 이러한 역할을 하기에 적합한지에 대해서는 그동안 많은 문제점과 의문이 제기되고 있어 이에 대한 법적 검토와 개선은 필요한 상황이다.

다음에서는 재난안전 관리 법체계를 현재 근간이 되고 있는 재난 및 안전관리 기본법을 기점으로 전후로 나누어서 검토한다.

2) 재난안전 법체계의 발전 과정

재난안전 관리 관련 법체계의 발전 연혁을 간략히 살펴보면 몇 가지 단계로 구분할 수 있다.

① 첫째, 법체계의 초기 단계로 한국전쟁 이후 1970년대의 시기로

이 시기에는 전쟁의 영향으로 인하여 사회적 재난과 관련된 비상시 국토방위 및 전시 복구의 개념을 중심으로 재난·안전 관련 법체계가 발전하였으며 「민방위기본법」 등이 정비되었던 시기라 할 수 있다.

② 둘째, 법체계의 분화 단계로 1980~90년대에는 자연재해와 인적재난에 대한 대응과 복구가 중요한 사회적 문제로 대두됨에 따라 분야별로 「풍수해대책법」, 「농어업재해대책법」, 「소방법」, 「철도법」, 「도로법」, 「건축법」 등 재해재난과 관련하여 개별 법령들이 정비되었다.

③ 셋째, 법체계의 통합 단계로 1990년 후반부터 각종 재해와 재난이 빈번하게 발생하면서 이러한 다양한 법률 등의 통합이 시도되었다. 이것은 그 이전까지의 재난안전 관련 개별법의 정비만으로는 대형사고와 재난에 대한 효율적 대비와 신속한 대응이 불가능하다는 비판에 기인한다. 그로 인하여 1990년대 후반부터 재난안전 관련 법률체계에 대한 통합적 정비를 추진하였고, 자연재해와 재난에 대응하기 위하여 산재한 법률의 통합이 시작되는 시기로서 다양한 법률 등의 통합이 시도되었으며 대표적으로 「자연재해대책법」과 「재난관리법」이 마련되었다. 1990년대 후반부터 급속한 산업화와 경제화의 폐해로 급속하게 각종 재해와 재난이 급증함에 따라 각기 분산된 법률을 통합하고, 재난과 재해의 유형별로 통일적이고 일관된 법체계를 정비하려고 시도한 시기이다.

④ 넷째, 법체계의 체계화 단계로 2004년 「재난안전법」 제정 이후 현재까지의 시기로 재해 및 재난의 특성상 통합적인 법률이 필요하다는 주장이 제기되면서 자연재해와 인적재난을 중심으로 재난안전법으로 통합된다. 재난안전법으로 통합 이후 개별 재난안전 관리 관련 법률의 체계화가 현재 진행 중이다. 특히 2014년 '세월호 침몰사건' 이

후 안전이 국가적 사명으로까지 인식되면서 재난안전법이 대폭 개정되었고, 기존 재난안전 관리체계에 대한 반성과 함께 개별 법률에 대한 많은 제도적 개선이 이루어졌다. 재난과 안전에 대한 개념이 확대되었고 국가적 관리의 필요성도 강조되면서 재난안전 관리 법체계는 보다 세분화되고 체계성을 갖추려는 노력이 진행 중이다.

〈표 5-1〉 재난안전 관리 법체계의 발전 과정

초기 단계	▷ 한국전쟁 이후 ~ 1970년대 - 전쟁의 아픈 기억으로 인하여 민방위기본법 등 사회적 재난 관련 법령 등장
분화 단계	▷ 1980 ~ 90년대 - 자연재해 및 인위재난과 관련된 농어업재해대책법, 소방법, 철도법, 도로법, 건축법 등 개별법 정비
통합 단계	▷ 1990년대 후반 ~ 2004년 재난안전법 통합 이전 - 1990년대부터 각종 재해와 재난이 빈번하게 발생 - 다양한 재난·재해 관련 개별법의 통합 시도로 자연재난은 자연재해대책법으로, 인적재난은 재난관리법으로 통합
체계화 단계	▷ 2004년 재난안전법 통합 이후 ~ 현재 - 재해 및 재난의 특성상 기존의 법체계의 다원화와 법률 간 연계성 부족 등의 문제점을 해결하기 위해 통합의 필요성이 대두되었고 재난안전법으로 통합 - 재난 및 안전관리기본법으로 통합 이후 개별 재난안전 관리 관련 법률의 체계화가 진행 중임.

재난안전법은 2004년 제정된 이래 수차례 개정되었다.[10] 재난안전법의 목적은 각종 재난으로부터 국토를 보존하고 국민의 생명·신체

---

10 재난안전법은 2004년 3월 11일 법 제정[2004. 6. 1. 시행] 이후 2021년 7월까지 총 50번 개정되었는데, 그중 2014년 세월호 침몰사건 이후 27번 개정되었음.

및 재산을 보호하기 위하여 국가와 지방자치단체의 재난 및 안전관리 체제를 확립하고, 재난의 예방·대비·대응·복구와 안전문화 활동, 그 밖에 재난 및 안전관리에 필요한 사항을 규정함을 목적으로 한다(재난 안전법 제1조).

이러한 재난안전법의 기본 이념은 재난을 예방하고 재난이 발생한 경우 그 피해를 최소화하는 것이 국가와 지방자치단체의 기본적 의무임을 확인하고, 모든 국민과 국가·지방자치단체가 국민의 생명 및 신체의 안전과 재산 보호에 관련된 행위를 할 때는 안전을 우선적으로 고려함으로써 국민이 재난으로부터 안전한 사회에서 생활할 수 있도록 함을 기본 이념으로 하고 있다(재난안전법 제2조). 재난안전법은 우리나라 국민들의 안전 확보를 위한 법령이라 볼 수 있다.

제3장 재난안전 관리 법체계 현황

1. 재난안전 법령체계 개관

재난 및 안전관리 법제로서 국가는 재해를 예방하고 그 위험으로부터 국민을 보호하기 위하여 노력하여야 한다고 규정한 헌법 제34조 제6항을 실현하기 위해 입법한 기본법으로서 행정안전부 소관 법률인 재난안전법이 있고, 이외 재난 및 안전관리 각 영역에 다양한 소관 부처별로 대단히 많은 관련 법령이 분산되어 존재하며, 또한 각 지방자치단체의 관련 자치법규도 약 1,000개 제정되어 시행되고 있다.[11] 현행 재난·재해 및 안전과 관련된 법령들은 소관 부처별, 사회 영역별,

안전관리 대상별로 산재해 있다.

따라서 이러한 법령들이 헌법 제34조 제6항을 체계적으로 구체화하기보다는 위험성의 정도와 법적 대응 필요에 따라 법정책학적으로 제도화되는 경향이 있다고 할 수 있다. 따라서 위험사회에 대한 대응이 필요할수록, 국민들의 안전에 대한 기대가 클수록 안전 관련 법령이 확대되어 왔다. 현행 법체계에서 '안전관리'나 '재난관리'를 목적으로 하는 주요 법률을 보면 다음과 같다.

〈표 5-2〉 소관 부처별 재난·안전 관련 주요 법률

번호	소관부처	법령명
1	가습기살균제사건과 4·16세월호참사특별조사위원회	사회적 참사의 진상규명 및 안전사회 건설 등을 위한 특별법
2	과학기술정보통신부	연구실 안전환경 조성에 관한 법률, 원자력 진흥법
3	경찰청, 해양경찰	도로교통법, 경찰공무원 보건안전 및 복지 기본법, 사격 및 사격장 안전관리에 관한 법률, 총포·도검·화약류 등의 안전관리에 관한 법률
4	고용노동부	중대재해 처벌 등에 관한 법률, 고용보험 및 산업재해보상보험의 보험료징수 등에 관한 법률, 고용보험·산업재해보상보험의 보험관계 성립신고 등의 촉진을 위한 특별조치법, 산업안전보건법, 산업재해보상보험법
5	교육부	교육시설 등의 안전 및 유지관리 등에 관한 법률, 학교안전사고 예방 및 보상에 관한 법률
6	국가안보실	국가안전보장회의법
7	국가정보원, 국무조정실	국민보호와 공공안전을 위한 테러방지법
8	국방부	군용항공기 비행안전성 인증에 관한 법률, 군인 재해보상법

11   국가법령정보센터 '재난' 또는 '안전'으로 검색한 결과.

번호	소관부처	법령명
9	국토교통부	교통안전법, 철도안전법, 항공안전법, 도로법, 시설물의 안전 및 유지관리에 관한 특별법, 지하안전관리에 관한 특별법
10	화재로 인한 재해 보상과 보험가입에 관한 법률	화재로 인한 재해보상과 보험가입에 관한 법률
11	농림축산식품부, 해양수산부	농어업인의 안전보험 및 안전재해예방에 관한 법률, 농어업재해대책법, 농어업재해보험법
12	대법원	법원재난에 기인한 민형사사건 임시조치법
13	보건복지부	환자안전법, 생명윤리 및 안전에 관한 법률, 감염병의 예방 및 관리에 관한 법률, 인체조직안전 및 관리 등에 관한 법률, 재난적의료비 지원에 관한 법률, 첨단재생의료 및 첨단바이오의약품 안전 및 지원에 관한 법률
14	산업통상자원부	송유관 안전관리법, 고압가스 안전관리법, 원전비리 방지를 위한 원자력발전사업자등의 관리·감독에 관한 법률, 전기안전관리법, 전기용품 및 생활용품 안전관리법, 제품안전기본법, 어린이제품 안전 특별법, 광산안전법, 액화석유가스의 안전관리 및 사업법
15	소방청	소방기본법, 소방산업의 진흥에 관한 법률, 위험물안전관리법, 의무소방대설치법, 의용소방대 설치 및 운영에 관한 법률, 초고층 및 지하연계 복합건축물 재난관리에 관한 특별법, 소방시설공사업법, 소방장비관리법, 소방재정지원 및 시·도 소방특별회계 설치법, 소방공무원 보건안전 및 복지 기본법, 다중이용업소의 안전관리에 관한 특별법, 화재예방, 소방시설 설치·유지 및 안전관리에 관한 법률,
16	식품의약품안전처	식품안전기본법, 식품·의약품 등의 안전기술 진흥법, 수입식품안전관리 특별법, 어린이 식생활안전관리 특별법, 공중보건 위기대응 의료제품의 개발 촉진 및 긴급 공급을 위한 특별법, 첨단재생의료 및 첨단바이오의약품 안전 및 지원에 관한 법률
17	원자력안전위원회	원자력손해배상 보상계약에 관한 법률, 원자력시설 등의 방호 및 방사능 방재 대책법, 원자력안전법, 원자력안전위원회의 설치 및 운영에 관한 법률, 원자력손해배상법, 생활주변방사선 안전관리법

번호	소관부처	법령명
18	인사혁신처	공무원 재해보상법
19	해양수산부	4·16세월호참사 진상규명 및 안전사회 건설 등을 위한 특별법, 선박안전법, 어선안전조업법, 어선원 및 어선 재해보상보험법, 비상사태등에 대비하기 위한 해운 및 항만 기능 유지에 관한 법률, 해사안전법, 수중레저활동의 안전 및 활성화 등에 관한 법률
20	해양경찰청	수상레저안전법
21	행정안전부	재난 및 안전관리 기본법, 민방위기본법, 재해경감을 위한 기업의 자율활동 지원에 관한 법률, 재해구호법, 재해위험 개선사업 및 이주대책에 관한 특별법, 저수지·댐의 안전관리 및 재해예방에 관한 법률, 어린이 놀이시설 안전관리법, 어린이안전관리에 관한 법률, 자연재해대책법, 소규모 공공시설 안전관리 등에 관한 법률, 승강기 안전관리법, 급경사지 재해예방에 관한 법률, 보행안전 및 편의증진에 관한 법률, 비상대비 자원 관리법, 국민 안전교육 진흥 기본법, 지진·화산재해대책법
22	환경부	생활화학제품 및 살생물제의 안전관리에 관한 법률, 석면안전관리법

위에 열거된 법령 외에도 부처별로 소관 개별 법률에 재난안전 관리 규정을 두는 경우도 무수히 많다. 이러한 규정은 대부분 세월호 사건(2014년)을 계기로 각 부처 소관 법률을 개정하는 과정에서 신설된 것이다.

관련 법률에 근거하여 재난·안전 관련 법률 체계를 분석해 보면 전통적인 재난안전의 협소한 개념에서 출발하여 국가의 적극적 개입과 다양한 재난안전의 유형을 반영한 법체계로 변화하고 있으며 그 중심에는 재난안전법이 있다.[12] 「재난안전법」에 기초하여 「자연재해대책

---

12 영역별 재난의 유형이 다양해지고 관련 부처가 많아지면서 법률이 재난 유형과 소

법」, 「지진재해대책법」, 「재해구호법」, 「소방기본법」, 「원자력법」 등 다양한 개별 법률이 존재하고 있다. 다음에서는 「재난안전법」을 중심으로 재난 안전관리 법률체계와 현안을 분석한다.

2. 재난 및 안전관리 기본법 상의 재난안전 관리체계

1) 재난 및 안전관리 기본법 개관

재난안전법은 재난관리의 기본법으로 우리나라의 재난·안전에 대한 대응 체계는 이 법에 근거하고 있다. 중앙과 지방으로 이원화된 대응 주체를 설정하고, 재난·안전관리 전체를 예방-대비-대응-복구라는 4단계 과정으로 구분하여 단계별로 각 대응 주체에게 재난관리 역할을 규정하고 있다.

2013년 개정을 통해 재난의 유형을 자연재난, 인적재난, 사회적 재난으로 구분하였던 것을 자연재난과 사회재난으로 단순화하였으며, 안전문화 진흥에 관한 장(章)을 별도로 신설하여 국민 생활 속 안선사고까지 포괄하였다. 2014년 발생한 세월호 사고는 기존의 재난안전 관리체계가 효과적으로 작동하지 않는다는 평가에 따라 국민안전처의 설립 등 조직 개편과 함께 다시 개정되었다. 그 이후에도 다양한 분야에서 제기되는 안전 문제를 반영하여 필요에 따라 여러 차례의 개정이 이루어져 오고 있다. 2004년~2021년 7월까지 총 50번 개정되었는데,

관 부처별로 여러 재난·안전 법률이 산재하였고, 이에 따라 통합적 재난안전 관리의 효율성과 효과성에 대한 의문이 제기되자 2004년 3월 11일 「재난안전법」이 제정되었다.

그중 2014년 세월호 사건 이후 27번 개정되었다.

재난안전법은 "각종 재난으로부터 국토를 보존하고 국민의 생명·신체 및 재산을 보호하기 위하여 국가와 지방자치단체의 재난·안전관리체제를 확립하고, 재난의 예방·대비·대응·복구와 그밖에 재난·안전관리에 필요한 사항을 규정"하는 것을 목적으로 하고 있다(동법 제1조). 지역 특성 등을 고려한 중앙과 지방으로 대응체계를 이원화하고, 통합적 재난관리체계에 중점을 두고 재난관리를 예방-대비-대응-복구의 단계로 구분하여 단계별로 대응 주체에 다양한 책무를 규정하고 있다. 기존 재난 유형(자연, 인적, 사회적 재난)의 단순화를 통해 자연재난과 사회재난의 2개 유형으로 재난 분류체계를 확립하였다.

〈표 5-3〉 재난안전법 법률 체계도

제1장 총칙	제42조 강제 대피조치
제1조 목적	제43조 통행제한 등
제2조 기본 이념	제44조 응원
제3조 정의	제45조 응급부담
제4조 국가 등의 책무	제46조 시·도지사가 실시하는 응급조치 등
제5조 국민의 책무	제47조 재난관리책임기관의 장의 응급조치
제6조 재난 및 안전관리 업무의 총괄·조정	제48조 지역통제단장의 응급조치 등
제7조 삭제	
제8조 다른 법률과의 관계 등	제2절 긴급구조
	제49조 중앙긴급구조통제단
제2장 안전관리기구 및 기능	제50조 지역긴급구조통제단
제1절 중앙안전관리위원회 등	제51조 긴급구조
제9조 중앙안전관리위원회	제52조 긴급구조 현장지휘
제9조의2 삭제	제53조 긴급구조활동에 대한 평가
제10조 안전정책조정위원회	제54조 긴급구조대응계획의 수립
제10조의2 재난 및 안전관리 사업예산의 사전협의 등	제54조의2 긴급구조 관련 특수번호 전화서비스의 통합·연계
제10조의3 재난 및 안전관리 사업에 대한 평가	제55조 재난대비 능력 보강

제40조 대피명령	제10장 벌칙
제41조 위험구역의 설정	제78조의3 벌칙
	제78조의4 벌칙
	제79조 벌칙
	제80조 벌칙
	제81조 양벌규정
	제82조 과태료

2) 주요 내용

(1) 재난·안전관리 체계

가. 예 방

재난이 발생 전에 미리 재난에 대한 예방 조치를 하거나, 발생 후에라도 발생 전 조치를 통해 피해 규모를 최소화하는 활동을 하는 단계를 의미한다.[13] 「재난안전법」은 재난 예방 조치의 예를 다음과 같이 열거하고 있다(제25조의 2 제1항).

- 재난에 대응할 조직의 구성 및 정비
- 재난의 예측 및 예측정보 등의 제공·이용에 관한 체계의 구축
- 재난 발생에 대비한 교육·훈련과 재난관리 예방에 관한 홍보
- 재난이 발생할 위험이 큰 분야에 대한 안전관리체계의 구축 및 안전관리규정의 제정
- 국가 핵심기반의 관리, 특정 관리대상 지역에 관한 조치
- 재난방지 시설의 점검·관리, 재난관리 자원의 비축과 장비·시설 및 인력의 지정 등의 업무

---

13 이하 예방 단계에 관한 설명은 나채준, 재난안전 관련 법제 개선방안(법제처 연구용역), 한국법제연구원, 2014, 23~24쪽 참조.

국무총리가 국가재난관리체계의 기본 방향이 포함된 '국가안전관리기본계획'을 세우도록 규정하고 있으며, 그 구체적인 내용은 대통령령으로 정한다(제22조 제1항). '국가안전관리기본계획'에 시·도, 시·군·구 안전관리계획이 별도로 수립되며(제24조 및 제25조), 그 외 지방자치단체에 대한 지원(제28조)에 관한 내용을 규정하고 있다. 국가 기반시설에 대한 데이터베이스 구축 및 운영(제26조의 2 제4항) 및 재난 발생을 사전에 방지하기 위한 재난관리책임 기관장의 재난예방조치(제25조의 2)에 관한 내용을 규정하고 있다. 재난관리 실태 공시(제33조의 3), 재난안전 분야 종사자 교육(제29조의 2), 재난 예방을 위한 긴급 안전점검(제30조), 정부합동 안전점검(제32조) 등에 관한 내용이 포함된다.

나. 대비

위기가 발생할 때 취할 대응 활동에 대한 사전 준비를 하고 관련한 대응 능력을 개발하여 궁극적으로 위기에 신속하게 대응할 준비 태세를 확립하는 단계를 의미한다.[14] 재난관리자원의 비축·관리(제34조), 재난현장 긴급 통신수단(제34조의 2)을 마련하도록 하고 있다. 재난관리가 효율적으로 이루어질 수 있도록 '재난대응 활동계획'을 작성·활용하고(제34조의 4), 재난관리 책임기관의 장이 재난을 효율적으로 관리하도록 재난 유형에 따른 위기관리 매뉴얼을 작성·운용하도록 규정하고 있다(제35조의 2). 그 외 재난대비 훈련 기본계획 수립 및 실시 등을 규정하고 있다(제34조 및 제35조).

---

14 나채준, 재난안전 관련 법제 개선방안(법제처 연구용역), 한국법제연구원, 2014, 24쪽 참조.

다. 대응

재난 발생 이후 단계로 인명의 구조 및 재산 보호와 관련된 모든 활동을 의미한다.[15] 재난의 대응을 위해 응급조치(동법 제6장 제1절) 및 긴급구조(동법 제6장 제2절) 등을 규정하고 있다.

첫째, 재난 응급 대책으로 재난 발생 예방 및 재난피해 경감 활동[16]을 말한다. 재난 사태 선포(제36조), 재난 발생을 예방하거나 피해를 줄이는 데 필요한 응급조치(제37조), 재난 예보·경보의 발령, 재난 예보·경보체계 구축 종합계획 수립(제38조 및 제38조의 2), 재난이 발생하거나 발생할 우려가 있는 경우의 동원 및 대피명령, 위험구역 설정(제39조에서 제41조), 강제 대피조치 및 통행제한(제42조 및 제43조), 응원 및 응급부담(제44조 및 제45조), 시·도지사, 재난관리 책임기관의 장, 지역통제단장의 응급조치(제46조에서 제48조) 등을 규정하고 있다.

둘째, 재난의 긴급구조 대책 등을 규정하고 있다. 재난이 발생할 우려가 현저하거나 재난이 발생하였을 때 국민의 생명·신체 및 재산을 보호하기 위하여 긴급구조기관과 긴급구조지원기관이 하는 인명구조, 응급처치, 그밖에 필요한 모든 긴급한 조치(제3조 제6호)를 포함한다. 긴급구조 활동의 역할 분담과 지휘·통제를 위하여 중앙(소방방재청)과 지역(시·도의 소방본부)에 긴급구조통제단의 설치(제49조 및 제50조), 긴급구조대응계획 수립(제54조), 긴급구조와 긴급구조 활동에 대한 평가 및 긴급구조지원기관의 능력에 대한 평가(제54조의 2에서 제55조의 2), 해상

---

15 이하 대응 단계에 관한 설명은 나채준, 재난안전 관련 법제 개선방안(법제처 연구용역), 한국법제연구원, 2014, 24~25쪽 참조.

16 이하 나채준, 재난안전 관련 법제 개선방안(법제처 연구용역), 한국법제연구원, 2014, 24~25쪽 참조.

에서의 긴급구조와 항공기 등 조난사고 시의 긴급구조(제56조) 등이다.

라. 복구 및 보상

재난관리 단계의 마지막으로 피해지역이 재난 발생 직후부터 재난 발생 이전 상태로 회복될 때까지의 장기적인 활동 단계를 의미한다.[17] 구체적 내용으로는 첫째, 재난피해 상황의 복구 및 재난복구계획의 수립이다. 재난관리책임기관의 장은 재난으로 인하여 발생한 피해 상황을 신속하게 조사한 후 그 결과를 중앙대책본부장에게 통보하여야 하고, 중앙대책본부장은 필요한 경우 합동조사단을 편성하여 재난피해 상황을 조사하고, 재난복구계획을 수립하여야 한다(제58조 및 제59조). 둘째, 특별재난구역의 선포 및 재난복구계획의 수립이다. 재난으로 인한 피해를 효과적으로 수습 및 복구하기 위하여 특별한 조치가 필요하다고 인정하면 특별재난구역으로 선포되고, 재난관리 책임기관의 장은 재난복구계획을 수립·시행할 수 있다(제60조 및 제61조).

셋째, 복구 재정 및 재난에 대한 보상이다. 재난관리에 필요한 비용 부담과 응급지원에 필요한 비용에 대한 규정(제62조 및 제63조), 긴급조치로 발생한 손실에 대한 보상 및 긴급구조 활동 과정에서 발생한 부상에 대한 치료와 보상(제64조 및 제65조), 재난지역에 대한 국고보조 등(제66조)을 하고 있다.

---

17 이하 나채준, 재난안전 관련 법제 개선방안(법제처 연구용역), 한국법제연구원, 2014, 25쪽.

(2) 재난·안전관리 조직

가. 통합적 재난관리 체제

범정부적 통합적 재난관리 체제는 의사결정 및 총괄, 협의·조정 및 지원을 주 기능으로 하는 전국적 범위의 체제로서 크게 위원회 체제와 대책본부 체제로 구성되어 있다. 전자는 중앙안전관리위원회(제2장 제1절)로 국무총리가 위원장인 위원회 체제로서 범정부 재난관리 체계의 최고 의사결정 기관이다. 위원은 중앙행정기관 또는 관계 기관·단체의 장이 되고, 위원회 아래에 조정위원회나 분과위원회를 둘 수 있다.

다른 하나로 중앙재난안전대책본부(제2장 제2절)가 있다. 행정안전부 장관이 본부장으로 있는 대책본부 체제로서 전국적 범위 또는 대규모 재난의 예방·대비·대응·복구 등에 관한 사항을 총괄·조정하고 필요

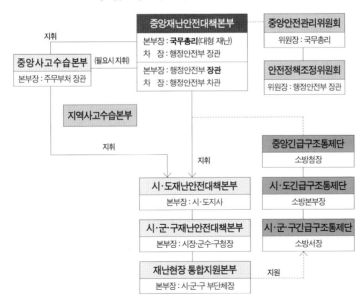

[그림 5-1] 영역별 재난안전 관련 주요 법률

한 조치를 위해 사전 구성되고 한시적으로 가동되는 조직이다. 대규모 재난에 대한 범정부·범지역 차원에서 해야 하는 집행적 조치를 대상으로 한다.[18]

나. 재난 유형별 재난·안전관리 체계

유형별 재난·안전관리 체계는 재난관리 주관기관, 관련되는 유관기관, 재난관리 실무기관으로 구성된다. 재난 유형에 대해 직접적인 책임을 지는 재난관리 주관기관이 관련 기관과 협조하여 해당 재난의 예방·대비·대응·복구에 관한 활동을 수행한다. 중앙안전관리위원회나 중앙안전대책본부와 같은 범정부 차원의 의사결정 및 총괄·조정 기구와 달리 유형별 재난·안전관리체계는 유형별 관리 책임 원칙에 따라 구축·운영되고 실질적인 재난관리 활동과 관련된 조직 및 인력으로 구성된다. 유형별 재난의 범위가 전국적으로 확대되어 안전관리나 재난관리 역량 차원에서 주관기관이 감당할 수 없으면 범정부 차원의 대응과 지원이 필요하다. 따라서 유형별 재난관리 체제는 범정부 차원에서 설치된 의사결정 및 총괄·조정 기구와 유기적으로 연계하여 보완·협력하여야 한다.[19]

3) 재난 및 안전관리 기본법과 안전 관련 개별 법령과의 관계

재난안전법은 재난안전 관리의 기본법이다. 재난안전법을 중심으

---

18 나채준, 재난안전 관련 법제 개선방안, 27~28쪽 참조.
19 나채준, 재난안전 관련 법제 개선방안(법제처 연구용역), 한국법제연구원, 2014, 28-29쪽.

로 재난 유형과 분야별 안전관리 정책에 따라 소관 부처별로 여러 개별 법률이 존재한다. 재난안전법이 재난안전 관리에 관한 기본법이기는 하나 주로 재난관리체계를 중심으로 법률이 구성되어 있고, 각종 안전사고에 대한 관리체계는 이미 기존 법률에서 규율하고 있어서 재난안전법이 모든 안전관리를 규정하는 것은 아니다. 이런 이유로 재난안전법과 개별 안전관리 법률과의 조정과 효율적 적용이 중요하다. 이를 고려하여 행정안전부 중심으로 국가재난안전대응시스템을 체계화하고, 재난 및 안전관리를 총괄·조정하는 기능을 제도적으로 뒷받침하기 위하여 2010년과 2013년 8월 재난안전법을 대폭 개정하였고, 지속적인 개별 법률의 개정을 통하여 이를 보완하고 있다.

재난 및 재해, 사고와 관련된 안전(safety) 개념을 중심으로 안전 영역별로 구분하면 〈표 5-4〉와 같다.

〈표 5-4〉 영역별 재난안전 관련 주요 법률

영 역	사 례
① 재난안전 일반	- 재난안전법
② 환경안전	- 석면안전관리법, - 하천의 유지·보수 및 안전점검에 관한 규칙
③ 소방안전	- 소방기본법 - 소방시설 설치·유지 및 안전관리에 관한 법률, 건축법 - 소방공무원 보건안전 및 복지 기본법
④ 교통안전	- 교통안전법, 선박안전법, 철도안전법, 항공안전법, 해사안전법 - 보행안전 및 편의증진에 관한 법률
⑥ 시설안전	제품안전기본법, 전기용품 및 생활용품 안전관리법, 산업안전보건법, 자동차 및 자동차부품의 성능과 기준에 관한 규칙, 어린이제품 안전 특별법, 품질경영 및 공산품안전관리법, 위험물안전관리법, 원자력안전법, 고압가스 안전관리법, 생활주변 방사선 안전관리법, 송유관 안전관리법, 액화석유가스의 안전관리 및 사업법 등

영 역	사 례
⑥ 시설안전	다중이용업소의 안전관리에 관한 특별법, 사격 및 사격장 안전관리에 관한 법률, 시설물의 안전관리에 관한 특별법, 저수지·댐의 안전관리 및 재해예방에 관한 법률, 연구실 안전환경 조성에 관한 법률, 승강기시설 안전관리법, 어린이놀이시설 안전관리법 등
⑦ 보건·식품 안전	- 식품: 식품안전기본법, 어린이 식생활안전관리 특별법, 농수산물 품질관리법, 유전자변형농수산물의 표시 및 농수산물의 안전성조사 등에 관한 규칙 - 의료보건: 생명윤리 및 안전에 관한 법률, 인체조직안전 및 관리 등에 관한 법률, 의약품 등의 안전에 관한 규칙 - 전염병예방법
⑧ 안전담당 조직	한국산업안전보건공단법, 한국원자력안전기술원법, 항공안전기술원법 등

제4장 현행 재난안전 관리 법체계의 한계 진단

1. 개 설

현재 재난안전법을 중심으로 안전관리체계가 이루어지고 있으나 재난 유형별 개별 법률이 무수히 산재해 있고, 각 부처별 안전 관련 소관 법률도 복잡하게 존재하고 있어 상호 이질적인 안전관리 및 재난관리 내용이 혼합 편제되어 일관성·통일성이 떨어지고 있는 상황이다. 재난안전법이 2004년 제정된 이래 재난 및 대형 사고가 발생할 때마다 법제도적인 문제점이 나타나 관련 조문을 추가하는 현상이 반복됨에 따라 법체계가 혼잡하고, 현행 기본법 중 가장 조문 수가 많고 그 내용도 포화 상태에 이르러 기본법으로서의 역할에 법체계적 한계가 나타나고 있다.

재난 및 안전사고가 빈번하게 발생하고 그 유형도 다양화되는 상황에서 안전관리에 대한 신속하고 체계적인 대응을 위해서는 주무부처인 행정안전부와 개별 부처와의 유기적 협력이 필요하나 행정안전부의 안전관리 총괄·조정 기능 수행에 한계도 나타나고 있다.

급속하게 변화하는 재난환경에 대응하고 국민이 요구하는 실효적이고 신뢰할 수 있는 안전관리를 위해서는 재난 및 안전사고에 대한 예방, 대비, 대응, 복구 등 전 과정을 신속하고 효율적으로 수행하는 안전관리체계에 대한 검토와 제도 개선이 시급한 상황이다. 이를 위해서는 필수적으로 재난안전법에 대한 법적인 검토와 그 외의 부처별 안전 관련 법률 등에 대한 검토를 통해 재난환경의 변화 요구에 적극적으로 대응하고 사람 중심의 관점에서 안전한 국가를 구현할 수 있는 제도 구축을 위한 연구 수행이 필요하다.

법체계의 측면에서 재난안전법은 재난관리 개별 집행법과 종합적 재난·안전 분야 중간의 애매한 위치에 있는 것으로 판단된다. 특히 재난관리와 안전관리의 구분과 양자를 통합할 수 있는 종합적 정책 가치로서 안전의 개념과 안전권의 개념을 제시하지 못하면서 기본법의 역할을 하지 못하고 있다.

2. 재난 및 안전관리 기본법의 법체계 상의 한계

1) 기본법으로서의 역할 한계

기본법은 법률의 제명에 기본법이라는 명칭을 붙인 것으로 법률의 효력은 기본법이 아닌 법률과 차이가 있는 것은 아니지만 법제 상 또는 이론 상 관점에서 일반법(또는 집행법)과 다른 특성을 갖고 있다.[20] 기본법이라는 명칭의 사용 여부와 관계없이 실질적으로 사회 또는 일정한 법 분야에 있어서 기본적인 원칙이나 준칙, 기준 등을 정한 법률도 있고, 형식적으로 기본법이라는 명칭을 사용하는 경우도 있으나 일반적으로 기본법이라고 부르는 경우는 법률의 명칭에 기본법이 포함된 경우를 말한다.[21] 기본법은 총칙에 해당 영역에 있어 입법으로 추진하고자 하는 제도와 정책에 대한 이념과 기본 원칙, 정책의 기본 방향을 규정하는 것이 일반적이다. 또한 법률이 추구하는 정책 방향을 정하기 위한 기본 이념, 정책의 범위를 정하는 정의, 정책을 총괄하게 되는 기본 계획이나 위원회 규정을 둔다. 권리의무에 관한 구체적인 규정보다는 국가나 지방자치단체의 의무 규정을 두어 정책 추진 노력 의무나 정책의 수립 의무를 부여한다. 이러한 기본법은 해당 분야의 제도나 정책 집행에서 기준이 되어 관련 하위 유형에 포함되는 법률, 제도, 정책의 방향을 제시하는 역할을 한다.

재난안전법은 행정안전부 소관 법률로서 재난 및 안전관리 분야의 기본법적 지위를 가지고 있다. 하지만 재난 및 안전관리 업무인 안전관리기구, 안전관리계획, 재난의 예방-대비-대응-복구, 안전문화의 진흥, 보칙, 벌칙 등 80여 개가 넘는 조문으로 구성된 많은 사항을 규정하고 있어 재난 및 안전관리 분야의 기본법으로서의 역할에 한계가 있

---

20 박영도, 『기본법의 입법모델 연구』, 한국법제연구원, 2006, 19~20면.

21 전자의 예로 민법, 상법, 형법, 교육기본법, 근로기준법과 노동조합 및 노동관계조정법, 독점규제 및 공정거래에 관한 법률 등이 있고, 후자의 예로 환경정책기본법, 청소년기본법, 문화기본법, 관광기본법, 문화산업진흥기본법, 행정규제기본법, 중소기업기본법, 국세기본법, 교육기본법, 근로복지기본법, 사회보장기본법, 보건의료기본법 소비자기본법, 재난 및 안전관리기본법, 저탄소녹색성장기본법, 저출산·고령사회기본법 등이 있다.

다. 재난안전법은 기본법이라는 명칭에도 불구하고 방대한 내용을 담고 있어 조문 수에 있어서도 문화기본법[22] 13개 조, 환경정책기본법[23] 61개 조, 국토기본법[24] 33개 조에 비교하여 너무 많고 복잡한 체계를 가지고 있다. 또한 기본법임에도 재난관리와 안전관리에 대한 너무 많은 규정을 두다보니 그 내용에 있어 개별법적, 집행법적 요소를 가진 조문이 상당수 존재하고, 이로 인하여 다른 안전 관련 개별법과의 관계에서 내용상 모순·저촉이 발생할 우려가 높다. 따라서 재난안전법이 기본법의 역할에 적합하도록 법적 체제를 개편하여 개별 재난 및 안전 관련 법률들과의 체계 정당성을 제고할 필요가 있다.

2) 재난관리와 안전관리의 법체계 문제

재난안전법 상으로는 '재난관리'와 '안전관리'의 통합적 관리를 지향하고 있으며, 행정안전부가 재난 및 안전관리에 대한 총괄기관으로서의 역할을 담당하고 있다. 하지만 이러한 규정 방식은 문제가 있다. 재난과 안전은 그 개념이 다르며 일반적으로 재난관리와 안전관리는 관리 방식 및 관리 조직의 특성, 업무 속도 등에 따라 차이가 있다.

첫째, 재난관리의 경우 재난이라는 비상 상황에서 전 국가적 역량을 하나로 집중화하여 관리해야 하는 반면, 안전관리는 교통, 환경, 식품 등 정책 분야별로 분산적으로 관리하는 방식을 지향한다. 둘째, 재난관리의 경우 재난 발생의 위급 상황에 효과적이고 신속하게 대응하

---

22 [시행 2021. 9. 11.] [법률 제18379호, 2021. 8. 10., 일부개정].
23 [시행 2021. 7. 6.] [법률 제17857호, 2021. 1. 5., 일부개정].
24 [시행 2021. 8. 10.] [법률 제18387호, 2021. 8. 10., 일부개정].

기 위해 명령·통제 위주의 체계가 중심이 되는 반면, 안전관리는 다양한 전문 분야에서 일상적으로 수행되는 업무로서 이해관계자들 간 협조적 네트워크를 강조하는 경우가 많다. 셋째, 재난관리는 긴급한 재난 상황에 대응하기 위해 업무 속도가 빠른 반면, 안전관리는 일상적 업무를 행하는 것으로서 상대적으로 업무 속도가 느리다.

〈표 5-5〉 재난관리와 안전관리의 차이[25]

항 목	재난관리	안전관리
관리방식	• 집중관리(통합적 관리)	• 분산관리(부서별 관리)
관리조직 특성	• 명령과 통제 중심의 계서제 중심 • 주요 이해당사자 네트워크 활용	• 다양한 이해당사자를 포함하는 네트워크 협력
업무 속도	• 빠름	• 상대적으로 느림
범위	• 일정 규모 이상의 피해(단수가 공통적으로 겪는 피해)	• 개인적 피해 포함
원인 제공	• 자연현상, 인간 활동 및 사회적 현상	• 시설 및 물질
내용	• 자연현상, 인간 활동 및 사회적 현상	• 시설 및 물질 등으로부터 사람의 생명·신체 및 재산의 안전을 확보하기 위하여 하는 모든 활동

출처: 오윤경·정지범(2016: 22) & 이광희·이환성(2017: 18) & 안광찬 외(2017: 56) 수정.

3. 기본법과 개별 법률 간의 정합성(중복 및 분산) 문제

안전관리를 재난관리를 포함한 개념으로 정의하다 보니, 안전 용어를 가진 무수히 많은 안전 관련 개별 법령과의 관계에서 볼 때 기본법과 개별법적 관계 정리가 복잡하다.[26] 이러다 보니 기본법인 재난안전

---

25 다만, 이러한 재난관리와 안전관리의 차이는 절대적인 차이가 아닌 상대적 차이로 이해하는 것이 타당하다.

법과 각각의 개별 법률 간의 관계 설정이 모호해지고 있다. 본래 기본법으로 규정하는 분야는 헌법에서 국가가 중요하게 추진해야 하는 정책 분야별로 제정되는 것이 일반적이며,[27] 재난안전법은 헌법 제34조 제6항에 근거한 것이라고 할 수 있다.

문제는 재난 및 안전관리 분야의 기본법인 재난안전법과 개별 안전 관련 법률 간의 관계가 효율적이지 못하다는 점이다. 또한 분야별 위험에 대비한 안전 관련 법률들이 많이 존재하고 각 영역별 재난안전 관리에 관한 개념과 정책 집행의 범위나 정도가 서로 다르다. 일부 법률들은 일상적인 안전관리를 목적으로 안전사고 등 위험의 발생 가능성을 줄이기 위한 내용을 규정하고, 다른 일부 법률들은 통상적인 안전사고를 넘어선 대규모 재난에 대한 대비와 대응, 복구 등 그 피해를 최소화하는 내용을 규정하고 정책을 추진하는 경우도 있다.

일반적으로 기본법들은 관련 개별 법률들이 1개 부처에 집중되어 있는 경향이 있는데, 재난안전법의 경우 재난 및 안전의 특성상 개별 법률들이 다른 부처에 산재되어 있다. 위에서 검토한 바와 같이 재난안전 관련 법령이 무수히 많고, 각각의 개별 법령이 재난안전 문제를 규정하고 있어 국민을 대상으로 한 안전과 재난 문제에 관한 내용

---

26 안전에 대한 개념 규정 없이 안전관리를 재난관리를 포함한 개념으로 정의하다 보니, 수많은 재난과 안전 관련 개별 법률이 부처별로 산재하고 있어 재난안전 관리의 효율성에 대한 문제가 지속적으로 제기되어 왔다. 이를 해결하기 위해 국가재난대응시스템을 체계화하고, 재난 및 안전관리를 총괄·조정하는 기능을 강화하기 위해 2010년과 2013년 8월 「재난안전법」을 대폭 개정한 바 있으나 이러한 개정의 노력에도 대형 재난 발생 시 제대로 기능을 하지 못한다는 비판은 여전하다.

27 예컨대 교육, 근로, 가정, 고용, 국토, 문화, 보건의료, 방송통신, 사회보장, 산림, 소비자, 식품안전, 양성평등, 재난 및 안전관리, 지식재산, 청소년, 환경 등의 분야가 그러하다.

이 개별적으로 다루어지고 있는 실정이다. 행정안전부가 안전관리의 주무부서로서 안전관리 정책을 추진하도록 하고 있으나 부처별·직능별·분야별로 산발적인 개별법에 근거한 안전관리가 여전히 추진되고 있어 효율적이고 통합적인 안전관리정책의 추진에 어려움은 여전히 남아있다. 따라서 효율적이고 즉각적인 안전사고 관리를 위해서는 중복되거나 모순·저촉되는 법령의 통폐합과 분산된 법령을 통합하는 방안을 적극 검토하여야 한다.

입법 연혁적으로도 재난안전 관리에 관련된 법이 하나의 부처를 중심으로 체계화된 것이 아니라 여러 부처에 산재되어 발전되어온 것이 사실이다. 이러한 이유로 현재도 재난안전법이 재난안전 관련 개별 법률들을 통일적으로 묶어주지 못하고 있다.

4. 재난안전 통합적 관리의 한계

1) 감염병, 복합재난 등 신종 재난관리의 한계

재난안전법은 재난안전 관리의 통합적 관리를 지향하고 있으며, 행정안전부가 재난 및 안전관리에 대한 총괄기관으로서의 역할을 담당하고 있다. 일반적으로 문화기본법, 환경정책기본법, 국토기본법과 같은 다른 기본법들은 관련 개별 법률들이 1개 부처에 집중되어 있는 경향이 있는데, 재난 및 안전관리 기본법의 경우 재난 및 안전의 특성상 재난 및 사고 유형에 따라 재난관리 주관기관이 다르며, 재난안전 관리의 특성상 개별 법률들이 다른 부처에 산재되어 있다.

분산된 안전 관련 개별 법령이 각각의 안전 문제를 규정하고 있어 국민을 대상으로 한 안전관리가 개별적으로 다루어지고 있는 실정이다. 이러한 사유로 재난안전의 통합적 관리와 실효성을 확보하는데 있어서도 일정한 한계가 있을 수밖에 없다. 예컨대, 재난 및 사고 유형에 따른 재난관리 책임기관과 관련 법률의 소관 부처가 서로 다른 경우가 특히 문제된다. 통합적 재난안전 관리에 문제가 될 수 있다.

최근의 재난은 자연재난과 사회재난이 동시에 상호 연관된 상태로 발생하는 경우가 많다. 이른바 복합재난으로 그 대표적 사례가 2011년 3월 발생한 동일본 대지진이다.[28] 또한 2019년 말부터 발생한 코로나19와 같은 감염병으로 인한 신종 사회재난으로 인해 그 대응과 복구에 국내를 넘어 글로벌적인 어려움과 한계를 겪고 있다. 이러한 기존의 자연재난과 사회재난으로 분류된 정형적인 이원적 재난관리체계만으로는 기존에 경험하지 못한 다양하고 비정형적인 이른바 미래형 신종재난과 복합재난 대응에 미흡하다. 따라서 재난 관련 업무의 통합적이고 효율적인 대응과 이에 대한 예방과 관리, 사후 복구와 보상 등의 처리를 규율하는 새로운 관리체계의 필요성이 제기되고 있다.

2) 중앙정부와 지방정부 간의 유기적 관리의 한계

2014년 세월호 침몰 등 그동안의 재난 대응의 실패를 보면 법제도의 부재보다는 소프트웨어적 측면에서의 재난 대응 조직 및 인력운영에의 문제점이 더 문제가 되었다. 이러한 문제점을 인식하고 지난 정부와 현 정부는 재난현장에서의 통합적이고 신속한 지휘통제를 확보

---

28 2011년 3월 발생한 동일본 대지진으로 해일이 발생하고, 이를 대비하지 못한 원자력 발전소가 피해를 입음으로써 광범위한 방사능 방출이라는 재난이 복합적으로 발생한 대표적 사례이다.

하기 위해 관련 법률의 개정 등 적극적인 노력을 해왔다. 그럼에도 중앙과 지방 간, 기초와 광역자치단체 간 여전히 재난과 안전사고 대응에 신속하고 효율적인 측면에서의 문제는 존재한다. 재난 대응은 현장을 가장 잘 아는 가장 가까운 지방에서 1차적인 대응 활동을 펼쳐야한다는 점에는 동의하나 지방의 역할과 역량의 한계는 여전히 효율적재난 대응을 어렵게 하고 있다.

재난의 발생과 그에 대한 대응 활동에 있어서는 민간의 협력 또한매우 중요함에도 구조 전문가 등 전문가 활용을 위한 DB는 아직 이루어지지 않고, 재난 발생 시 즉시 투입할 수 있는 장비 인력과 장비 마련과 같은 재난관리 자원에 대한 기초적인 정보 축적과 체계적인 관리는 여전히 미흡하다. 코로나19 초기 방역 마스크 대란과 전담 병원과의료진의 수급 등 확진검사와 확진환자 대응 과정에서도 동일한 문제가 발생한 바 있다.

제5장 미래사회 재난 및 안전관리 법제도 개선 방향

1. 재난 및 안전관리 기본법의 정비

안전관리는 "사람의 생명·신체 및 재산에 위해가 예견되는 위험이나사고가 발생하지 않도록 일상적으로 기준을 설정하거나 위험 상황을예방, 유지하는 모든 활동"을 의미한다. 그리고 재난관리는 "재난 또는사고가 일어날 것이 임박하거나 일어난 경우 예방·대비·대응 및 복구를 위하여 하는 모든 활동"을 말한다. 이처럼 재난관리 및 안전관리의 차이로 인하여 재난안전법 상의 재난관리와 안전관리의 통합적 관리에 대한 어려움이 현실적으로 존재하고 있다. 최근 재난 및 안전관리의 동향과 범위를 분석해보면 안전의 범위는 재난의 범위를 포함하여 기존의 재난관리 범위를 초월하여 포괄적 안보 차원에서 확장되고 있다.

[그림 5-2] 포괄적 안전의 범위

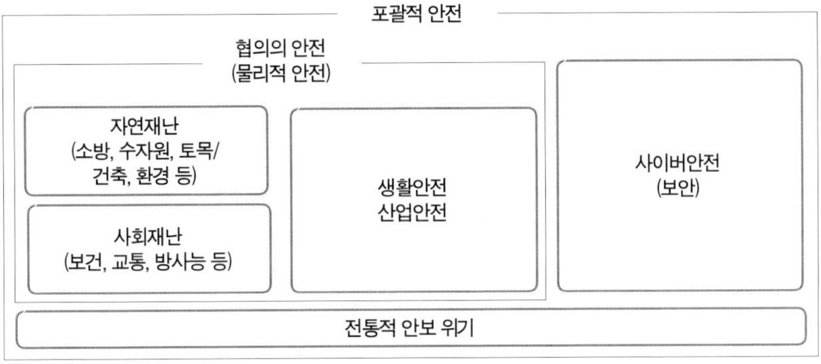

출처: 안광찬 외(2017: 56) 수정.

따라서 '재난관리'와 '안전관리'의 기본적 차이를 인정하여 안전관리와 재난관리를 구분하여 분법화 하는 방안을 고려할 시기가 되었다. 재난안전법의 재난 및 안전관리 개념은 재난안전 관리 실패와 더불어 지속적으로 확대·발전되어온 특성이 있다. 따라서 다른 부처의 재난 및 안전 업무들이 기본법에 충실하도록 계획, 예산, 평가 등으로 일체성, 체계성, 효율성을 강화할 필요가 있다. (가칭)안전기본법을 새로 제정하고 현행 재난안전법은 집행법 또는 개별법의 성격으로 개정·분리하는 방안을 고려하거나 (가칭)안전기본법과 (가칭)재난관리기본법으로 분법화 하는 방안을 적극 검토하여야 한다.

2020년 국회에서 재난·안전 관련 법체계의 개선을 목적으로 오영환 의원이 발의한 '안전기본법'과 우원식 의원이 발의한 '생명안전기본법' 법안이 상정된 상태다. 양 법률안 모두 현행 재난안전법에서 안전과 재난을 구분하여 기본 이념, 안전의 보편성·포용성·공공성, 안전관리의 기본 원칙 등 안전관리 기본법적인 사항을 규정하고 있다.[29]

생각건대, 현행 재난안전법의 내용 중 안전관리와 재난관리를 구분하되 안전관리의 이념 등 기본적 사항은 안전기본법에서 규율하고, 개별 안전과 관련된 사항은 각각의 개별 법률에서 담당하는 것이 타당하다. 그리고 재난안전법 상의 재난관리는 집행법인 재난관리법으로 구성하여 현실적인 법체계의 필요를 반영하여 재난관리에 대한 계획, 조직체계 등 하드웨어적 부분을 담당하고, 구체적인 소프트웨어적 규정은 각 개별 법률로 보완하는 방안을 함께 검토하여야 한다.

2. 개별 재난안전 관리 제도 간의 효율성 정비

행정안전부가 안전관리의 주무부처로서 안전관리 정책을 추진하도록 하고 있으나, 부처별·분야별로 산발적인 개별법에 근거한 안전관리가 여전히 추진되고 있어 효율적이고 통합적인 안전관리정책의 추진에 어려움은 아직 남아 있다. 따라서 효율적이고 즉각적인 안전관리를 위해서는 지속적으로 중복되거나 모순·저촉되는 법령의 통폐합과 분산된 법령을 통합하는 정책을 적극적으로 추진하여야 한다. 기본법의 실효성을 제고하기 위해서는 재난 및 안전, 재난관리 및 안전관리의 용어와 개념을 명확히 하되, 각 재난 및 사고의 특성을 고려하여 기

29 국회의안정보시스템 참조.

본법과 개별법의 관계를 정립하고 개별 법률 및 재난관리 주관기관의 역할 분담을 분명히 해야 할 것이다.

현재의 재난안전법은 기본법이기는 하나 통합적 안전관리라는 차원보다는 '재난관리' 측면에서 더 많은 내용이 담겨 있어 주요 국가 기반체계 내지 시설을 체계적으로 보호, 관리할 수 있는 효율적인 법률은 아니다. 따라서 분야별, 유형별 사고에 대한 예방, 대비, 대응 등이 각각 별도로 강조되어야 하는 것은 당연하다. 다만 기본법으로서의 역할과 특별한 경우에 대한 대응은 전체적인 틀 속에서 체계적으로 구성될 필요가 있다.

1) 재난안전 관련 법체계의 상호 간의 연계성 강화

재난안전법과 타법 간에 상호 연계성을 강화하여야 한다. 현재 우리나라 재난 관련 법률은 무수히 산재해 있고 법률 내용 상 상호 연계성이 미흡할 뿐 아니라 재난에 대한 대응이 개별법 위주로 이루어지고 있어 무질서와 혼란을 초래할 가능성이 크다. 특히 자연재난과 사회재난 등이 합쳐진 복합적 재난이 급증하는 추세에 적용할 수 있기 위해서는 여러 부처에서 분산 관리하고 있는 재난안전 관련 법령을 정비하여 통합 재난관리법으로 통합하는 방안 또는 각각의 개별법으로 존치하는 경우라도 상호 연계가 되도록 각 법률 간의 관계를 명확히 규정하는 방안이 모색되어야 한다. 재난 관련 법률들의 정비를 통하여 법률 상호 간의 연계성이 이루어지도록 하기 위하여 개별 법률 상에 규정되어 있는 각종 안전 상의 조치에 대한 내용을 검토하여 공통되는 내용은 기본적인 법률에 포함시키고, 각 개별 법률에서 규정해야 하는 것도 다른 법률과의 관계를 고려하여야 한다.

또한 재난의 대비 및 대응에 대한 통합적이고 표준적인 관리체계도 필요하다. 각 분야별로 강조되고 필요한 사항이 있는 것은 당연하나, 사고 발생 시 초기 현장 대응에 있어서는 공통으로 적용되는 수행 절차, 관련 장비, 기타 업무에 대한 통일적이고 표준적인 대응체계가 전제되어야 한다. 재난 및 사고 유형별, 대상별 위기 대응 실무 매뉴얼이 다양하다는 것은 오히려 혼란을 가중시킬 수 있는 가능성을 제공하는 쪽으로 작용할 수 있으므로, 통합적, 일원적 체계를 갖춘 실효성 있는 관리체계가 필요하다.

2) 재난관리 조직 간 연계성 강화

현 재난관리체계가 각 재난 유형별로(지진, 댐 붕괴, 원전안전, 전력, 감염병 등) 위기 상황에 따라 그에 따른 주관 부처와 유관기관별 임무 및 역할이 지정되어 있어 복합재난이나 초대형 재난이 발생한 경우 즉각적인 대응이 어렵다는 비판이 여러 차례 제기된 바 있다.

행정안전부가 재난 및 안전관리에 대한 총괄 업무를 담당하고 있으나 개별 안전사고에 대한 관리는 기존 조직을 조정하는 역할을 취하고 있어서 광역적 복합재난관리의 대응에서 내부적 협력과 외부적 관련 기관 간의 연계와 협력이 요구된다. 특히 복합재난은 그 성격상 어느 한 조직만이 관여하는 것이 아니라 어떠한 조직이든 예기치 못한 순간에 대응해야 하는 상황이 발생할 가능성이 있기 때문에 재난 발생 시에 관련 기관이 언제 어떻게 협력해야 하는지에 관한 대응 방식이 미리 마련되어 있지 않으면 안 된다. 초대형 복합재난 발생 시 각 부처별 위기 상황을 가정하여 대응하고, 대책 발굴을 위한 참고사항으로 반드시 해당 문제점에만 국한될 필요가 없으며 부처별 소관 업무에 따라 판단할 필요가 있다. 각기 다른 조직들의 명령체계, 지휘체계 등이 각자의 이해관계에 따라 분산되지 않도록 기관별 협업에 대한 공동 대응계획을 마련하는 것이 필요하며, 혼선이 발생하는 경우 그에 대한 조율과 솔루션에 대해서도 예견하여 두는 것이 필요하다.

이와 관련하여 국가안전관리기본계획과 각 부문별 안전관리계획의 연계성도 강화하여야 한다. 현행 재난안전법 제23조의 2(국가안전관리 기본계획 등과의 연계)에서는 관계 중앙행정기관의 장은 소관 개별 법령에 따른 재난 및 안전과 관련된 계획을 수립하는 때에는 국가안전관리 기본계획 및 제23조에 따른 집행계획과 연계하여 작성하여야 한다고 규정하고 있다. 그러나 안전관리, 재난관리의 개념이 모호하고 중첩적이어서 어떠한 안전관리계획이나 재난관리계획, 안전기준, 재난대응 매뉴얼이 통합적으로 관리되는지 명확하지 않다.

따라서 실제 위험이나 재난이 발생했을 때 책임 소재가 불분명하거나 대책기구가 이중적으로 설치될 위험성마저 존재한다. 계획 간의 충돌이나 중복이 발생할 수 있고 상위 계획에도 불구하고 하위 계획이 상위 계획을 따르지 않을 가능성도 있다. 따라서 국가안전관리기본계획을 중심으로 관련된 재난안전 관련 계획, 또는 기준 등이 종합적으로 관리되고 보고될 수 있어야 한다. 그래야 새로운 유형의 재난이 발생할 경우 종합적이고 체계적으로 대응이 가능해질 것이다.

3) 감염병, 복합재난 등 미래 재난에 대한 정비 방향

첫째, 피해를 최소화하기 위해서는 예방 중심의 재난관리정책이 선행되어야 하고, 재난 발생 시 신속한 대처를 할 수 있는 능력을 확보하는 것이 필수적이다. 복합재난의 경우라고 하여 국민의 입장에서 보면 재난대응 방식이 특별한 것은 아니다. 이를 위해서는 복합재난을 구성하는 각각의 개별 재난 유형별 안전에 대한 개별 주체의 행동요령을 담은 매뉴얼을 제작하고, 이를 널리 배포하여 숙지할 수 있도록 홍보하고, 교육도 하여야 한다. 이를 위한 정책과 프로그램 개발에 적극적 노력을 하여야 하고 일반 생활에 적용할 수 있는 실질적인 훈련이 이루어져야 한다. 또한 초고층 건물 내지 다중 이용시설, 교통시설, 원전시설, 상습 침수지역 등 각각의 유형별 안전관리체계의 연계를 더욱 강화할 필요가 있다. 그와 관련하여 논의되는 개선 방안을 소개한다.

둘째, 미래에는 감염병, 원자력 사고, 환경물질 사고 등 특수한 재난과 여러 재난 유형이 합쳐진 복합재난 등 미래형 신종재난이 더 빈번할 것으로 보인다. 이에 대한 신속하고 효율적인 대응을 위해서는 이를 전담하는 재난관리책임기관과 주관 기관의 역할을 강화하여야 한다. 바이러스 감염 등 신종 질병에 대해서는 질병관리청, 방사능 유출 등 원전사고에 대해서는 원자력안전위원회, 각종 화학물질의 유출로 인한 사고에 대해서는 환경부의 전문성을 강화할 필요가 있다.

셋째, 미래형 특수 재난과 복합재난의 효율적 대응과 관련하여 행정안전부의 역할도 중요하다. 행정안전부는 재난관리의 컨트롤타워로서 사전적으로 총괄적인 재난관리에 대한 제도적 조정을 하여야 한다. 또한 재난안전 관리 조직 간 연계성을 강화하여 현재 재난안전 관리의 주무부처인 행정안전부의 재난관리 역량을 더 높여야 한다. 특히 현재의 재난관리체계에서 가장 미흡하다고 보여지는 재난관리 전반에 주민대피 제도를 확립하여야 하고 이를 위해 신종재난에 대한 주민대피 매뉴얼, 재난 시 신속한 피난 절차, 피난 이동수단 및 대피로의 지정, 대피소 및 피난소 확보 등을 마련하여야 한다. 그리고 기능적 측면에서도 재난안전 업무를 담당하는 정부 출연기관들의 조직과 직제 등 개편에 대해서도 검토가 필요한 시점이다. 코로나19 사태에서 나타난 마스크 등 방역 물품의 확보와 분배, 감염병 환자의 치료를 위한 간호사 등 전담 인력의 확충, 감염병 확산을 방지하기 위한 세부적인 지침 마련 등도 필요하다.

넷째, 감염병 등 한 지역의 대응을 벗어나 국가적 차원의 신속하고 효율적인 대처가 요구되는 신종재난의 경우에는 무엇보다 중앙정부와 지방정부, 기초와 광역자치단체 간의 유기적 협력이 강화되어야 한다. 신종재난의 경우 그 피해 범위가 광범위하고 피해의 확산도 빠르기 때문에 국민의 생명과 재산의 피해를 최소화하기 위해서는 효율적이고 즉각적인 대응체계가 필요하기 때문이다. 이와 관련하여 2011년 동일본 대지진 이후의 일본의 광역적 재난관리 대응 강화 사례를 참고할 필요가 있어 제시한다.

일본은 2011년 대지진 당시 시·정·촌을 기반으로 하는 소규모 지역에서의 재난관리만으로는 한계가 드러나 광역에서 복합적이고 대규모로 발생하는 재해에 대한 즉각적인 대응력의 강화를 추진하였다. 즉 ① 대규모 광역 재해에 대한 즉시 대응력 강화, ② 대규모 광역 재해 시에 있어서의 피해자 대응의 개선, ③ 교훈 전승, 방재 교육의 강화 및 다양한 주체의 참가에 의한 지역의 방재력 향상 등을 내용으로 「자연재해대책법」을 개정하였다.

그 구체적 내용을 보면 재해대책기본법 제86조의 8(광역일시체재에 대한 협의 등), 제89조의 9(시·도외 광역일시체재에 대한 협의 등), 제86조의 10(시·도지사에 의한 광역일시체재에 대한 협의 등의 대행), 제86조의 11(시·도외 광역일시체재에 대한 협의 등의 특례), 제86조의 13(내각 총리의 광역일시체재에 대한 협의 등의 대행), 제86조의 14(재해민의 이동), 제86조의 16(물자 또는 자재의 공급 요청 등) 등을 새로이 규정하였다. 결론적으로 지진과 해일, 원자력발전소 방사능 유출 등 대규모 복합재난의 경우에는 특정 한두 곳의 시·정·촌을 중심으로 하는 재난 대응과 복구는 불가능하다는 인식 하에 광역적 대응 및 복구체계를 강화한 것으로 판단된다.

4) 안전 취약계층에 대한 정비[30]

미래 재난안전 관리제도의 측면에서 현재의 재난안전법의 법체계는 국민의 안전 확보 측면에서는 미흡하다. 무수히 많은 개별 법률에서 재난·안전 관련 규정을 두고 있지만 아직 안전 사각지대는 여전히 존재한다. 그 대표적인 것이 안전 취약계층에 대한 안전 강화이다. 안전 취약계층은 신체적, 정신적, 경제적, 문화적 요인에 의해 재난 및 사고에 대한 대응에 제약이 있어 타인의 도움이 필요한 장애인, 어린이, 노인 등을 의미하고, 이들에 대한 안전을 실질적으로 확보하는 것이 중요하다.

최근에는 종래의 장애인, 어린이, 노인뿐 아니라 언어·문화적 약자로서 언어 소통 곤란, 문화적 차이 등으로 일상 생활환경과 재난 시 위험도가 높은 외국인, 다문화가정 등을 포함한다. 경제적 약자에는 가스·전기사고 등 안전사고에 취약한 생활환경에 노출되어 사고 발생

---

30 안전 취약계층과 유사한 개념으로 재난약자라는 용어를 사용하기도 함. 그러나 현행 「재난 및 안전관리기본법」에 따르면 재난은 일정 규모 이상의 피해(특히 화재 등 사회재난)를 의미하고 있어서 재난약자라는 용어는 생활안전사고 등 확대된 안전의 범위를 고려할 때 적절하지 않고, 안전 취약계층이라는 용어가 타당하다. 이 글에서는 안전 취약계층이라는 용어를 사용하기로 한다.

및 인명피해 가능성이 높은 저소득층까지 확대되는 경향이다. 다만 언어·문화적 약자와 경제적 약자도 포함하여 추진하는 방안을 검토할 필요성이 있으나 안전 취약계층은 경제적 취약계층과는 구별되므로 이를 지나치게 확대하여 대상을 확장하는 것[31]은 기존의 개념이나 정책과 차별성이 떨어질 수 있으므로 신중한 개념 접근이 요구된다. 현행 재난안전법은 안전 취약계층을 '재난에 취약한 사람'으로 포괄적 개념으로 규정하고 있다.[32]

현행 재난안전법의 개념을 고려하여 구체적인 정책 대상에는 향후 언어·문화적 약자와 경제적 약자도 포함하여 추진하는 방안을 검토할 필요성이 있으나 이를 현재의 재난안전법 체계 내에서 규정하는 것은 문제가 있다. 이러한 안전 취약계층에 대한 안전관리 정책의 강화와 안전관리 범위의 확대를 고려할 때 현행 재난안전법은 한계가 있다. 안전 취약계층과 유사한 규정으로 재난 관련 법령인 재해구호법 시행령 제3조의 2는 '구호 약자'를 규정하면서 임산부, 중증 장애인, 노인, 신체질환 등 임시 주거시설의 이용이 필요한 사람으로 규정하고 있다. 장애인·고령자 등 주거약자 지원에 관한 법률 제2조에서는 주거약자를 규정하면서 장애인, 고령자, 상이등급 1~7급까지의 국가유공자, 보훈보상 대상자 등을 규정하고 있다.

이처럼 현행 법령에서는 신체적 약자를 중심으로 안전 취약계층의

---

31 이러한 관점에서 안전 취약계층을 분석하는 보고서로 김성근·류창수의 사회 취약계층의 안전 실태와 개선방안 연구(한국행정연구원, 2015)가 있음.

32 종래 안전 취약계층에 대한 법적 개념은 존재하지 않다가 재난안전법을 개정하여 동법 제3조 정의 규정에서 어린이, 노인, 장애인 등 재난에 취약한 사람을 안전 취약계층으로 규정한 바 있다.

개념을 정의하고 있다. 이러한 안전 취약계층의 법적 개념과 범위, 특성을 고려하여 안전 취약계층에 대한 제도 개선 방향을 제시한다.

첫째, 장애인 등 안전 취약계층에 대한 재난관리 정책 및 체계의 적합성을 확보하여야 한다. 안전 취약계층은 신체적·정신적 결함으로 인하여 모든 활동에 있어서 최우선적으로 고려되어야 하고 권리보장과 복지증진을 위하여 국가와 사회의 보호와 지원을 받아야 함에도 안전에 대한 현행 법률과 정책은 안전 취약계층이 국가나 사회로부터 안전에 대한 충분한 보장을 받고 있지 못하고 있다. 특히 장애인의 경우 보건복지부에서 장애인 복지정책을, 행정안전부에서는 재난관리를 담당하고 있지만 어느 부처에서도 장애인 재난관리 담당 부서나 담당자가 부재한 실정이며, 장애인에 대한 통일된 재난관리정책이 없는 상황이라 안전 취약계층에 대한 정책을 수립하고 집행할 담당 부서의 마련이 필요하다.

안전 취약계층은 신체적·정신적 결함으로 일반인보다 재난에 대응하기 어렵다. 장애인은 더더욱 그러하다. 하지만 재난에 대한 예방-대비-대응-복구 등 단계에서 장애인을 고려한 안전관리는 매우 미흡하다. 예를 들어 재난 복구의 경우 모든 재난 피해자들에게 원조를 해줘야 하지만, 거동이 불편하거나 의사소통이 불가능한 안전 취약계층은 긴급물품, 임시주거지 지원, 피해지역 원상복구, 재난원인 규명 등을 수행하는 재난 복구 단계가 이들의 생명에 영향을 미칠 수 있는 요인들이기에 일반 재난 피해자보다 더 세심한 정책적 지원이 필요하다.

재난에 대한 안전관리 정책 수립에 있어서도 중앙정부는 장애인 등 각각의 안전 취약계층의 특성을 고려하여 맞춤형 예방, 보호(대비), 대응 및 복구 계획을 수립할 필요가 있고, 지방자치단체는 지역별 해당 지역의 안전 취약계층에 대한 현황 등 정보를 사전에 확보하여 관리할 필요가 있다. 지역, 특히 기초자치단체의 주민센터에서 GIS 맵핑을 통해 지역 내의 안전 취약계층에 대한 현황과 특성을 사전에 확인함은 물론 재난 발생 시 현장 대응자에게 이들에 대한 충분한 정보를 제공할 수 있도록 하여야 하며, 복구 이후 가능한 원상태의 생활을 유지할 수 있는 주거계획까지를 포함한 지역(시군구) 안전관리계획을 수립하여야 한다.

둘째, 장애인, 노인 등 안전 취약계층에 대한 안전관리 전담 인력의 부족과 전문성 미흡이 개선되어야 한다. 대부분 안전 취약계층은 자력 대피가 어렵거나 불가능한 경우가 많아 이들의 안전을 위하여 신체활동, 가사활동, 사회활동 등을 지원하는 활동보조인 등 담당 인력을 충분히 확보하여야 하고 전문성도 높여야 한다. 예컨대, 장애인의 경우 이들을 대상으로 한 재난안전 교육은 복지관 등에서 개별적으로 실시되고 있고, 중증 장애인을 보조하는 활동보조인 교육과정에 3시간 교육을 받도록 되어 있으나 재난교육의 중요성을 고려할 때 매우 부족한 실정이다.

또한 소방공무원은 많은 현장에서 장애인을 만났을 때 그들과의 의사소통과 재난 유형에 따른 장애 유형별 구조 방법 등에서 어려움을 많이 겪고 있으나 이에 대한 소방공무원에 대한 교육은 매우 미흡한 실정이다. 특히 화재 등 재난 발생 시 효율적 대응을 위해 재난구조 및 수습자와 의사소통에 문제가 없도록 사전에 의사소통과 정보의 전달 방법 등에 대해 표준 매뉴얼을 마련하고, 평소 재난 약자에게 긴급 시 정보를 알려줄 수 있는 사람과 안부를 확인해주는 사람 등을 지정하여 정보를 얻는 수단을 확보하도록 하여야 한다.

| 참고문헌 |

김소연. 2017. "기본권으로서의 안전권 인정에 대한 헌법적 고찰".『공법연구』제45집 제3호. 2017. 2.

김성근·류창수. 2015.『사회 취약계층의 안전 실태와 개선방안 연구』. 한국행정연구원.

나채준. 2014.『재난안전 관련 법제 개선방안』. 한국법제연구원.

박영도. 2006.『기본법의 입법 모델 연구』. 한국법제연구원.

이한태·전우석. 2015. 한국 헌법상 기본권으로서의 안전권에 관한 연구. 『홍익법학』제16권 제4호.

조화순. 2012.『정보시대의 인간안보』. 집문당.

정태호. 1997. 기본권 보호의무.『인권과 정의』제252권. 대한변호사협회.

양기근. 2016.『재난약자에 대한 재난안전 교육 실태와 교육방안: 어린이를 중심으로』. 한국재해구호협회.

국립국어원 표준국어대사전 http://stdweb2.korean.go.kr.

국가법령센터 홈페이지 www.law.go.kr.

재난환경 변화에 대비한
정책 과제

제1장 배경

1. 재난환경의 변화와 불확실성의 증가

전 세계적으로 기후변화가 심화되면서 기후위기(climate crisis), 나아가 기후충격(climate shock)이라는 말들이 일상화되고 있다. 2021년만 하더라도 2월에는 미국 텍사스주의 이례적 한파로 인한 대정전 현상이 발생했고, 9월에는 허리케인 아이다로 인한 대홍수가 발생하면서 뉴욕 지역에서만 해도 50여 명의 사망자가 발생했다. 독일 등 서유럽 지역도 홍수로 몸살을 앓았고, 남유럽 지역을 강타했던 대형 산불 역시 기후변화의 영향을 받은 것으로 보인다. 우리나라 역시 예외가 아니어서 기후 패턴의 변화가 지속되고 있고, 강력한 국지성 집중호우가 증가하는 등 대형 재난에 대한 우려가 높아지고 있다.

기존에 경험하지 못했던 새로운 재난들도 꾸준히 발생하고 있다. 2016년 경주 지진, 2017년 포항 지진은 우리나라도 이제는 지진의 안전지대가 아니라는 점을 잘 보여주었다. 특히 포항 지진은 인간에 의해 촉발된(triggered) 지진으로 판명되면서 더이상 자연재난과 사회재난의 구분도 무의미할 수 있다는 점을 일깨워 주었다. 이것은 기후변화의 경우에도 마찬가지이다. 인간의 활동으로 인한 기후변화가 대형 태풍을 불러왔다면, 이를 단순히 자연재난이라고 구분하는 것은 의미가 없을 것이다.

코로나19는 현대사회 재난의 불확실성, 광범위성, 그리고 장기간의 피해 가능성의 대표적 사례이다. 인공의 산물인지 자연적 돌연변이인지도 알 수 없었고, 이렇게 오랜 기간 전 세계에 영향을 주는 것도 예측하지 못했다. 우리나라 역시 코로나19에 대응하면서 마스크, 백신 등 재난물자 생산과 보급의 문제, 장기화된 사회적 거리두기로 인한 경제 침체의 문제, 자영업자와 저소득 노동자들에 대한 배제의 문제, 사회적 약자 포용의 문제, 선별 지급과 보편 지급을 둘러싼 재난지원금 논쟁 등 새로운 재난환경에 대응하는 새로운 원칙에 대한 논란이 벌어졌다.

결국 우리나라가 경험한 최근의 재난들은 우리에게 미래재난의 불확실성과 이에 대응하기 위한 사회적 회복력(resilience) 등 새로운 재난대응 원칙의 필요성을 요구하고 있다.

2. 국내외 동향

급격한 기후변화 현상과 이로 인한 대형 재난의 증가에 따라 세계 각국은 재난위험을 줄이고(disaster risk reduction: DRR), 재난 피해로부터 빠른 회복을 위한 회복력 증진에 힘을 기울이고 있다. 허리케인 카트리나, 동일본 대지진 등 초대형 재난을 경험한 미국과 일본은 국가적 회복을 과제로 내걸면서 장기적인 재난 복구 혹은 회복계획을 만들고 있다.

국제기구들도 마찬가지이다. UN에서는 2015년부터 지속가능발전목표(sustainable development goal: SDG)[1]를 궁극적 지향으로 제시하고, 빈곤의 탈피를 목표로 했던 기존의 MDG(Millennium Development Goal)

를 대체했다.

그런데 지속가능발전을 이루는데 가장 큰 위협이 되는 것이 재난이라는 인식이 확대되면서 재난위험을 줄이는 것이 무엇보다 중요한 선결 과제로 대두되었다.[2] 기후변화 시대에 재난위험 저감은 긴밀히 연결될 수밖에 없다. 기후변화로 인한 대재난이 전 지구를 위협하면서 UN은 기후변화의 완화와 적응을 위해 전 세계 196개국이 참여하는 파리협정을 2015년에 체결했다.[3] 결국 지속가능발전-기후변화-재난위험 저감은 긴밀히 연결되어 있고, 이를 체계적으로 구현한 것이 UN의 지속가능발전목표, 기후변화협약, 그리고 재난위험저감을 위한 센다이프레임워크라고 볼 수 있다.[4] 이들 간의 관계를 도해하면 [그림 6-1]과 같다.[5]

이러한 거시적 목표 달성에 있어 눈에 띄는 것 중 하나는 SDG가 지향하는 포용의 철학이다. 즉 기존 MDG가 절대적 빈곤 탈출에 많은 관

---

1 United Nations Foundation. "SUSTAINABLE DEVELOPMENT GOALS", https://unfoundation.org/what-we-do/issues/sustainable-development-goals/?gclid=Cj0KCQjwwY-LBhD6ARIsACvT72NuVKFl2xVV65vyik64k9X3tdXXY-gp52ITeKhRu8q28uzpMAN3ieAaAkjUEALw_wcB.

2 Desai, B., Maskrey, A., Peduzzi, P., De Bono, A., & Herold, C. (2015). Making development sustainable: the future of disaster risk management, global assessment report on disaster risk reduction.

3 https://unfccc.int/process-and-meetings/the-paris-agreement/the-paris-agreement

4 United Nations Office for Disaster Risk Reduction, 2015, Sendai Framework for Disaster Risk Reduction 2015-2030.

5 Secretariat, U. C. C., 2017, Opportunities and options for integrating climate change adaptation with the Sustainable Development Goals and the Sendai Framework for Disaster Risk Reduction 2015-2030. United Nations Climate Change Secretariat, Bonn, 27.

[그림 6-1] 지속가능발전-기후변화적응-재난위험저감의 연계

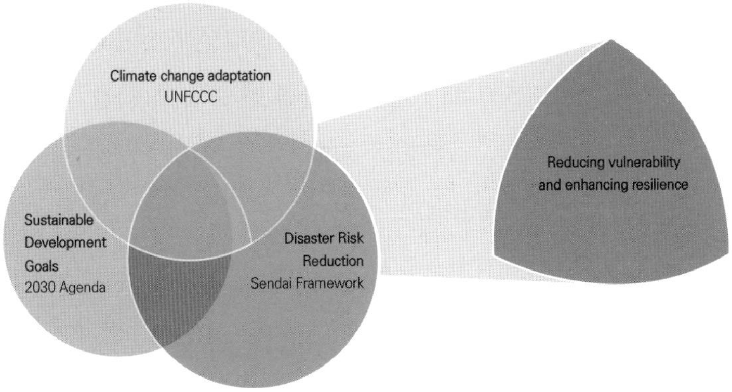

Climate change adaptation
UNFCCC

Reducing vulnerability
and enhancing resilience

Sustainable
Development
Goals
2030 Agenda

Disaster Risk
Reduction
Sendai Framework

출처: UN Secretariat (2017, p. 5).

심을 두었다면, SDG에서는 모든 형태의 빈곤과 불평등 감소를 목표로 하면서 사회적 약자 및 소수자에 대한 포용을 강조하고 있다.

3. 국내 상황 및 입법 동향

문재인정부는 세월호 사고의 부채를 안고 출범했다. 이에 따라 안전 부문에서도 국가의 책임을 강조했고, 포용적 복지국가를 지향했다. 문재인정부의 제4차 국가안전관리기본계획(2020~2024)에서도 기존의 계획과는 달리 국가의 책임을 강조하였고, 목표 중의 하나로 "안전 책임을 다하는 정부"를 제시했다. 이와 함께 가장 중요한 전략으로서 포용적 안전관리를 제시하고, 그중에 첫 번째 과제로서 "안전 취약계층의 보호와 지원"을 강조했다.

우리나라는 해외 국가들과 비교할 때 자연재난으로 인한 피해는 크지 않은 편이지만, 사회재난으로 인한 피해가 상대적으로 큰 편이다.

사회재난 중에서 특히 피해 규모가 큰 것은 교통사고와 산업재해이다. 그중에서도 산업재해의 경우에는 해외 여타 국가들에 비해 매우 심각한 편이다. 문재인정부에서도 광주 재건축 현장 붕괴 사고, 이천 물류센터 공사장 화재와 같은 대형 산업재난이 꾸준히 발생하는 등 크게 개선되는 모습이 보이지 않았다. 이에 따라 「산업안전보건법」 전부 개정이 이루어졌고, 「중대재해처벌법(중대재해 처벌 등에 관한 법률)」이 2021년 1월 국회를 통과하였다. 중대재해처벌법은 한국 사회의 산업재해 만연 현상에 대응하는 가장 강력한 입법 사례로 볼 수 있다.

교통사고 사망자는 매년 꾸준히 감소하여 2020년 국내 교통사고 사망자는 3,079명으로 인구 10만 명 당 5.9명으로 1977년 이래 가장 낮은 수치를 기록했다.[6] 경찰청 자료에 따르면 1991년 교통사고 사망자 수가 13,000명이 넘었는데, 이에 비하면 상당한 감소를 이루어 내었다. 그럼에도 어린이 교통사고에 대한 충격이 사회에 확산되면서 2018년 하준이법(안전한 주차를 위한 도로교통법 개정안), 2020년 민식이법(어린이 보호구역 사고에 대한 특정범죄 가중처벌 등에 관한 법률 개정안) 등의 개정안이 마련되었다.

국가의 국민보호 책임, 나아가 국민의 기본권으로 안전권을 명시하고자 하는 노력도 진행되고 있다. 2018년 5월 문재인정부는 국민 기본권으로서 생명권과 안전권을 추가한 10차 개헌안을 국회에 제출했으나(의안번호: 2012670, 발의일: 2018년 3월 26일) 야당의 불참으로 투표불

---

6 한겨레신문, 2021. 2. 24, 작년 교통사고 사망자 10만 명 당 5.9명…역대 최저 기록 https://www.hani.co.kr/arti/society/society_general/984282.html#csidxa2d03a28577 f1749dc176a9b2f34943.

성립되었다. 그 이후에도 안전권을 명시하기 위한 노력으로 생명안전 기본법안(우원식 의원 등 29인), 안전기본법안(오영환 의원 등 16인) 등이 진행되고 있다.

제2장 현안 및 수요

1. 원칙의 확립: 작은 정부와 큰 정부, 그리고 포용

코로나19라는 대재난에 대응하면서 전 세계는 미증유의 혼란을 경험했고, 그 어느 때보다 국민의 안전을 책임지는 국가의 중요성을 깨닫게 되었다. 우리나라 역시 마찬가지여서 정부는 강력한 사회적 거리두기 정책을 통해 국민들의 자유를 제한하는 한편, 재난지원금 지원 등을 통해 국민들의 삶을 보살피기 위해 노력했다. 이 과정에서 수많은 논란이 발생했다. 확진자 추적 및 역학조사 과정에서 프라이버시권 침해 논쟁이 벌어졌고, 재난지원금을 선별적으로 줄 것인지 아니면 전 국민에게 보편 지급할 것인지에 대한 논쟁이 확산되었다.

역사적으로 국민의 모든 안전을 국가가 책임질 수 있는가, 또는 그것이 옳은가에 대해서는 많은 논란이 있다. 유교문화권에서 강력한 중앙집권 국가 전통을 가져온 우리나라에서는 국민 안전의 책임이 당연히 국가에 있어야 한다는 공감대가 높은 편이다. 그러나 현대 재난관리는 국가의 책임만큼 국민, 즉 민간의 노력 역시 중요시하고 있다. 민간 부문에서도 그들의 위험을 확인하고, 이를 예방하고, 보험제도 등을 활용하여 피해를 줄일 수 있는 자발적 노력이 매우 중요하다는 것이다.

한국의 행정안전부는 전 세계에서 유례를 찾을 수 없는 포괄적인 안전관리를 지향하는 조직이다. 국민 삶의 모든 부분의 포괄적 안전을 강조하는 「재난 및 안전관리 기본법」, '국가안전관리기본계획' 등은 다른 나라에서 찾아볼 수 없는 가장 포괄적인 법과 계획이며, 따라서 실효성은 없고 상징성만 가득한 상황이다. 특히 각종 전문적 안전 분야에 대한 재난안전법 상의 예산 협의/평가 제도, 안전기준의 등록/심의 제도 등은 한국 정부가 지향하는 무분별한 큰정부주의와 관료주의의 한계를 잘 보여주고 있다.

한편, 포용을 가장 중요한 정책 목표 중 하나로 내걸었던 문재인정부가 코로나19 상황에서 소상공인과 비정규직 등 사회적 약자를 제대로 지원하지 못했다는 비판이 있다. 정부는 방역을 목표로 강력한 사회적 거리두기 정책을 드라이브했지만 그 피해는 주로 우리 사회의 가장 약한 부분에 집중되었다는 것이다. 대기업 노동자와 전문직 종사자들은 IT 기술과 유연한 노동 조건을 활용하여 비대면 접촉, 재택근무 등을 효과적으로 활용할 수 있었다. 그러나 동네의 소상공인들, 각종 육체노동자, 배달 노동자 등 플랫폼 노동자들은 가장 위험한 환경에 노출되었고, 경제적 어려움도 가장 컸다. 보다 적극적인 포용 정책이 필요하다.

2. 재난의 극단화, 상시화에 대한 대응

기후변화 등의 영향으로 대형 재난이 증가하고 있다. 이른바 재난의 극단화 현상이 증가하는 것으로 보인다. 극단화 현상과 함께 빈번하게 재난이 발생하고, 재난의 지속 시간이 매우 길어지는 재난의 상시화 현상도 발생하고 있다. 이 두 가지 상반된 트렌드에 대한 대응은 무엇이 되어야 하는가?

먼저 극단화에 대한 대응으로서는 최악의 시나리오를 상정하고 이에 대한 대비와 대응을 준비하고 꾸준히 훈련해야 한다는 것이다. 예전에 우리가 경험했던 태풍과 집중호우의 강도와 크기가 10배 이상 증가한다면 어떻게 할 것인가? 이전에는 침수가 발생하지 않았던 지역에 광범위한 침수가 발생한다면 어떻게 할 것인가? 치명적 한파나 폭염이 발생할 경우 어떻게 대응해야 하는가? 기존에 우리가 경험했던, 혹은 경험하지 못했던 대형 재난 시나리오를 상정하고 그에 대한 대비와 대응 가능성을 분석해야 한다.

재난의 상시화 문제의 경우, 가장 큰 우려 사항은 사람들이 더이상 재난에 대하여 조심하지 않게 된다는 것이다. 코로나19만 해도 그렇다. 코로나19 발생 이후 감염병 위기경보 심각 단계로 접어든 지도 어느새 2년이 넘어서고 있다. 관심-주의-경계-심각 단계로 구성된 4단계 위기경보 체계의 최고 단계가 계속 발령되어 있는 재난의 상시화 현상이 발생하다 보니 정부의 위기경보에 대해 국민들은 더이상 심각하게 생각하지 않을 가능성이 높은 상황이다.

국민들에게 상황의 심각성을 일깨워주고, 행동할 수 있도록 만드는 새로운 대책이 필요하다.

3. 장기적 복구와 회복력 증진 방안

재난의 극단화와 상시화는 비단 기후변화에 따른 것만은 아닐 것이

다. 벌써 2년째 지속되고 있는 코로나19도 초대형 재난으로서 한국을
비롯해 전 지구적으로 장기적인 피해를 남겼다. 지진의 안전지대라고
믿어온 우리나라에서 경주, 포항 지진과 같은 지진이 발생할 수 있고,
이 지진의 영향으로 원자력발전소 등 중요 기간시설이 파괴되는 복합
재난도 우려된다.

초대형 재난을 경험한 미국과 일본은 이미 예방-대비-대응-복구의
재난관리 4단계를 뛰어넘는 장기적 복구와 회복에 대한 준비를 하고
있다. 미국의 경우 2005년 허리케인 카트리나를 경험한 이후, 파괴된
공동체의 장기적 회복을 위한 계획으로서 국가재난복구계획(National
Disaster Recovery Framework)[7]을 제정하였고, 이를 모든 재난에 대한 장
기적 회복계획으로 활용하고 있다. 일본 역시 2013년 동일본 대지진
이후 무너진 지역공동체의 장기적 회복을 위해 '부흥계획'을 마련하여
운영 중이다.

[그림 6-2] NDRF의 범위 (FEMA, 2016)

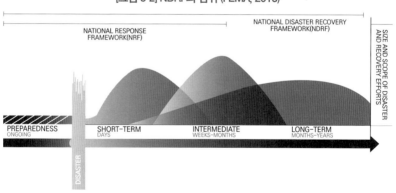

7   FEMA, 2016, National Disaster Recovery Framework 2nd edition (https://www.fema.
    gov/sites/default/files/2020-06/national_disaster_recovery_framework_2nd.pdf).

최근 전 세계적 재난 동향을 본다면 우리나라 역시 이러한 초대형 재난을 경험할 수 있는 상황이다. 만일의 상황에 대비하여 초대형 재난 발생이라는 최악의 상황을 상정하고, 장기적 복구계획 마련, 관련 재원에 대한 고민이 필요하다.

제3장 정책 과제

1. 재난안전 관리 체계 정비 - 재난관리와 안전관리의 분리

세월호 참사 이후 우리나라 재난안전 관리 체계는 지속적 확대의 길을 걸었다. 재난관리실 중심 체계에서 전 부처 안전업무 총괄 조정, 주민들의 생활안전, 안전문화 등 전반적 안전관리에 대한 업무가 대폭 늘어나면서 관련 조직과 인력, 예산이 확대되었다. 그러나 이 과정에서 정책과 자원 배분의 효율성이 확보되었는지에 대한 우려가 계속되고 있다.

한국 행정의 고질적 문제 중 하나인 권위주의와 형식주의가 재난안전 분야에서도 심각하게 발현하고 있다. 그 결과 행정안전부 재난안전 관리의 범위와 대상은 대폭 증가했고, 형식적으로 행안부의 총괄 조정 기능을 이야기하지만 효율성과는 거리가 먼 실정이다. 이제는 형식적 업무 범위의 무분별한 확대와 권위적 우산 씌우기보다는 내실있고 실효성 있는 법제와 조직 정비가 필요하다.

재난안전 분야의 가장 중요한 법은 「재난 및 안전관리 기본법」이다. 2004년 제정 이후 다양한 재난이 발생할 때마다 크고 작은 개정 과정을 거쳐 지금은 그 어느 법보다 크고 비효율적인 법이 되고 있다. 이미 행정안전부 내부에서도 이 법의 분법에 대한 논의가 시작되고 있다.

일반적으로 재난관리는 재난 상황에서 관련된 모든 조직들의 협력과 효과적인 '명령과 통제'(command and control) 시스템의 구축을 강조한다. 세월호 사고 이후 발생했던 컨트롤타워 논쟁, 미국에서의 ICS(Incident Command System) 등은 이러한 명령과 통제 시스템과 관련되어 있다. 따라서 재난관리에 대한 국가적 계획은 미국의 국가대응프레임워크(National Response Framework), 일본의 방재기본계획(防災基本計画) 등 모든 국가에서 수립하여 운영하고 있다.

그러나 안전관리는 각 전문 분야의 독립성과 자율성이 보다 중요한 분야이다. 산업안전, 원자력안전, 항공안전, 선박안전 등 각 분야마다 매우 높은 전문성과 자율적인 기준과 규칙이 활용되고 있다. 이러한 전문적이고 세분화된 안전 분야를 '총괄적'으로 관리한다는 것은 현실적이지도 않고 효율적이지도 않다. 전 세계 어디에서도 우리나라의 '국가안전관리 기본계획'과 같은 종합적 안전계획을 운영하는 나라는 없다. 이미 우리나라의 제4차 국가안전관리기본계획에서도 이러한 한계를 지적하고 있다. 이 계획에서는 재난관리계획과 안전관리계획의 분리를 통한 실효성 제고 방안의 필요성을 강조했고, 이를 위한 「재난 및 안전관리 기본법」의 분법을 제안했다.[8]

이미 국민안전권 보장을 위한 제도적 준비로서 (가칭)「안전기본법」이 논의되고 있는 상황이니 이를 활용하여 「재난 및 안전관리 기본법」에서 안전관리 부분을 삭제하는 방안을 고려해야 한다. 또한 현행 안

---

8 중앙안전관리위원회, 2019, 제4차 국가안전관리 기본계획.

전관리 업무에 대한 냉철한 분석을 통해 효율성이 부족하고, 형식적인 제도들에 대해서는 과감하게 폐지 및 타 전문 부처로의 이관을 고민해야 한다. 이를 통하여 행안부의 핵심 역할을 "재난 발생 이후의 수습과 복구"로 한정할 필요가 있다.

2. 재난관리 인력자원의 전문성 제고, 양적 확대 및 재난예비군 제도 도입

우리나라에서는 재난안전 분야 공무원들의 전문성 제고를 위하여 방재안전직렬제도를 도입했다. 이에 따라 관련 인원이 증가하고 있지만 그들을 바라보는 시각도, 그리고 그들 스스로의 만족도도 높지 않은 편인 것으로 보인다. 방재안전직렬들은 격무에 시달리고 조직 내 위상에도 불만이 많지만 그들이 가진 재난에 대한 지식과 경험 역시 부족하여 실질적 재난관리 역량이 부족하다는 우려도 높은 편이다.

1차 대응자와 구분되는 재난관리자가 필요한 역량에 대한 정교화와 구체화가 필요하다. 9·11테러와 허리케인 카트리나를 겪으면서 재난관리 조직과 체계를 재구성한 미국은 재난관리자가 필요한 역량을 정리하여 목표역량리스트(Target Capabilities List)[9]를 제시했다. 이후에도 이러한 역량 리스트는 계속 진화해왔는데 FEMA EMI(Emergency Management Institute)에서는 미래 재난관리자를 위한 핵심역량을 〈표 6-1〉과 같이 제시했다.[10]

---

9 Department of Homeland Security, 2007, Target Capabilities List - A companion to the National Preparedness Guidelines.

〈표 6-1〉 FEMA EMI 미래 재난관리자를 위한 핵심역량

중분류	소분류
관계 역량 (EM Competencies that Build Relationships)	재난위험관리 (Disaster Risk Management)
	공동체 참여 (Community Engagement)
	거버넌스 (Governance & Civics)
	리더십 (Leadership)
지식 역량 (EM Competencies that Build the Practitioner)	과학지식 (Scientific Literacy)
	지리지식 (Geographic Literacy)
	사회문화지식 (Sociocultural Literacy)
	기술지식 (Technological Literacy)
	시스템지식 (Systems Literacy)
인성 역량 (EM Competencies that Build the Individual)	준법의식 (Operate within the EM Framework, Principles, & Body of Knowledge)
	비판적 사고 (Possess Critical Thinking)
	직업윤리 (Abide by Professional Ethics)
	평생교육 의지 (Value Continual Learning)

출처: EMI. (2017). The Next Generation Core Competencies for Emergency Management Professionals: Handbook of Behavioral Anchors and Key Actions for Measurement.

현장 필요와 동떨어진 역량 개발 프로그램 개선에 대한 국가적 노력이 필요하다. 현재 방재안전직렬 임용시험의 교과목을 한국형 재난관리자 핵심역량에 적합한 형태로 바꾸고, 이를 바탕으로 공무원 교육과정 등 전반적 교육과정 개편을 위해 노력해야 한다. 물론 이러한 형태의 개조는 짧은 시간에 해결이 어려운 중장기 과제로 볼 수 있고, 핵심역량 선정 ─ 교육과정 개발 ─ 임용시험 개편 등이 체계적으로 이루어져야 할 것이다.

10　EMI, 2017, The Next Generation Core Competencies for Emergency Management Professionals: Handbook of Behavioral Anchors and Key Actions for Measurement.

더불어 임용 과정 자체에 대한 보완도 필요하다. 현재 임용시험을 통해서는 관리자급 인력의 즉시 선발과 활용이 어려운 점을 감안하여 최근 활성화되고 있는 민간경력 채용 등을 적절히 활용하여 민간의 인재를 유치하기 위한 노력도 필요하다.

재난관리 조직 및 인원의 신축적 운영 방안 마련도 필요하다. 대형 재난이 발생한다면 평상시 조직과 인원만으로는 감당이 안 되기 때문에 조직 및 인원의 신속한 확대가 필요하다. 재난관리 분야는 마치 국방 업무와 유사하여 평상시에는 적정 규모의 조직과 인원이 훈련 및 예찰 등 예방-대비 업무를 수행하지만, 상황 발생 시에는 모든 조직과 인원을 동원한 총력 대응이 필요하다. 하지만 관련 조직과 인원을 대형 재난에 대비하여 무제한적으로 확대할 수는 없다. 따라서 마치 민방위 제도와 같은 재난예비군 제도의 도입을 검토할 필요가 있다.

미국 FEMA에서는 FEMA Reservist 제도를 운영하고 있는데, 이는 미리 등록한 사람들을 대상으로 재난 발생 시 FEMA의 요청(on-call)에 따라 재난현장 주변의 거주 인력들을 임시직으로 채용하여 재난 1차 대응 및 이재민 구호 등을 돕는 제도이다. 한국도 의용소방대, 자율방재단 등 민간 자원봉사 조직을 재난 상황에서 활용하고 있지만, 재난예비군 제도는 보다 전문적인 인원을 양성하여 재난 시 효과적으로 활용하기 위한 제도이다. 재난예비군의 경우에는 단순히 민간뿐 아니라 공무원 조직 내에서 재난관리를 경험한 직원들을 대상으로도 모집하여 그들의 경험이 현장에서 지속적으로 활용될 수 있도록 노력할 필요가 있다.

3. 지방자치단체 재난관리 역량 강화

모든 재난은 지역적이다(All disasters are local). 재난은 지역에서 발생하고, 이에 처음 대응하는 사람들도 지역에 있는 사람들이다. 만일 재난 피해가 커서 지역의 역량이 부족할 때는 중앙정부에 도움을 청해야한다. 그러나 재난의 1차 당사자는 지역이기 때문에 무엇보다도 재난관리를 위한 지역의 역량이 중요하다. 그러나 아직까지 지방의 재난관리 역량은 중앙의 그것에 비하여 부족함이 많은 편이다.

지방자치단체의 역량이 충분히 성숙되기 위해서는 많은 시간이 필요하다. 따라서 재난 경험 및 전문성이 상대적으로 높은 중앙정부의 지원이 있어야 한다. 미국의 경우 지방청 제도를 활용하고 있다. 미국 FEMA는 미국 전역에 10개의 지방청(regional office)을 운영하고 있고, 각 지방청의 직원들은 FEMA 내에서도 가장 경험이 많은 사람들로 구성되어 있다. 각 지방청은 현장조정센터(Regional Response Coordination Center: RRCC)를 상시 운영하면서 재난 발생 시 지역의 주요 이해당사자들의 협력과 조정을 주도한다. 그리고 재난이 발생하면 RRCC는 합동현장사무소(Joint Field Office: JFO)로 전환되어 지역의 재난관리를 지원한다.[11]

한국의 중앙정부도 포항 지진, 밀양 화재 등의 대형 재난 상황에서 '중앙수습지원단'을 구성하여 지방을 지원했다. 중앙수습지원단은 재난 시 지자체에 대한 중앙 합동 지원, 중앙-지역 연계 등의 기능을 수행하는 것으로 포항 지진 당시에는 지역 공무원들의 건축물 안전점검,

---

11 https://emilms.fema.gov/is_0101c/groups/42.html.

이재민 구호 및 임시 주거시설 지원, 응급복구 지원 등에 큰 도움을 주었다(중앙안전관리위원회, 2020).

중앙수습지원단의 기능을 좀 더 전향적으로 본다면, 미국 FEMA의 지방청 조직이 대안이 될 수 있다. 지방 재난관리 역량을 지원하고, 중앙-지방간 협력, 그리고 주요 이해당사자를 묶는 네트워크 조직 구성을 위해 '재난안전 지방청' 조직을 구상할 수 있다. 우리나라 상황에서는 5개(수도권, 강원권, 중부권, 호남권, 부울경권 등) 정도의 지방청 조직을 고려할 수 있을 것이다.

이와 함께 대형 재난 상황에서 지자체 간 연합 대응은 반드시 필요하다. 지역 소멸의 대안으로 부울경 메가시티 등 광역연합이 논의되고 있는 상황에서 그 타당성은 더욱 높다. 평상시 협약 체결, 공동 훈련, 자원 공동 이용 등의 준비를 통하여 대형 재난 상황에서 지자체들 간의 유연한 결합을 통한 공동 대응을 준비해야 한다. 재난은 지역적이다. 하지만 재난은 인위적 행정구역의 경계를 뛰어넘거나 모든 지역에 영향을 줄 수 있다.

따라서 재난관리의 공간적 범위를 넓혀 공동 대응할 수 있는 중장기적 구상이 필요하다. [그림 6-3]은 지역의 경계를 뛰어넘어 발생할 수 있는 홍수, 지진, 산불, 산업단지 사고 등에 대응하기 위한 부울경 공동 대응 구상도이다.

[그림 6-3] 동남권 메가시티 광역재난 공동 대응체계 구상

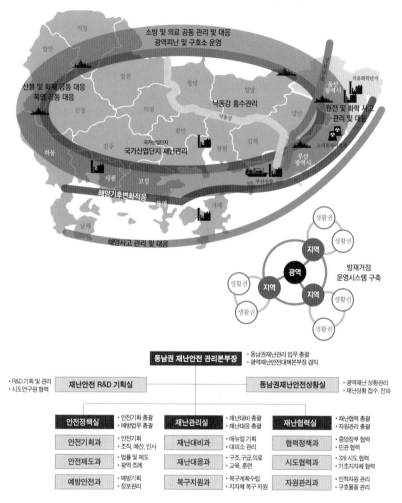

출처: 동남권 발전계획 수립 공동연구- 부문별 계획 최종 보고서 (2021).

4. 미래 초대형 재난 대비 — 위기경보와 특보 개선

우리나라는 참여정부 때 NSC 사무처를 중심으로 세계의 국가 위기 경보 체계를 분석하여 '관심 → 주의 → 경계 → 심각'의 4단계 위기관리 체계를 도입했다.[12] 위기경보 체계는 정부 부처가 위기 상황에 대응하기 위한 것으로 다가오는 재난 상황에 효과적으로 대응하는 것을 목적으로 한다. 한편 특보 제도는 기상청에서 다가오는 재난에 대하여 국민들의 경각심을 높이기 위해 활용하는 것으로서 단계별로 주의보와 특보로 구분된다. 주의보와 특보는 강풍, 풍랑, 호우, 대설, 한파, 미세먼지, 폭염 등 자연재난에 대하여 발령된다.

우리나라에서는 코로나19 등의 영향으로 위기경보 심각 단계가 1년

[그림 6-4] 주요국 위기경보 단계

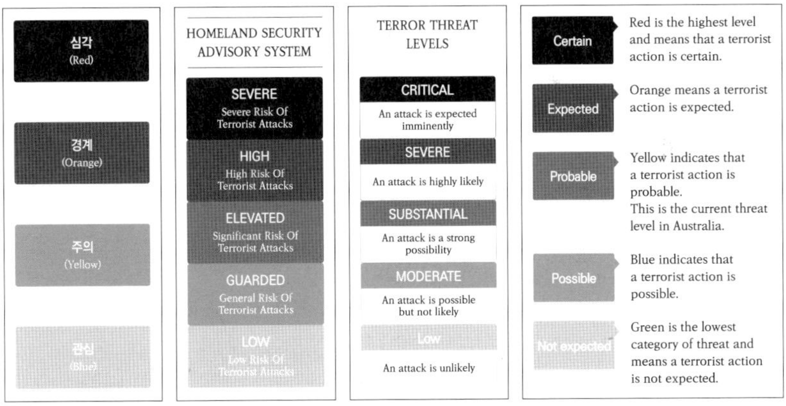

| 《한국 경보체계》 | 《미국 경보체계》 | 《영국 경보체계》 | 《호주 경보체계》 |

---

12 대통령자문 정책기획위원회, 2008, 새로운 도전, 국가위기관리 – 국가안보와 국민안위를 보장하는 참여정부의 위기관리.

이상 지속되면서 국민들이 심각한 위기를 더이상 위기로 못 느끼는 상황이 발생하고 있다. 경보의 심각성에 대한 인지 정도가 매우 낮아지는 '경보의 피로' 현상이 발생하고 있는 것이다.

기후변화 등의 영향으로 초대형 재난 발생의 가능성이 높아지고 있다. 국민들에게 효과적으로 재난의 위험성과 긴급함을 알릴 수 있는 제도적 보완이 필요하다. 동일본 대지진 등 초대형 재난을 경험한 일본은 2013년부터 특별경보제도를 시행하고 있다. 일본에서의 특별경보는 기존 경보의 발표 기준을 훨씬 초과하는 현상에 대해 발표한다. 예를 들어 18,000명 이상의 사망자·행방불명자를 낸 동일본 대지진의 대형 쓰나미, 일본 관측 사상 최고 조위(潮位)를 기록하고 5,000명 이상의 사망자·행방불명자를 낸 '이세만(伊勢湾) 태풍' 등이 해당된다. 현재 일본 기상청은 [그림 6-5]와 같이 수십 년 빈도의 폭우, 화산 폭발, 대형 쓰나미 등에 대하여 특별경보제도를 활용하고 있다.

[그림 6-5] 일본 특별경보 발표

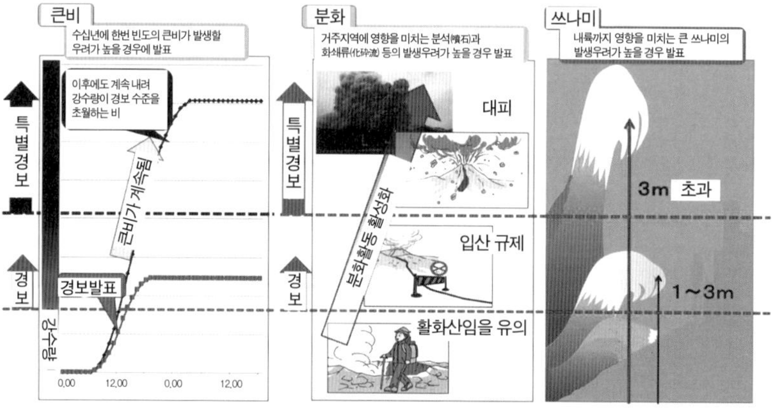

출처: 일본 기상청 (http://www.jma.go.jp/jma/kishou/know/tokubetsu-keiho/index.html)

우리나라에서도 경주, 포항 지진, 기후변화로 인한 초대형 태풍 발생, 나아가 코로나19까지 대형 재난이 꾸준히 발생하면서 초대형 재난에 대한 우려가 높아지고 있다. 이에 행정안전부에서는 일본의 제도를 참고하여 한국형 특별경보 제도를 고민하고 있다. 향후 전 부처 차원에서 초대형 재난에 대응하기 위한 위기경보 체계 및 특보 체계 개편에 대한 준비가 필요하다.

5. 국가적 차원의 장기 복구 체계 구축

최고의 방재역량을 가지고 있다 하더라도 그를 뛰어넘는 초대형 재난은 언제든 발생할 수 있다. 코로나19는 대표적인 사례이다. 미래 초대형 재난에 대비하여 장기적인 피해 복구 모델에 대한 고민이 필요하다.[13] 즉, 기존의 예방-대비-대응-복구로 이루어진 재난관리 4단계에 공동체의 장기적 회복을 위한 별도의 계획이 필요하다는 것이다.

허리케인 카트리나 등 대형 재난을 경험한 미국에서는 재난 이후 장기적 복구를 위한 프레임워크(National Disaster Recovery Framework: NDRF)[14]를 별도로 개발하여 운영하고 있다. NDRF는 단기적으로 재난 이전 상황으로 돌아가는 것뿐 아니라 재난 이후 장기적 주거 문제 해결, 사회 기반시설 복구 및 개선, 지역경제 회복 등 지역공동체 전반의 회복을 촉진하기 위한 체계를 중시한다. 동일본 대지진과 후쿠시마

---

13 Johnson, L. A. and R. B. Olshansky, 2016, After great disasters: How six countries managed community recovery, Lincoln Institute of Land Policy.

14 FEMA, 2016, National Disaster Recovery Framework, 2nd edition.

[그림 6-6] 장기적 복구 프레임워크의 예시 (미국 NDRF)

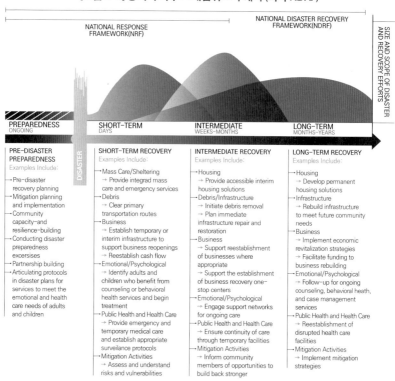

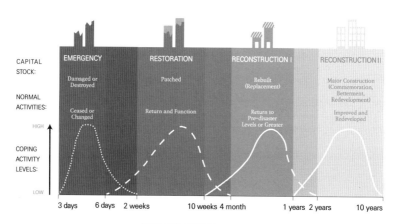

TIME FOLLOWING DIASTER

원자력발전소 사고 수습을 위해 일본에서도 부흥(復興) 프레임워크를 만들고 이를 제도화하고 있다.

그러나 아직까지 우리나라에서는 이러한 장기적 복구에 대한 준비가 부족하다. 재난 사안별로 특별법[15]을 제정하여 임시방편으로 대응하는 상황을 반복하고 있다. 앞으로 발생할 수 있는 새로운 대형 재난에 대비하여 일반적으로 활용할 수 있는 장기적 복구와 회복의 계획체계(framework)와 국가지침이 필요하다.

공동체의 장기적 회복을 위한 계획과 지침에는 단순히 물리적 시설에 대한 복구뿐 아니라 이재민 등 피해 주민의 회복, 지역공동체, 지역경제의 장기적 회복에 대한 고려가 포함되어야 한다. 어떤 사안에 대하여 특별하게 대응하는 것이 아니라 일반적 체계와 제도를 통한 대응이 필요하다는 것이다. 즉 불확실한 미래사회에서 재난과 위기는 특수한 것이 아니라 일반적인 것이 될 수 있다는 점을 인정하고, 미래의 우리가 경험할 수 있는 대형 재난에 대응할 수 있는 시스템을 지금부터 고민할 필요가 있다.

6. 재난지원금 제도 개선 방안 마련

코로나19로 인해 우리 사회는, 아니 전 세계는 국민들에게 재난지원금을 지급하고 있다. 재난지원금은 재난으로 인해 큰 피해를 입은

---

15 지금까지 우리나라에서는 재난 이후 두 개의 특별법이 만들어졌다. 세월호 참사 이후에 「4·16 세월호 참사 피해구제 및 지원 등을 위한 특별법」이 만들어졌고, 포항 지진 이후에 「포항 지진의 진상조사 및 피해구제 등을 위한 특별법」이 만들어졌다.

국민들이 다시 건강한 사회구성원으로서 회복할 수 있도록 지원하는 제도로서 국민을 보호하는 국가의 중요한 역할이다. 재난지원금은 국민성금 등 민간의 자발적 기부로 조성된 의연금을 통하여 지급되기도 한다.

한편 재난지원금이 과도하게 지급된다면 민간의 자율적 예방 노력이나 보험 가입 등 스스로의 재난 구제 노력을 저하시키는 도덕적 해이(moral hazards) 현상이 발생할 수도 있다. 포항 지진의 사례를 보자. 포항 지진의 결과로 인한 주택 파괴에 대하여 정부는 5만 6천여 건의 재난지원금을 지급했다. 그런데 주택이 크게 파손되어 지급된(반파, 전파) 건수는 약 1,000여 건에 불과했고, 나머지 55,000여 건은 소규모 주택 파손을 지원하는 소파지원금이었다. 소파의 경우 재난지원금 100만 원, 의연금 100만 원 등 총 200만 원이 지급되었는데, 이 과정에서 꼭 필요한 사람이 지원금을 받았는지에 대한 많은 논란이 발생하기도 했다.

더욱 중요한 문제는 포항 시청은 이 5만여 건의 소파지원금 지급을 위해 시 전체의 업무가 마비될 정도로 엄청난 행정업무를 경험했다는 것이었다. 지진 이후 시의 복구와 이재민 구호를 위해 수많은 업무가 몰려드는 상황에서 과연 소파지원금 지급을 위한 과도한 업무가 꼭 필요한 것이었는지 고민할 필요가 있다. 한편 전파로 판정된 주택의 경우에는 재건축을 한다면 현재의 지원금(재난지원금 900만 원, 의연금 500만 원)은 매우 부족한 금액이었다. 어쩌면 소파지원금 제도를 폐지하고 전파에 대한 지원금을 늘린다면(꼭 필요한 사람들에게 더 지급한다면) 이러한 과도한 행정부담이나 도적적 해이 논쟁을 극복할 수 있지 않았을까? 이 논쟁은 코로나19 재난지원금 문제에도 유사하게 적용된다.

모든 사람들에 대한 보편지급보다는 코로나19로 인한 직접 피해가 큰 소상공인 등에 대한 충분한 지원이 더 바람직하지는 않았을까?

재난지원금은 단순히 피해자에 대한 개별적·직접적 지원 외에 사회 전체에 대한 지원과 시장의 활성화 측면에서 의미가 있을 수 있다. 선별적 재난지원금 지급을 위해서는 기준 마련과 수급자에 대한 확인 등 수많은 논쟁이 발생하곤 한다. 선별 지급을 표방했던 제4차 재난지원금의 경우 선별로 인한 취약계층의 보호라는 목적을 달성하기보다는 선별 과정에서 과도한 논쟁이 발생하여 불필요한 사회적 비용이 증가하였다. 무엇보다도 선별 과정 자체에서 시간이 지체되면서 재난지원금의 핵심적 요소 중 하나인 '긴급성'이 훼손된 것도 문제였다.

앞으로는 보다 명확한 재난지원금 지급에 대한 원칙 마련이 필요하다. 재난지원금의 가장 핵심적인 목적으로서 피해가 큰 사람을 도와주면서도, 행정절차 간소화를 통해 긴급성을 만족시킬 수 있고, 시장과 사회 전체의 활성화도 할 수 있는 방안의 마련이 필요하다. 대안으로 재난지원금과 세금제도의 연계를 통한 제도 개선을 제안한다. 재난 상황의 긴급성을 고려하여 광범위한 재난 피해자들에게 긴급 지원을 먼저 하고, 특히 피해가 큰 사람들에게는 충분한 지원을 한다. 이후 재난 상황 종결 후에 충분한 시간을 가지고 실제 피해 여부와 지원의 필요성을 확인하고, 이를 반영하여 연말정산 제도 등을 통해 과도 지급된 지원금을 회수하는 제도를 고민해볼 필요가 있다.

또 다른 제도 개선 필요 사항은 재난의연금을 포함한 국가적 차원의 재난지원금 지급 원칙을 수립하는 것이다. 재난의연금은 국민성금에 기반한 민간의 자발적 기부로서 의의가 있다. 그러나 현재 재해구호협회(희망브리지)의 지원 원칙이 재난마다, 지역마다, 또 이재민의 성격에 따라 매우 다른 것이 문제이다. 이 과정에서 같은 재난으로 피해를 입은 사람들도 어디에 사느냐에 따라, 또 재난의 종류와 당시 사회적 충격에 따라서도 매우 다른 지원금이 지급되곤 했다. 이로 인해 불필요한 갈등이 유발되면서 국민성금의 숭고한 의미가 퇴색되곤 했다.

의연금 지급은 민간의 자발적 결정에 의한 것으로 정부가 일방적 가이드라인을 강요하기는 어려운 상황이다. 그럼에도 재해구호협회는 국내 자연재해 피해 구호금을 지원할 수 있도록 대한민국 정부로부터 유일하게 권한을 부여받은 법정 구호단체(2001년 재해구호법 개정)로서 체계적이고 확고한 원칙의 수립을 통해 민간의 아름다운 노력이 갈등으로 비화되는 일을 예방할 수 있도록 노력해야 할 것이다.

7. 최악의 상황에 대한 대비 ― 국가재난기금

가장 중요한 과제 중 하나는 미래를 위한 국가적 차원의 대비이다. 초불확실성의 시대에서 재난은 특별한 이벤트라기보다는 일상으로 진화하고 있다. 메르스 이후 코로나19가 터진 것처럼 각종 재난은 끊임없이 발생하고 있으며, 이를 완벽히 예방하는 것은 불가능하다는 인식의 공유가 필요하다.

그렇다면 국가는 무엇을 해야 할까? 개인들이 자동차 사고나 화재에 대비하여 보험에 가입하는 것처럼 국가도 보험이 필요하다. 이미 우리나라 지방자치단체들은 「재해구호법」과 「재난 및 안전관리 기본법」에 따라 재해 구호비용 부담과 재난 예방을 위해 3년간 보통세 평균액의 각각 0.5%와 1%를 재해구호기금과 재난관리기금으로 적립하고 있다. 이 기금들은 코로나19 사태에서 지자체 재정을 지켜주는 중요한 역할을 수행했고, 앞으로도 그 용처가 확대될 가능성이 높은 상황이다.

국가 차원에서도 미래 재난과 대형 위기 상황에 활용할 수 있는 기금의 확보가 필요하다. 이미 국회에서도 국가 차원의 재난관리기금을 신설하는 「국가재난관리기금법」이나 코로나19 등 국가의 위기 상황 극복을 위한 '국난극복 상생협력 기금'의 마련이 논의 중이다. 향후 관련 기금의 재원, 용처 등에 대한 엄밀한 분석을 통해 미래 위험에 대한 준비를 강화할 필요가 있다.

| 제7부 |

결 론

인류는 상호 연결되어 경계가 불분명한 복합재난의 시대에 살고 있다. 코로나19는 신종, 대형, 복합으로 특정되는 재난의 위험이 앞으로 더욱 심화될 것이라는 경종이 아닐 수 없다. 이 책은 재난이 일상화되고 통제력이 미비한 위험사회에 벗어나 재난을 예방하고 위험을 통제하는 안전사회로의 대전환을 위한 집단지성의 결과물이다. 여러 차례의 간담회를 통해 우리 사회의 현행 재난관리 시스템의 성과와 한계를 비판적으로 평가·성찰하고 복합재난 시대에 대비하여 미래사회의 재난관리 정책 방향을 제시하였다. 기후, 도시, 코로나19, 산업, 재난관리 법체계 및 정책 수단 등 분야와 영역별로 현안을 진단하고 정책수요를 분석하여 세부적인 정책 과제를 마련하고자 하였다. 이 책의 주요 내용을 아래와 같이 요약하여 결론에 대신하고자 한다.

서론

우리나라의 재난관리는 1960년대 자연재해 대응에서 출발하여 1990년대에 이르러서는 자연재난과 사회재난의 이원화 관리체계로 발전하였고, 정책의 중심도 사후 대응에서 사전 예방으로 진화해 왔다. 문재인정부 출범 이후 국가 재난관리 컨트롤타워와 거버넌스 체계 정립, 소방관의 국가직 공무원으로의 전환 등 인명구조 기관의 현장 대응 제도 및 역량 강화, 기후위기 극복을 위한 기후재해 적극 대응,

국민 안전권 보장 및 안전 취약계층 지원 확대를 위한 제도 개선, 생활 안전관리 강화, 산업재해 사망자를 줄이기 위한 법·제도 기반 마련, 코로나19의 모범적 방역 등 재난관리 분야에서 주목할 만한 성과를 거두었다.

하지만 이러한 정책의 진화 발전과 성과에도 불구하고 최근 재난 환경의 변화로 인하여 재난관리의 정책 추진 여건이 점점 악화되면서 정책의 한계도 지적하지 않을 수 없다. 주요 한계로서 초대형화와 복합화 추세에 있는 재난에 적절히 대응할 수 있는 관리체계의 미비, 국민 안전권 보장과 국민 개개인의 책임과 의무를 규정한 법적·제도적 기반 미흡, 지자체 역량 부족과 중앙-지방-민간 협력 미흡, 재난 발생과 피해의 양극화와 불평등 심화, 코로나19 대응과정에서 인권보호 조치 미비 등을 들 수 있다.

재난 환경의 변화에 대응하고 정책의 한계를 개선하기 위한 미래 복합재난관리의 4대 정책 방향으로서 첫째, 전 재해 차원, 회복력 중심의 재난관리 패러다임의 전환, 둘째, 초불확실성 시대 미래위험 및 신종재난 대비 위험관리, 셋째, 포용적 재난관리 확대, 넷째, 재난대응과 인권보호의 균형과 조화를 제시하였다.

제1부: 기후재해 위기관리 능력 강화를 위한 제언

기후변화는 재난의 대형화·복합화 그리고 감염병 등 신종재난의 근본 원인 가운데 하나로 지목받고 있다. 최근 기후변화로 인한 기후재해는 규모와 심각성에 있어서 전통적인 방재시스템의 위기관리 수준과 능력을 넘어서고 있으며, 불확실성과 불규칙성이 커지는 추세이다. 기후재해에 대한 기존의 방재 중심의 방식과 접근법의 근본적인 변화와 미래 불확실성에 대비한 정책 전환의 필요성이 제기되는 이유이다.

기후재해 위기관리 정책은 먼저 기존 정책이 수리·수문, 생태·환경, 안전관리와 재정 부담, 위험도 인식, 도시개발 등에서 한계에 봉착했다는 것을 명확히 인식하는데서 출발해야 한다. 주요한 정책 방향은 첫째, '기술사회' 접근법에 따른 방어시설에 의존하는 위기관리 방식에서 벗어나 기후재해로부터 토지이용, 생활 패턴 변화 등의 사회적 응을 중심으로 한 위기관리 능력을 배양하는 '녹색사회'의 접근법으로 전환이 필요하다. 둘째, 기후재해 극복뿐 아니라 다양한 가치를 함께 고려하여 도시·환경과 조화되어 공편익을 가져다주는 대책이 추진되어야 한다. 셋째, 기존 방재시설의 제 기능 발휘를 위한 적정한 관리 의무화 및 첨단기술을 적극 활용하여 보완 대책을 추진할 필요가 있다.

이러한 기후재해 위기관리 정책 방향에 따라 추진되어야 할 주요 정책 과제로서 기후재해 안전도시 조성사업 본격화, 위기경보체계 정비 및 '잘 계획된' 응급조치 수단 확보, 자연 기반 홍수관리해법 적극 활용, 기후재해 방어시설 유지관리 강화, 기후재난 취약계층과 취약지역에 대한 안전망 구축 등 5가지를 제안하였다.

제2부: 미래사회 도시 안전 환경 개선을 위한 제언

다양화·대형화·복합화로 인하여 광범위하고 연쇄적으로 피해를 발생시키고 있는 현대 재난에 효과적으로 대응하기 위해서는 재난관리 패러다임의 변화가 필요하다. 그 이유는 첫째, 도시화, 노후화, 기후변화 및 인구구조의 변화에 따른 재난 취약성 증가는 재난관리의 불확실성을 가중시키는 결과를 초래할 위험성이 높기 때문이다. 둘째, 물리·환경적으로 고밀화된 도시지역의 재난은 대형 복합재난의 형태로 발생하여 여러 분야에서 동시다발적으로 피해가 발생할 위험성이 매우 높기 때문이다.

도시의 안전 환경 조성을 위한 재난관리 정책 방향은 첫째, 피해가 발생하더라도 신속하고 효과적으로 회복할 수 있는 능력을 갖추는데 초점을 맞추어야 한다. 둘째, 위험요소 자체의 차단이나 제거로 극복될 수 있는 문제가 아니라는 점에서 피해의 완화, 취약성 개선, 피해에 대한 회복 능력 강화 등을 종합적으로 고려한 재난관리 전략이 필요하다. 즉 재난으로부터 국가 및 지역사회, 개인의 안전한 삶을 지속적으로 영위할 수 있도록 피해 저감 및 복구 역량강화를 통한 방재 역량강화를 위한 정책에 집중할 필요가 있다.

이러한 재난으로부터 안전한 도시공간을 조성하기 위한 정책 과제로서 재난안전과 관련한 통합적인 도시기본계획 수립, 도시안전정보 공개 및 시민 참여에 기반한 도시안전정보 수집·공유, 안전 취약계층의 특성을 고려한 재난 대응 대책 수립, 미래 재난 대비 재난위험 경감을 위한 도시 회복력 증진 전략 수립, 미래 재난 대비 ICT 등 신기술과 방재·안전 서비스를 접목한 스마트 안전도시 구축 등 5가지를 제안하였다.

제3부: 코로나19 유행과 공공보건의료의 대응

코로나19는 감염병과 같은 신종재난에 대한 우리 사회 대응 방식과 역량의 빛과 그림자를 드러냈다. 또한 코로나19 대책의 추진과정에서 공공 보건의료 영역뿐 아니라 차별, 배제, 사생활 보호 등 인권 영역에 이르기까지 매우 복잡하고 민감한 사회적 문제에 직면하게 되었다. 코로나19로 인해 드러난 공공 보건의료 영역을 비롯한 제반 분야에서 나타난 문제들을 직시하고 문제해결을 위한 공론화 과정, 그리고 사회적 합의 도출을 위한 노력이 필요하다.

코로나19 대응과정에서 얻은 교훈을 바탕으로 감염병 유행에 대비하여 공공 보건의료 분야와 관련하여 다음과 같이 7가지 향후 정책 과제를 제안하였다. 첫째, 임상의학적 측면에서 개선 사항으로 중환자 간호사 수련교육 프로그램 등 인력 양성시스템 운영, 일정 수의 중환자 간호사들의 사전 보유, 그리고 의료인 개인보호구 착용 지침의 합리적 적용 등을 들 수 있다. 둘째, 대규모 확산에 대한 선제적 대응을 위하여 현장 가용성이 입증되었고 보건학적으로 동원이 가능한 자원을 적극적으로 활용할 수 있는 감염병 검사방법을 적용할 필요가 있으며, 집단시설 등 감염병 위험시설을 중심으로 감염병의 특성과 관리방안에 대한 반복적이고 적극적인 교육훈련을 통한 피해 예방에 주력해야 한다. 셋째, 중환자 병상 자원 확보와 공공 의료기관의 지속가능한 유지를 위해서는 상급 종합병원에 대한 중환자 병상 동원 행정명령 조치를 통해 공공 의료기관과 민간 의료기관이 적절히 역할을 분담하여 책임성을 갖고 공동으로 참여하는 대응체계를 갖출 필요가 있다. 넷째, 감염병 확진자 수 저감 중심의 정책에서 희생자 최소화 전략으로 방역정책의 전환이 필요하다. 다섯째, 감염병의 방역 대응과 의료 대응이 긴밀히 연계될 수 있도록 국가 전체의 감염병 대응체계의 재구성 및 이를 뒷받침할 의료 대응체계의 강화를 위하여 의료 대응 거버넌스 체계의 재정비가 필요하다. 여섯째, 감염병에 취약한 고위험 인구집단을 보호하기 위한 보건소 등 공공 의료기관이 선제적 게이트 키핑자로로 역할을 수행할 수 있는 전략을 도입해야 한다. 일곱째, 감염병 대책 수립과 집행 과정에서 민주주의, 인권 등 인류의 본질적이고 근본적인 가치가 보호될 수 있도록 심도 있는 논의 및 지속적인 점검 체계가 마련되어야 할 것이다.

제4부: 산업재해관리-중대재해처벌법과 산업안전보건 행정조직의 과제

「중대재해처벌법」의 제정으로 우리나라의 산업재해관리 수준은 의미 있는 진전을 가져올 것으로 기대된다. 기존의 「산업안전법」만으로 중대재해가 다루어질 때보다 기업의 산업안전보건에 대한 관심이 높아질 것이기 때문이다. 하지만 중대재해처벌법의 효력의 정도는 누가 어떻게 집행하느냐에 따라 크게 좌우될 것이다. 특히 효율적이고 효과적인 중대산업재해 예방을 위한 산업안전보건 행정조직의 개편 여부가 법률 효력에 결정적 영향을 미치게 될 것임은 불문가지이다. 이를 위하여 산업안전보건 행정조직의 개편 방안으로서 이 분야에서 오랫동안 제기되어 온 '산업안전보건청'을 설립하여 독립적인 중앙행정체제가 구축될 필요가 있다.

국회에서 이미 입법 과제로 논의되고 있는 등 가시화되고 있는 산업안전보건청이 제대로 역할을 수행하기 위해서는 다음과 같은 방향에서 설립되어야 할 것이다. 첫째, 산업안전보건청은 산업재해 방지에 관한 사회윤리적 동기를 증대시키는 역할을 수행해야 한다. 전체 사회 구성원들의 사회윤리적 동기는 중재대해처벌법 집행의 핵심적 토대이기 때문이다. 이러한 점에서 산업안전보건청은 노동조합과 시민사회단체, 그리고 산재 유가족들과의 소통과 협치를 중시하고 관련 직제와 기능을 조직체계에 포함시킬 필요가 있다.

둘째, 산업안전보건청은 산업재해 예방을 위한 전략적 근로감독의 기능을 효율적으로 수행해야 한다. 산업안전보건 정책의 실효성이 확보되려면 중대재해처벌법보다는 예방법인 산업안전법에 근거하여 예방 중심의 전달체계로서 전략적 감독이 필요하기 때문이다.

셋째, 산업안전보건청은 중대재해처벌법의 전속 관할기관으로서 중대재해에 대한 수사권을 가질 필요가 있다. 현재 중대재해에 대한 수사권에 대한 근로감독관과 경찰의 업무 분장이 명확하지 않고 업무 중복에 대한 부처 간 입장 차이와 논란이 있는 실정이다. 하지만 시민 치안과 산업안전의 문제는 원인과 대책이 질적으로 다르다. 따라서 기존의 안전을 다루어 온 산업안전보건 당국이 중대재해처벌법 전체를 전속 관할하고, 산업안전보건청을 설립함으로써 수사의 전문성과 독립성을 제고해야 할 것이다.

넷째, 산업안전보건청은 중대재해 재발 방지를 위한 환류시스템을 구축하여 운영해야 한다. 중대재해처벌법은 단순히 책임자의 처벌에 그치는 것이 아니라 재발 방지가 궁극적 목적이다. 따라서 중대재해 발생의 원인, 결과 및 교훈에 대한 종합적인 조사를 수행하는 사고조사시스템과 조사 결과를 공개하여 재발방지에 활용하는 환류시스템을 갖출 필요가 있다.

다섯째, 산업안전보건청은 사각지대 없는 포괄적인 산업안전보건 정책을 수행해야 한다. 산업안전법 개정과 행정력 강화를 통해 현행 산업안전법에서 적용을 받지 못하고 있는 사업장 및 종사자에 대해서도 개입하여 관리해야 할 것이다.

여섯째, 산업안전보건청은 산업안전보건 행정조직의 독립성 확보와 전문성 및 책임성 강화를 명분으로 설립을 추진해야 한다. 산업안전보건 행정조직의 독립성, 전문성 및 책임성은 산업안전법, 중대재해처벌법을 효율적이고 효과적인 집행을 통해 노동안전권을 보호할 수 있는 물적·조직적 토대이기 때문이다.

제5부: 재난안전 관리 법체계 한계와 과제

재난 환경의 변화는 재난안전 관리에 관한 기존의 법체계 패러다임의 전환을 요구하고 있다. 적절한 법적 뒷받침이 담보되지 않고서는 재난에 대한 선제적인 예방·대비와 효율적 대응이 어렵기 때문이다. 이와 관련하여 우리나라의 현행 재난안전 관련 법률은 법체계 상으로 첫째, 재난 및 안전관리 기본법이 기본법으로서 역할을 제대로 수행하지 못하는 한계, 둘째, 성격이 서로 다른 재난관리와 안전관리에 대해 통합적인 관리를 규정하고 있는 기본법 체계의 현실과의 부정합성, 셋째, 기본법과 개별 법률 간의 중복과 분산 등의 문제를 안고 있다. 또한 재난안전의 통합적인 관리 측면에서 기존 법률은 감염병, 복합재난 등 신종재난에 대한 관리, 중앙정부와 지방정부 간의 유기적 관리에 있어서도 한계에 봉착해 있다.

미래사회의 재난관리와 안전관리를 위한 법제도 개선 방향으로 첫째, 재난 및 안전관리 기본법을 정비하여 가칭 '안전기본법'과 '재난관리기본법'으로 분법화를 적극 추진할 필요가 있다. 둘째, 개별 재난안전 관리제도 간 효율성 제고를 위하여 중복되거나 상호 모순·저촉되는 법령의 통폐합과 분산된 법령을 통합할 필요가 있다. 특히 재난안전 관련 법체계의 연계성을 강화하고 안전 취약계층 보호에 관한 제도를 대폭 강화해야 할 것이다.

제6부: 재난 환경 변화에 대비한 정책 과제

재난 환경의 변화와 재난의 불확실성 증가에 대응하여 사회적 회복력 증진 등 재난 대응에 관한 새로운 접근법 모색과 원칙 정립의 필요성이 제기되고 있다. 먼저 재난대응의 원칙으로서 국가의 과잉책임을 지양하고 국가와 국민의 적절한 책임분담과 공동 노력의 원칙, 취약계층에 대한 적극적 포용의 원칙을 확립할 필요가 있다. 다음으로 재난의 특성을 반영하여 재난관리 정책의 기본 방향으로서 첫째, 재난의 극단화, 상시화에 대한 대책 수립, 둘째, 장기적인 복구와 회복력 증진 방안 마련을 제시하였다.

이러한 재난대응 원칙과 관리 기본의 기본 방향에 따른 재난관리 정책 과제로서 첫째, 재난관리와 안전관리를 분리한 재난안전관리법 제도 정비, 둘째, 재난관리 인력자원의 전문성 제고 및 양적 확대와 더불어 재난예비군 제도 도입, 셋째, 지자체 재난관리 역량강화, 넷째, 미래 초대형 재난에 대비한 위기경보와 특보체계 개선, 다섯째, 국가 차원의 재난피해에 대한 장기 복구체계 구축, 여섯째, 재난지원금 지급 원칙 마련 등 관련 제도 개선 방안 마련, 일곱째, 최악의 재난피해 상황에 대비한 국가재난기금의 신설 등을 제안하였다.

국정과제협의회 정책기획시리즈 14

복합재난시대 -위험사회에서 안전사회로의 전환-

발행일	2022년 02월 28일
발행인	조대엽
발행처	**대통령직속 정책기획위원회** 서울특별시 종로구 세종대로 209 정부서울청사 13층 대통령직속 정책기획위원회 (02-2100-1499)
판매가	22,000원
편집·인쇄	경인문화사 031-955-9300
ISBN	979-11-975858-6-9 93300